高等教育政策与管理研究丛书

主编：陈学飞　副主编：李春萍

二　编
第 2 册

学术场域的政治逻辑

张　斌　著

花木兰文化事业有限公司

国家图书馆出版品预行编目资料

学术场域的政治逻辑／张斌 著 -- 初版 -- 花木兰文化事业有限公司，2017〔民 106〕

目 4+212 面；19×26 公分

（高等教育政策与管理研究丛书　二编　第 2 册）

ISBN 978-986-485-134-8（精装）

1. 教育行政　2. 教育政治学

526.08　　　　　　　　　　　　　　　　106013529

ISBN-978-986-485-134-8

9 789864 851348

高等教育政策与管理研究丛书
二编　第 二 册　　　　　　　ISBN：978-986-485-134-8

学术场域的政治逻辑

作　　　者　张　斌

主　　　编　陈学飞

副 主 编　李春萍

总 编 辑　杜洁祥

副总编辑　杨嘉乐

编　　　辑　许郁翎、王筑　美术编辑 陈逸婷

出　　　版　花木兰文化事业有限公司

社　　　长　高小娟

联络地址　台湾 235 新北市中和区中安街七二号十三楼

　　　　　　电话：02-2923-1455／传真：02-2923-1452

网　　　址　http://www.huamulan.tw 信箱 hml810518@gmail.com

印　　　刷　普罗文化出版广告事业

初　　　版　2017 年 9 月

全书字数　184048 字

定　　　价　二编 5 册（精装）台币 9,000 元　　　　版权所有 请勿翻印

学术场域的政治逻辑

张斌 著

作者简介

张斌，男，1981年9月生，陕西西安人，2013年毕业于华东师范大学，获教育学博士学位，曾在哥伦比亚大学社会学系与师范学院访学，兼任全国高等教育学专业委员会理事。现任陕西师范大学教育学院副教授、硕士生导师，主要从事高等教育原理、学术职业与政策以及教育研究方法的教学与研究，在《教育研究》、《高等教育研究》等学术期刊发表学术论文十余篇，主持或参与翻译《教育中的理论与抵制》（吉鲁著）等学术著作多部，承担省部级课题多项，曾获中国高等教育学会第十届高等教育学优秀博士论文奖。

提　　要

与经济、政治乃至宗教等社会场域相比，学术场域最为独特的地方在于它的认知逻辑或知识逻辑，因为它是基于学者的学术活动、经学科和院系的组织而建构起来的，具有其他社会场域难以拥有的结构，而且在千余年来的历史过程中形成了特有的文化品性，譬如洪堡"学术自由"的大学理念、韦伯"作为志业的学术"以及默顿的"科学精神规范"，等等。不过，学术场域作为一种社会建制，深深地嵌入在由国家、市场和政治共同作用的社会境脉之中，亦表现出与其他社会场域相似的结构和逻辑，这不仅是因为其他社会场域亦越来越多的"以知识、学科和专业为基础"（伯顿·克拉克），亦不是仅因为施劳特和莱斯利所谓的"学术资本主义"，而主要是与其他社会场域所共有的政治逻辑。

本研究较早将社会网络分析和仪式分析的理论与方法引入高等教育研究，综合借鉴社会学、政治学和人类学等学科的理论资源，进行量化与质性相结合的经验研究，分别考察了三种结构化因素——博士生互聘、学者学术互引、学术会议与学术场域的结构化机制，之后结合问卷数据分析了学术场域分层与权力结构的合法性。研究发现，博士生互聘、学术互引、学术会议等三种力量都既包含认知逻辑，也隐匿着学术声誉、关系网络和学术秩序等政治逻辑，交互发挥作用，形塑着学术场域，而业已形成的分层与权力结构进而作为一只"看不见的手"作用于学者和院系，不断地再生产着学术场域的结构，使其呈现出鲜明的政治逻辑。

全国教育科学"十二五"规划教育部青年课题成果

序　言

　　这是一套比较特殊的丛书，主要选择在高等教育领域年轻作者的著作。这不仅是因为青年是我们的未来，也是因为未来的大师可能会从他们之中生成。丛书的主题所以确定为高等教育政策与管理，是因为政策与管理对高等教育的正向或负向发展具有重要、甚至是决定性的意义。公共政策是执政党、政府系统有目的的产出，是对教育领域社会价值的权威性分配。中国不仅是高等教育大国，更是独特的教育政策大国和强国，执政党和政府年复一年，持续不断的以条列、规章、通知、意见、讲话、决议等等形式来规范高等院校的行为。高等教育管理很大程度上则是政治系统产出政策的执行。包括宏观的管理系统，如党的教育工作委员会及各级政府的教育行政部门；微观管理系统，如高等学校内部的各党政管理机构及其作为。

　　这些政策和管理行为，不仅影响到公众对高等教育的权利和选择，影响到教师、学生的表现和前途，以及学科、学校的发展变化，从长远来看，还关乎国家和民族的兴盛或衰败。

　　尽管高等教育政策和管理现象自从有了大学即已产生，但将其作为对象的学术研究却到 19 世纪和 20 世纪中叶才在美国率先出现。中国的现代大学产生于 19 世纪后半叶，但对高等教育政策和管理的研究迟至 20 世纪 80 年代才发端。虽然近些年学术研究已有不少进展，但研究队伍还狭小分散，应然性研究、解释性研究较多，真实的高等教育政策和管理状况的研究偏少，理论也大多搬用国外的著述。恰如美国学者柯伯斯在回顾美国教育政策研究的状况时所言："问题是与政策相关的基础研究太少。最为主要的是对教育政策进行更多的基础研究……如果不深化我们对政策过程的认识，提高和改进教育效果是无捷径可走的。仅仅对政策过程的认识程度不深这一弱点，就使我们远远缺乏那种可以对新政策一些变化做出英明预见的能力，缺乏那种自信地对某个建议付诸实施将会有何种成果做出预料的能力，缺乏对政策过程进行及时调整修正的能力"。（斯图亚特.S.纳格尔.政策研究百科全书，北京：科学技术文献出版社，1990:458）这里所言的基础研究，主要是指对于高等教育政策和管理实然状态的研究，探究其发生、发展、变化的过程、结果、原因、机理等等。

编辑本丛书的一个期望就是，凡是入选的著作，都能够在探索高等教育政策和管理的事实真相方面有新的发现，在探究方法方面较为严格规范，在理论分析和建构方面在前人的基础上有所创新。尽管这些著作大都聚焦于政策和管理过程中的某个问题，研究的结果可能只具有"局部"的、"片面"的深刻性，但只要方向正确，持续努力，总可以"积跬步以至千里,积小流以成江海"，逐步建构、丰富本领域的科学理论，为认识、理解、改善政策和管理过程提供有价值的视角和工具，成为相关领域学者、政策制定者、教育管理人员的良师和益友。

主编 陈学飞

目次

导论　问题与方法论

以我看来，现在特别需要对科学进行历史学和社会学的分析，这不是要将科学认识与其历史条件简单地挂钩，使其限定于具体的时空环境之中，从而使这种认识相对化，而是相反地要让从事科学工作的人们更好地理解社会运作机制对科学实践的导向作用，从而使自己不仅成为"自然"的"主人和拥有者"(这是古老的笛卡尔式的希冀)，而且还要成为从中产生自然知识的社会世界的"主人和拥有者"(当然，这不是轻而易举之事)。[1]

——皮埃尔·布尔迪厄（Pierre Bourdieu）

哲学家，甚至知识分子们总是努力划一条不可逾越的界限，把象征着真理和自由的知识领域与权力运作的领域分割开来，以此来确立和抬高自己的身份。[2]

——米歇尔·福柯（Michel Foucault）

第一节　问题意识

之所以选择"学术场域的政治逻辑"作为博士论文的题目，是与我的个人生活史难以分开的。除去四年的大学生活，我自 2004 年本科毕业留校工作、

1　这是布尔迪厄在其原著《科学之科学与反观性》封底的一段话。
2　包亚明主编. 严峰译. 权力的眼睛——福柯访谈录〔M〕.上海：上海人民出版社，1997：31.

继续在大学学习，到博士论文选题时，已有近六个年头了。记得在上大学时，一门课的教师如果是一位教授或是一位博士，较之其他老师，这位老师便会得到同学们不同的反应。比如，开课前就对这位老师抱有一种好奇感抑或神秘感，对他（她）的课堂教学也充满了期待，甚至希望得到他（她）的特别关注。毕业的那个暑假，我所在的学院主办了一次大型的国际会议，来自全球50多个国家或地区的近500名学者参加了这次会议。我是会务接待组的成员，除了安排接站、住宿等事务外，也参与了一些其他的会务组织工作。在工作中，我发现，来自不同国家、不同院校或具有不同头衔、职称的学者所受到的待遇是不一样的。比如，谁将参加会议的预备会议，谁将在开幕式、闭幕式上发言，谁将被安排到小组中发言，发言的次序如何，甚或谁将会被单独接、送站等那些与学术完全不沾边的事宜，似乎都与这位学者所在的学术机构和拥有的学术头衔紧密相关。之后我们学院还主办了国内相关学会的学术会议，我自己也开始参加一些不同规格的学术会议。这些学术会议的组织运行基本上大同小异，不同的学者得到的是不同的待遇和机会。于是，我便在思考，学术会议乃至整个学术系统的运行是不是也像一般的社会一样，不断地产生着层级分化和社会不平等？致力于知识发展的学术系统难道亦是一个"等级化"的社会，不同的学者或学术机构在资源分配、地位获致的过程中面临着机会不均等的问题？

在这些思考的基础上，我完成了《大学教师身份认同的文化逻辑》的硕士论文，试图分析中国大学教师在国际知识场域中的地位、话语权、权力分配机制以及身份认同这一兼具宏观与微观的问题。论文完成后，我就在想，能不能将研究视域聚焦于国内，对我国学术界这一"等级化"的社会系统进行深入、细致的经验研究并予以理论反思。八年前，我来到华东师范大学高等教育研究所攻读博士学位，适逢导师承担了一项教育部哲学社会科学重大课题攻关项目，一个关于高校人才队伍建设方面更为偏向应用研究的题目，课题试图从影响学者才成长过程中的有关学术认可机制、学术资源分配中的政治等基础性问题切入，在战略性层面回答有关问题并尝试对有关学术制度展开建构和设计。基于我个人的学术兴趣和课题的需要，征得导师同意后，我便将博士论文的选题确定为"学术场域的政治逻辑"。

起初，我曾为选择了这么一个既有学术味道又不乏实践价值的题目而沾沾自喜。然而，当我充满信心打算进入这个令我激动的研究领域时，我发现，西方学者在 20 世纪七、八十年代甚或更早便开始了相关的研究并取得了不少的研究成果。与之相反，在国内高等教育学界，这个研究领域几乎是一片空白，鲜有学者涉足。尽管不少学者在茶余饭后经常就此展开议论，并将之窄化、误解为学术界的"潜规则"，且大都浮于表层，并充满讽刺、讨伐之意，少有学者对其进行理论研究和反思。西方学者起步虽早，但大多采用量化研究的方法分析一些影响学术认可的社会因素，并没有明确、系统地对"政治逻辑"进行整体性的研究。于是，我开始迷茫了。学术场域的政治逻辑究竟是什么？致力于知识发展与创新的学术场域缘何会有政治逻辑？这些基础性的问题纠缠了我很长一段时间，即便到今天，也很难说我已经完全把它彻底搞明白了。

带着这些问题，我广泛阅读了社会学、政治社会学和人类学等学科的著作和论文，梳理了不同学科对"政治"一词的不同理解和认识路径的演变，"政治逻辑"的含义在我的思路中也趋于清晰。其中，法国当代最富盛名的政治学家迪韦尔热（Maurice Duverger）的观点给了我很大的启发。在《政治社会学》一书中，他指出，人类社会的一个基本特点，可能就是无论怎样掩饰，影响、统治、权力和权威都无处不在。[3] 这意味着，在现实中很难存在像经典经济学理论假设的"理性人"。事实是，所有人或人群的社会行动都会受到这些无处不在的"影响、统治、权力和威望"的限制与约束，使得人类的社会活动表现出一定的政治逻辑[4]。那么，作为一种特殊社会活动的学术研究活动，是否能从中逃逸，彻底绝缘于一般社会活动中的政治逻辑？换言之，学术场域的运行遵循的仅仅只是知识发展的内在逻辑吗？其运行过程是否会受到权力或权威的影响？进一步说，学术场域的分层分化过程即"等级化"社会的形成过程是知识逻辑使然还是政治逻辑所致？乍一看，这种提问似乎不合常理，与人们长期以来所形成的对学术、科学的信念截然相反。因为在持这种信念的人看来，自然科学最有趣的方面，也就是新思想和重要发现这些构成

3　〔法〕莫里斯·迪韦尔热.杨祖功，王大东译.政治社会学〔M〕.北京：东方出版社，2007：13.

4　这里的"政治"并非法学或者哲学意义上"国家及其权力"的概念，而是社会学、政治学、人类学等意义上各种力量或权力的互动关系，既包括国家及其权力已包括各种"非国家"形态及其权力之间的关系。最为关键的是，这种政治性只是一个中性状态，并没有褒贬之意。关于"政治"、"政治逻辑"概念的分析详见后文"核心概念"部分。

科学内容的方面，从根本上说是由自然界决定，而不是受社会影响的。[5]因此，学术活动、科学研究及其研究结论具有客观性、中立性和普世性，不存在所谓的权力与权威影响，更遑论政治逻辑。

那么，学者及其学术活动果真不受权力或权威的影响、不具有政治逻辑吗？还是正如福柯在前面格言中所言，知识分子总是在知识领域与权力运作的领域划界，以此来确立和抬高自己的身份[6]？或者亦如东方学学者萨义德（Edward Said）所言，"知识分子最蹩脚的研究策略是仅关注其他社会组织中的政治滥用现象，而恰恰避过相同的、他们自己的实践"[7]？如果福柯、萨义德的论断是正确的，那么，对于那些学者及其学术活动的权力或权威的研究就可以澄明学术场域运行的政治逻辑及其运行机制、表现样态及其对学者及其学术活动的作用方式，进而考察学者的成长环境、学术精英的地位获致等议题。思维进路到此，我猛然间醒悟，研究学术场域的政治逻辑，其核心不就是考察学术场域"等级化"分层中的权力结构、形成机制及其后果吗？

第二节　问题与价值

当然，个人生活史仅能表明研究者个人的研究兴趣和兴奋点，依据个人生活史形成的问题只是"环境中的个人困扰"，这些困扰仅与研究者"自身有关，也与他个人所直接了解的有限的社会生活范围有关"，"他感到自己珍视的价值受到了威胁"[8]，然而这还不能构成一个社会学问题。而一个真正的社会学问题"所涉及的事情则超越了个人的局部环境和内心世界"，"往往包含了制度安排中的某个危机"，它涉及某种结构性议题。[9]也只有这样，"才会揭示出个体经验只是有限的事实，才会揭示出这些个体所卷入的相互依赖、相

5　〔美〕史蒂芬·科尔.林建成，王毅译.科学的制造〔M〕.上海：上海人民出版社，2001：2.

6　包亚明主编.严峰译.权力的眼睛——福柯访谈录〔M〕.上海：上海人民出版社，1997：31.

7　转引自 John A.Weaver.Rethinking academic politics in （re）unified Germany and the United States〔M〕.FALMER Press, 2001：1.

8　〔美〕C·赖特·米尔斯.陈强，张永强译.社会学的想象力〔M〕.北京：三联书店，2001：6-7.

9　〔美〕C·赖特·米尔斯.陈强，张永强译.社会学的想象力〔M〕.北京：三联书店，2001：7.

互关联的复杂网络，这种网络远远超出了单个人生平的视角可能触及的领域。这样扩展视域的整体后果就是发现了个体生平与广泛的社会过程之间的密切关联。"[10]可见，个人困扰只有与社会结构、社会制度连结起来，才可能成为一个真正有意义、有价值的社会学问题或学术问题。在本研究中，我试图超越自身的经验、好奇或困扰，将它们与我国学术场域的现实连结起来，对学术场域的分层与权力结构进行学理上的研究，归纳并反思学术场域的政治逻辑。

20 世纪 90 年代以来，"学术权力"是高等教育研究领域受到持续关注的一个热点问题，学者们对行政权力与学术权力的关系、行政权力如何影响学术权力进行了大量的研究。2010 年《国家中长期教育发展规划纲要》颁布前后，来自社会的各方面热议更是将高校"去行政化"问题推到了风口浪尖。然而，问题的关键在于即使能真正能祛除"行政化"，仅依赖于学术权力，学术系统就一定能保证进入一种良好运作状态吗？换言之，学术权力的运作是否也存有某种隐秘的机制？基于这一考虑，本研究试图回答一个更为基础性的问题——学术场域中的权力结构及其制度化过程。这亦即是本研究所指的"政治逻辑"。

本研究立足于我国学术场域的现实，综合运用高等教育学和社会学的研究视角考察我国学术场域特有的分层、合作与竞争现象、学术认可及其背后的权力运行机制和表现样态，探讨学术场域对学者及其学术研究活动的影响，最终揭示出学术场域运行中的政治逻辑，以期对我国学术场域的发育、学术环境的优化、学术政策的完善、创新型学者的培养等实践问题有所启示。因此，这不但是高等教育研究中的一个重要理论问题，在当前创新人才培养的战略环境下也是一个亟待深入探究的实践性课题。

一、为何将研究视角投向学术场域？

大学是一种高等教育机构，与其他社会机构一样，有着清晰的边界。一所大学总是坐落在特定的城市或地点，是一个看得见、摸得着的实体。尽管近千年的历史赋予了大学一股神秘的色彩，有着独特的文化品质和精神蕴涵，以至于无人能够清楚地说出大学到底是什么。然而，与大学不同，

10　〔英〕齐格蒙特·鲍曼，蒂姆·梅.李康译.社会学之思〔M〕.北京：社会科学文献出版社，2010：8.

学术场域并不是一个社会机构、一种实体性存在，它看不见、摸不着，因此要给它的存在划定一个清晰的边界几乎是不可能的事情。难道学术场域仅仅是学者的一种主观感受吗？答案自然是否定的！我想，任何一个有学术研究经历的人都不可否认，他无时无刻不参与到学术场域之中，与来自国内甚至全世界的同行产生学术交往关系，接受他们的评价和认可，因此也不得不承认他的学术生涯和命运与这个场域密切相关。正如张之沧在编译美国学者卡尼和西哥尔合著的《科学游戏》（The Game of Science）一书时指出，"聪明的院长或系主任认为自己对一个科学家的评判是不重要的，重要的是这位科学家的同行们的意见。"[11]伯恩鲍姆（Robert Birnloaum）也认为，"在高等学校组织中，威望和地位并不是一致的。学校可以赋予一个人地位，但是威望则可能是大学以外的专业团体授予的。"[12]众多的科学社会学学者如默顿（Robert Merton）、普赖斯（Derek John de Solla Price）、克兰（Diana Crane）、柯林斯（Randall Collinsj）、科尔兄弟（Jonathan Cole & Stephen Cole）等都非常强调学术场域在知识积累与发展过程中的作用，譬如，普赖斯曾说，"每一篇论文都是在前人论文基础上建立起来又反过来成为后人论文的出发点。这种学术上一砖一瓦地积累，其最明显的表现形式莫过于对别人论文的参考引证了"；[13]斯科特·朗（Scott Long）也指出，同行认可是科学家对科学进步做出贡献的一个重要指标。[14]可见，学术场域尽管不是一种实体性的社会机构和有形的空间场所，但它的的确确是一种客观存在。学术场域不但与学者个人的学术命运息息相关，它还与学术创新、知识发展休戚与共。任何一项科学发现、学术成果只有得到学术场域中同行的认可，才能逐渐被纳入人类的科学知识或学术成果之中，从而不断地推动着学术知识的创新与发展。

对于学术场域的功能与作用，一般都能得到学者的承认。但问题的关键在于，学术场域具有什么样的结构和运作机制？它是如何作用于学者和

11 张之沧编译.科学：人的游戏〔M〕.北京：中国青年出版社，1988：225-226.

12 〔美〕罗伯特·伯恩鲍姆.别敦荣主译.大学运行模式〔M〕.青岛：中国海洋大学出版社，2003：20.

13 〔美〕D.普赖斯.宋剑耕译.大科学，小科学〔M〕.北京：世界科学出版社，1982：55.

14 J.Scott Long，Mary Frank Fox.Scientific Careers: Universalism and Particularism. Annual Review of Sociology〔J〕. 1995 ,21:45-71.

学术知识发展的？在我国特殊的文化境脉中，与西方国家相比，学术场域又有着哪些异同？只有对这些问题有了较为系统且清晰的认识，才能对学术场域的良性运行、学术环境的优化、学术政策的完善以及学者才的成长有所启示。

二、为何研究学术场域的政治逻辑？

西方既有研究表明，学术场域是一个高度分层的社会系统。本研究试图考察我国学术场域的分层与权力结构，进而揭示其政治逻辑。因此，本研究的一个基本假设便是，学者及其学术活动受到权力或权威的影响或制约，在此基础之上，学术场域表现出一定的政治逻辑。具体而言，在这个分层社会中拥有支配权力的是各个学科领域中相对少数的权威学者，即学术精英。不过，学术认可和权力的分配是明显不平等的，与学术精英显赫的地位伴随的是"权力、权威以及对设备和资源的控制"。[15] 为了在这个分层社会中获得更高的学术地位或学术认可，不同的学者、学术机构"都力图控制组织中的不确定因素并以此扩大自己的权力"。[16]因此，他们作为不同的权力支点或力量交织在一起形成了相互作用的权力关系或力量关系，使学术场域成为一个不同权力和力量相互作用、竞争并呈现出紧张状态的意义之网，表现出鲜明的政治逻辑。

然而，在我国，一方面，传统上学术场域的政治逻辑往往被窄化、误解为"潜规则"，少有人会把它上升到理论层面加以研究；另一方面，因为我国特定的社会语境，自上世纪 80 年代以来，在学术界，所谓政治往往被具体定位于显性的制度或体制性的政治议题，学术场域内部的"政治逻辑"往往被视为无关紧要或者次要的问题而遭到忽视。然而，正如曼海姆（Karl Mannheim）所言，人们忽视某种东西绝不会停止它的存在。[17]没有关于政治逻辑的研究并不意味着现实的学术场域中不存在政治逻辑。政治逻辑实际上是各种权力在学术场域内部的纷争，学术场域成为各种权力运行的支点和空间，这些权力

---

15 〔美〕乔纳森科尔，史蒂芬・科尔.赵佳苓等译.科学界的社会分层〔M〕.北京：华夏出版社，1989：41-44.

16 杨甜甜.从"权力"到"文化"：双重视野下的科层制〔M〕.社会学研究 2006（5）：228-240.

17 〔德〕卡尔・曼海姆.黎民等译.意识形态与乌托邦〔M〕.北京：商务印书馆，2000：4.

的表现形式往往是无形的，对于一些权力，学者可以"感同身受"，但更多的权力运行却隐匿在不同力量的互动之中，受权力支配的人们身处其制约之中，却丝毫没有感觉。在我国学术界，政治逻辑是一种实实在在的然而却是学者一直视而不见的、隐形的客观存在。但是，隐形的存在并不代表其不发挥作用，缺乏对这一议题研究的勇气，忽视这一议题的研究，很有可能导致的结果便是由于政治因素而产生的学术认可不公正、不合理现象甚至某些投机者对政治与权力的滥用，从而导致学术场域的不良发展。

既然学术场域的政治逻辑不可避免，那么对其予以理论研究便有着不可轻视的学术价值与实践意义。在此，仅以学术精英的地位获致为例，进一步说明研究政治逻辑的意义。众所周知，一个学者能否很快进入学术场域,得到同行的认可是其成为学术精英的关键。然而，体制认可的学术英才群体或个人可能未必是理所当然的学术精英，也未必是学术成就最高、造诣最深的学者。那么，学术精英的诞生究竟是何以可能的？学术精英的诞生究竟是学术场域内的个体性生成还是社会性建构？是取决于如能力、努力等自致性因素还是如性别、学术出身等先赋性因素？如果是社会性的建构，那么学术精英的地位是如何被社会建构出来的？学术精英群体所在的学术场域究竟存在着何种社会结构、有着何种社会过程与互动？甚或是什么样的"潜规则"[18]？学术场域中类似于此类有关学术认可的议题还有很多，加之我国学术自由的传统还较为微弱，学术场域的运行机制受到我国社会中人情、面子、关系等特殊文化境脉的影响，就更加地呈现出独特的运行样态，这就需要从社会学、政治学视角出发予以细致的研究，揭示出我国学术场域当前真实的运行机制，而这些恰恰是以往我国学者的研究中所忽视的。

另外，还有一点需要澄清，即本研究着重考察学术场域的政治逻辑，但并不表示就默认学术场域仅遵循政治逻辑。如同布迪厄所言，一项试图将争夺科学场域支配权的"纯粹"政治性维度分离出来的研究将会同其（更为频繁的）反面——仅仅致力于科学论争中的"纯粹的"智力性决定因素一样，

---

18 阎光才教授指出，"潜规则"未必带有贬义和负面的色彩，而是指涉作为非组织化的松散的学术共同体内部所特有的运行机制,它对于我们理解宏观的学术制度有着极为特殊的意义和价值。参见阎光才.学术认可与学术系统内部的运行规则〔J〕.高等教育研究，2009（4）：21-28.

都是极其错误的。[19]对政治逻辑研究的目的并不在于发现潜规则，以便有的学者在学术场域内投机取巧，而是结合我国学术场域或学术体制运行的现实，直面科学研究过程和学术体制中的这些非理性的政治性、社会性因素或问题，分析非理性的权力逻辑和社会建构存在的现实条件及其给学术场域发展带来的可能风险，更加理性地设计学术制度与政策，合理控制非理性的因素，推动我国学术场域的良性运转。

三、为何从社会学的维度考察政治逻辑？

要回答这一问题，首先必须澄清的是何为社会学视角？如果从奥古斯特·孔德（Auguste Comte）于 1839 年首先使用"社会学"一词算起，社会学至今也有了 170 余年的历史，但一直没有形成统一的范式和研究视角[20]，而瑞泽尔（George Ritzer）干脆将社会学称之为"多重范式的学科"[21]。例如，马克思的社会理论是从哲学层次上提出的，因此其中可阐释的空间较大，后来的新马克思主义社会理论也存在很多分歧；韦伯尽管提出的很多社会学概念如科层制、合法性、卡里斯玛以及理想类型等至今还是社会学中的核心概念，但由于其过于注重解释的倾向而缺乏切实的可操作性，充其量成为一种思想渊源。而后来各家各派提出的观点和策略更是仁者见仁、智者见智。

然而，纵观社会学的发展历程，古典社会学家迪尔凯姆（Durkheim）的研究方法对社会学的研究理路产生了难以磨灭的影响。他认为，社会学的研究对象是社会事实，而社会事实是发生在社会集体层面上的现象，与个体的心理现象不同，只有用"社会的"一词可以表明这种性质和它的含义。[22]可见，迪尔凯姆提倡的社会学视角是从群体的层次来研究社会事实或群体现象。正是从这一点出发，社会学逐渐形成了"个人与社会的互动"抑或"行动与结构的关系"等独特的问题域。也正是由于这一点，美国社

---

19 Pierre Bourdieu.The Specificity of the Scientific Field and the Social Conditions of the Progress of Reason〔J〕.Social Science Information，1975,14:19-47.

20 在布迪厄看来，没有统一的范式即人们所谓的"社会学危机"是完全有利于科学进步的。参见包亚明主编.包亚明译.文化资本与社会炼金术〔M〕.上海：上海人民出版社，1997：113.

21 George Ritzer. Sociology: A Multiple Paradigm Science〔M〕.Boston: Allyn and Bacon, 1975.

22 〔法〕埃米尔·迪尔凯姆.胡伟译.社会学方法的准则〔M〕.北京：华夏出版社，1999：5-10.

会学家米切尔（Duncan Mitchell）在《社会学一百年》中才会由衷地赞叹：
"迪尔凯姆的著作对社会学发展的重要性是无法估量的……"[23]。鲍曼
（Zytmunt Bauman）也认为，社会学独特的认知视角，在于将人的行动视
作更广泛的一些型构（figurations）的要素。所谓型构，即行动者在一个相
互依赖的网络中关联起来的非随机组合（在这种依赖状况下，行动有多少
可能实施，有多少机会取得成功，要看其他行动者是什么，做什么，或者
可能做什么）。他最后总结到，所谓社会学之思，就是一种对于人类世界的
理解方式，它也开启了以不同方式思考同一世界的可能性。[24]

在高等教育研究中，比彻和特罗勒尔（Tony Becher & Paul R.Trowler）的
《学术部落及其领地》一书是一本典型的运用社会学方法的著作。他们在书
中指出，社会学的观点与认知的观点并不是相互抵触的，这只是从不同的观
点来看问题，而不是所分析的问题产生了变化。我们有必要改变我们看问题
的方法，因为某些特征用社会学观点观察比认知角度观察看得更清楚。[25]

从社会学的视角出发来观察学术场域，我们会得到哪些可能的、出乎意
料的认知图景呢？学术场域会向我们呈现出什么样的可能性？第一，我们看
到的是学术场域的"社会"层面，即学者之间、学术机构之间争夺资源与资
本的互动关系及其后果，亦即学者的学术认可过程和学术知识在学者互动关
系中的发展形式，而非对学者个体层面上的研究，也不是学术场域中学术知
识在内容上的进展程度；其次，学术场域的运行受到哪些"社会的"因素的
影响，而不仅仅是智力因素、认识因素。"社会的"因素对学术场域的影响是
其内部的社会过程，也即前文谈到的权力、权威等因素之于学者的学术认可
和学术场域运行的影响机制、作用方式。这两个方面共同构成了本研究的核
心议题——政治逻辑。社会学视角的研究能够为高等教育研究提供独特的理
论眼光和想象力，借此我们可以看到纯粹的高等教育研究所无法看到的图景，
这为我们思考、分析、理解和解释学术场域的运行机制开启了一种新的空间
和可能性。

23 转引自周晓虹.西方社会学历史与体系（第一卷）〔M〕.上海：上海人民出版社，2002：
   234.
24 〔英〕齐格蒙特·鲍曼，蒂姆·梅.李康译.社会学之思〔M〕.北京：社会科学文献
   出版社，2010：5.
25 〔英〕托尼·比彻，保罗·特罗勒尔.唐跃勤等译.学术部落及其领地〔M〕.北京：
   北京大学出版社，2003：80.

不过，当我们在运用社会学视角看问题、解释问题时，有一点特别值得警惕，即对人类行为的完整分析，应该尽量避免过度与低度社会化的孤立问题。行动者既不像独立原子一样运行在社会脉络之外，也不会奴隶般地依附于他/她所属的社会类别赋予他/她的角色。他们具有目的性的行动企图实际上是嵌在真实的、正在运作的社会关系系统之中的。[26]对于后一点，本研究所采用的社会学视角和研究立场事实上已经表明它是不会发生的；对于前一点，是研究过程中需要随时警惕的，因为对学术活动和学术场域的理解如果趋于过度社会化，甚至产生纯粹"社会"因素决定论的观点，那就是完全遗忘了学术活动的知识逻辑和学术场域之所以为"学术"场域的根本特性了。

第三节　文献述评

不管是自然科学还是人文社会科学，任何一项学术研究都不可能横空出世，都必须建立在前人已有研究的基础之上，诚如默顿所言，"承认前人所留下的知识遗产使我们受益匪浅"。[27]学术创新的"创新"之处就是相对于已有研究的问题、方法与结论而言的。因此，如果不对已有研究有一个清晰、透彻的把握，就难以找到学术创新的突破口，更遑论能有真正的创新。因此，文献述评就成为一项好的研究的重要根基。既然称作文献述评，言下之意就是既要"述"，亦要"评"，即是对已有研究成果的系统梳理和批判性评论。有学者就认为，文献述评其实就是一幅学术谱系图，是为了给自己的研究定位，以便在学术谱系中"认祖归宗"。[28]

与本研究相关的文献主要集中于关于"学术场域"的研究。阅读国外关于这一议题的研究，我发现，自美国科学社会家默顿于1938年最先研究科学与社会的关系，提出了科学的奖励系统、马太效应等理论，特别是自20世纪60年代以来，包括其学生科尔兄弟、巴伯（Bernard Barber）以及后来成为其妻子的朱克曼（Harriot Zuckerman）等以及爱丁堡学派、科学政治社会学等很多西方学者从社会学、政治学、政治社会学的视角研究学术场域的政治属性、

26　〔美〕马克·格兰诺维特.罗家德译.镶嵌——社会网与经济行动〔M〕.北京：社会科学文献出版社，2007：8.

27　〔美〕R.K.默顿.鲁旭东，林聚仁译.科学社会学（下）〔M〕.北京：商务印书馆，2004：410.

28　熊易寒.文献综述与学术谱系〔J〕.读书，2007（4）：82-84.

形成过程、分化分层结构和特征及其运行机制等议题。以下就试图分别对这些研究文献作一梳理和评论，并在此过程中逐渐形成本研究的立场和致思路径。

一、国外研究文献述评

自学术活动特别是科学产生以来，除科学史之外，各个学科的学者或科学家鲜有将学术活动或科学本身纳入自己的研究视野，这种状况直到 20 世纪才逐渐被打破。众所周知，导致这种状况的原因与启蒙运动坚守的理性主义以及后来由孔德等开创的实证主义不无关系。启蒙运动以来的学者一般都认为，学术研究应遵循价值中立的学术标准，采用严格的科学方法，产出具有普适性、中立性、客观性的科学知识体系；决定知识进步的是自然界而不是社会过程，学术研究亦即通过人的理性思维对自然界现象的描述和对自然界永恒规律的揭示，被赋予了一种非个体性、非社会性、非政治性的自然属性。可以说，实证主义的科学观在现代科学产生至今一直是学术界的主流科学观。

然而，这种传统的科学观是对学术活动（包括科学）的误读，是实证主义、唯科学主义对科学话语的垄断，从而使科学背离了对世界的深度解释，忽视了人、社会和文化的意义阐释，殊不知科学成果的产生和交流过程中包含着大量的社会过程和个性心理特征，终而简化了对科学的认识，局限了对科学认识和想象的空间。正如胡塞尔（Edmund Husserl）所批判的，实证主义"科学抽象掉了作为过着人的生活的主体，抽象掉了一切精神的东西，一切在人的实践中的物所附有的文化特征，使物成为纯粹的物体"。[29]而这种误读恰恰与科学对客观性的追求背道而驰。然而，现代科学打着"客观性"的旗号，支配着知识产生依赖的学术活动和科学研究，取得了瞩目的科学成就，极大地推动了工业社会的生产力，在现代社会形成了唯科学主义的世界观，取得了唯我独尊的学术研究地位。众所周知，这种对科学的误读不但束缚人们的科学观念、贬抑其他学科的研究方法和知识成果，还带给了人类大量的社会、文化和精神问题。于是，哲学、社会学、政治学、科学史等学科开始重新认识和反思科学及其本质，对传统的实证主义科学观大加讨伐和批判，产生了一系列具有颠覆性的研究成果。

---

29 〔德〕埃德蒙德·胡塞尔.王炳文译.欧洲科学危机和超验现象学〔M〕.上海：上海译文出版社，1988：71.

　　实际上，这种关于学术活动的非政治性观点直到马克思（Karl Marx）、卢卡奇（Ceorg Lukacs）等关于意识形态的研究以及舍勒（Max Scheler）、曼海姆知识社会学的创立才开始逐渐发生松动，关于学术研究、学术思想的社会条件、意识形态因素以及政治因素也逐渐进入学者和学术研究的视野。曼海姆的知识社会学将研究焦点投向社会结构中的知识根源，亦即知识的社会制约性。尽管他初次提出了知识与社会结构的关系问题，但遗憾的是，并没有对这种关系的运行机制进行具体的研究，而且还将自然科学排除在知识社会学的考察之外。从 20 世纪前半叶开始特别是在 20 世纪下半叶，不同的学科就此议题进行了广泛的研究，先后形成了知识社会学、科学（知识）社会学、科学哲学、科学政治社会学等学科或研究领域。这一部分以时间为经、视角为纬，将这些研究划分为功能理论、社会建构主义、实在论建构主义、场域理论、后现代主义以及批判理论与文化政治理论等六个类别，试图分门别类地考察不同学科关于学术场域的政治逻辑的研究视角和基本观点。

（一）功能理论：科学的社会建制

　　第一次将科学纳入社会学研究视野之内的是科学社会学之父默顿，他于 1938 年出版的其博士论文《十七世纪英格兰的科学、技术与社会》一书，具体考察了 17 世纪英格兰近代科学的体制以及科学与社会、文化、经济和军事之间的关系，以后陆续考察了科学的规范结构、精神特质、奖励制度以及马太效应等核心议题。其后，他的学生科尔兄弟、巴伯以及后来成为其妻子的朱克曼等人也纷纷出版了《科学界的精英》、《科学界的社会分层》等著作，深化了默顿科学社会学的研究纲领，于 20 世纪 50 年代至 70 年代发展到鼎盛时期。

　　在默顿等人看来，科学作为一种社会建制尽管与社会发生着互动，但支配科学界的依然是普遍主义（universalism）和能力或业绩至上的价值原则，因此他们研究的对象是科学的社会建制即科学界的社会分层、马太效应、优势累积等议题，关注的是科学发展的外部历史，而对科学的具体内容不作考察，因为那些"具体的发现和发明属于科学的内部历史，它们大都不依赖于纯科学以外的因素"[30]，"有关声称是科学知识的有效性标准与国家好恶和文

---

30 〔美〕史蒂芬·科尔.林建成，王毅译.科学的制造〔M〕.上海：上海人民出版社，2001：4.

化无关。那些相互竞争的声称是正确的主张，迟早要由普遍主义的标准来判定"。[31]这就是说，一位学者能否被认可关键取决于他的研究有无学术成就及其贡献的大小程度，而学术成就完全是学者个体的自致性因素如个性、天赋、创造力以及自身努力程度等所致，而与学者的先赋性因素如毕业院系、就职院系等组织环境因素无关。

不过，默顿的学生科尔兄弟后来在《科学界的社会分层》一书的中也承认，科学界"所有的承认形式——奖励、有声望的职位和知名度——都被一小部分科学家所垄断"。[32]朱克曼也认为，科学家在科学界的威信主要是根据同行认可的知识贡献的大小来划分等级的。因此，她的《科学界的精英》一书主要研究的是学术评价和奖励制度作为一种社会控制系统对科学家步入科学精英行列的影响，其主要结论是，科学界的"社会分层主要是以科学成就的普遍标准来衡量所造成的结果"，但是她也不得不承认，"在科学界的评价和奖励制度中，还存在着一些特殊的因素"。[33]这也就是承认了学术认可过程中有权力、权威的影响，为特殊主义（particularism）和政治逻辑发挥作用留下了运行的空间。正是在这一点上，我们说默顿学派才逐渐触及到了学术场域之政治逻辑这一议题。

（二）社会建构主义：科学知识的社会建构

到 20 世纪 70 年代，以英国的巴恩斯（B. Barnes）、马尔凯（Michael Mulkay）、德国的塞廷娜（Knorr-Cetina）、法国的拉图尔（Latour）等为代表的科学知识社会学即爱丁堡学派兴起，并逐渐成为科学社会学的主流。

由于受到费耶阿本德（Paul Feyerabend）、库恩（Thomas Kuhn）等人科学哲学的影响，他们一反默顿学派的研究范式，将研究的焦点置于科学思想、内容以及科学研究过程的研究。他们认为，科学知识社会学的目标在于"搞清楚，在什么意义和何种程度上，我们可以有条理地说科学是根植于社会生活之中的，"[34]揭示"社会过程深入知识领域的内在方式"[35]。这一学派以相

31　〔美〕R.K.默顿.鲁旭东,林聚仁译.科学社会学(上)〔M〕.北京:商务印书馆,2004:367.

32　〔美〕乔纳森·科尔, 史蒂芬·科尔.赵佳苓等译, 科学界的社会分层〔M〕.北京:华夏出版社, 1989: 255-276.

33　〔美〕哈里特·朱克曼.周叶谦, 冯世刚译.科学界的精英——美国的诺贝尔奖金获得者〔M〕.北京: 商务印书馆, 1982: 347.

34　Knorr-Cetina, Karin.The Ethnographic Study of Scientific Work: Toward A

对主义的立场，或对科学研究过程中的"话语互动"[36]或"科学文本"[37]进行微观层面的分析，或对"实验室生活"[38]进行人类学考察，揭示科学研究过程中的利益冲突、话语权力以及修辞方式与叙述风格在论文写作、发表以及同行认可过程中的重要作用，认为科学研究并没有一套客观的发现真理的程序，科学争论的裁决也并不单单依靠自然界的经验证据，"不是自然界决定科学，而是科学家在实验室中的社会行为决定了自然规律要如何界定"[39]。譬如，塞廷娜就认为，自然科学和社会科学的知识生产过程是相似的，他们都由有情境性条件并依赖于社会协商的研究实践构成；[40]而拉图尔用实验室中的事实说明了文本在"编造类似于虚构的事实"的工作中的重要作用。[41]

在科学知识社会学学者的眼中，科学知识本身的生产过程也具有了政治逻辑，学术认可是一个特殊主义原则运行的政治过程。与默顿学派相比，爱丁堡学派赋予了学术活动以彻底的政治性。然而，也正是由于这一学派过于关注科学内容及其生产过程中的冲突、权力关系等社会建构因素，从而陷入了忽视学术研究本身的认识因素的相对主义误区，招致了众多的批评。

（三）实在论建构主义：功能理论与社会建构主义的整合

面对爱丁堡学派的强大攻势，史蒂芬·科尔（Stephen Cole）综合了默顿学派实证主义原则和爱丁堡学派建构主义原则的科学观，在《科学的制造》（1995）

Constructivist Interpretation of Science〔A〕.Knorr-Cetina & Mulkay.Science Observed〔C〕.London: Sage, 1983:6.

35 〔英〕巴里·巴恩斯，大卫·布鲁尔，约翰·亨利.邢冬梅，蔡仲译.科学知识：一种社会学的分析〔M〕.南京：南京大学出版社，2004：2.

36 〔法〕卡林·诺尔-塞蒂娜.王善博等译.制造知识——建构主义与科学的与境性〔M〕.北京：东方出版社，2001.

37 〔美〕格雷格·迈尔斯.孙雍君等译.书写生物学——科学知识的社会建构文本〔M〕.南昌：江西教育出版社，1999.

38 〔法〕布鲁诺·拉图尔，〔英〕史蒂夫·伍尔加.张伯霖，刁小英译.实验室生活：科学事实的建构过程〔M〕.北京：东方出版社，2004.

39 〔美〕史蒂芬·科尔.林建成，王毅译.科学的制造〔M〕.上海：上海人民出版社，2001：6.

40 Lowell L.Hargens.Scholarly Consensus and Journal Rejection Rates.American Sociological Review, 1988, 53 （1）: 139-151.

41 〔法〕皮埃尔·布尔迪厄.陈圣生等译.科学之科学与反观性〔M〕.桂林：广西师范大学出版社，2006：47.

一书中提出了他"实在论建构主义观"，这是对两种截然不同的观点的扬弃。

科尔的研究通过对科学中核心知识和前沿知识的区分来分析哪类知识与自然界更为符合、哪一类知识的生产更可能融入政治性的因素。他认为，核心知识"由以小组理论、分析技术以及在任何时间内都已确定的事实组成"，"人们对这些理论是高度认可的"，其"内容是由自然规律决定的"；而前沿知识"作为核心知识以外的成分，是由某个研究领域内所有活跃成员的工作组成的"，"对于同样的经验事实，不同的科学家会得出不同的结论"，而除了建构主义单单认为的"作者的特点和社会因素"对于同行认可具有重要作用外，论文的内容、经验证据、理论和模型也会发挥重要的作用。[42]即是说，前沿知识能否得到同行认可进而成为核心知识是认识因素和社会因素交互作用的结果，这一认可过程不仅是知识逻辑的结果，也受到政治逻辑的影响。

科尔的研究既有理论层面的逻辑分析，也有实证层面的统计数据支持，因而，我们认为他的观点是十分公允的，本研究的很多观点也是以此为基础而展开的。

（四）场域理论：科学场中的斗争

与冲突理论的视角相似、所持观点更为深刻的是法国社会学家布迪厄的研究。布迪厄的《人：学术者》（*Homo Academicus*，1984）一书以他创立的场域理论、社会资本理论来审视学术场域。他指出，"像作为整体看待的社会领域一样，大学领域就是一个发生着分类定级斗争的场所，这种斗争试图保存或改变不同标准之间的力量关系，试图保存和改变这些关系所决定的不同力量之间的状态。"[43]其后，他通过对文化和社会资本、受教育状况、学术能力资本、科技能力资本、科学知名度、知识知名度、政治经济能力资本、广泛意义上的政治倾向等变量之间统计结果的分析，研究了这些变量之间的相关关系，论证了他提出的假设，并分析了从20世纪二三十年代到六七十年代法国高等教育领域中知识分子队伍的生存状况、可划分的类型、历史与社会背景；批判地揭示了这一切表现与他们各自在学界所占据的位置之间的微妙关系。

---

42 〔美〕史蒂芬·科尔.林建成，王毅译.科学的制造〔M〕.上海：上海人民出版社，2001：20-27.

43 〔法〕P.波丢.王作虹译.人：学术者〔M〕.贵阳：贵州人民出版社，2006：16.

十余年之后，也就是在他去世的前一年，他出版了在法兰西学院最后一年的授课记录——《科学之科学与反观性》（2001）一书。在这本书中，他进一步明确了"科学场域"的概念，认为科学场域"像其他场域一样，是一个汇聚了具有一种结构意味的各种力量的场，同时也是一个进行着这些力量的转变或保持的斗争的场"，而科学资本是"建立在认识和在认识（承认）基础上的一种特殊的象征资本"，"资本的分配结构决定着场域的结构，这也就形成了科学的各种活动因子的力量关系"。[44]以此为基础，布迪厄对科学场包括实验室、学科等次级场运行中的力量关系进行了生动而不乏反省的描述，同时对科学场中的生存策略、学术认可、学术声誉、学术评价、同行评议等也做出了场域理论视角的分析。

与冲突理论的相对主义结论不同，布迪厄似乎更为关注的是科学场的运行机制，即学术认可中的权力关系，而对知识生产本身中的政治性则相对关注较少，这其实与社会学家一般仅关注社会的形式这一传统和学科思维有关。

（五）后现代主义：学术活动中的政治纷争

就在《科学之科学与反观性》出版的同一年，美国学者韦弗（John A. Weaver）也出版了《德国与美国的学术政治反思》（*Rethinking academic politics in （re）unified Germany and the United States*，2001）一书。在书的开篇，韦弗指出，"学者往往对政治如何影响、形构大学的现实和方式往往视而不见，而将批判的视角投向了其它组织机构。"[45]他认为，大学的各个层面和角落都充满了反民主的现象，包括优先权的配置方式、大学教师的聘用与评价、新的研究机构的建立、知识合法化的形式、标准具体化的形式以及历史记忆的创设形式等。全书主要通过德国和美国的两组案例来揭示学术活动中的政治纷争，在掌握了详实的一手文献和研究资料的基础上，运用社会学、政治学等学科视角，以后现代主义路径为主，综合采用各种研究路径对学术政治进行了细致、深入的研究，在纷乱错杂的政治纷争中立出了一条清晰地线索，分析了学系、大学、（跨）学科组织和社会四个不同学术场所中的政治纷争。在德国，主要关注波茨坦当代德国历史研究所在德国统一前后的大学教师聘任和学术资助问题；在美国，主

44　〔法〕皮埃尔·布尔迪厄.陈圣生等译.科学之科学与反观性〔M〕.桂林：广西师范大学出版社，2006：57-59.

45　John A.Weaver.Rethinking academic politics in （re）unified Germany and the United States〔M〕.FALMER Press, 2001:1.

要研究两个案例，一是关于国家航空博物馆（National Air and Space Museum）开展 Enola Gay Exhibit 的有关争论，与历史记忆和民族身份认同直接相关，另一个是美国学术界关于科学的文化争论，即科学界所谓的"科学大战"，争论的焦点是"谁的知识是合法的知识"。作者试图反思学者所身处的学术系统内外那些错综复杂的政治纷争和权力关系，具体表现为：哪些学者或学术机构卷入了学术中的、通过学术的、关于学术的政治纷争，他们在争夺物质资源和符号资源的过程中发生着什么样的权力关系，意识形态以及结构性权力是如何作用于学术系统的，学术系统内外的政治纷争产生了哪些社会结果，最终揭示出不同的学术场所中学术政治影响学术评价和聘任过程、解释框架与方法论标准、资源分配过程、政策合理化的模式创生以及合法性知识的观念等的方式与过程，以及具有不同立场的话语主体竞相争夺主导地位从而将各自的研究视角确立为"真实"的过程和图景。[46]

可以说，是韦弗第一次将学术政治确立为一个独立的理论研究主题甚或研究领域。不过，韦弗的研究是一种典型的案例研究，尽管在深入挖掘案例和事件的意义方面具有其他类型研究难以替代的优势，但不同文化和时空中学术活动所交织的政治纷争和权力关系具有极大的差异，在本质上是一种"地方性知识"，因此其研究能否推论到整个学术界及其学术活动，似乎是值得斟酌的一个关键问题。譬如，韦弗选取的学术聘任、学术评价以及历史记忆等问题都局限于历史学，而"科学大战"这一事件也更多的属于科学的文化与社会研究领域，而至于社会科学甚或自然科学则仍然在其视野之外，因此其学术政治观点的彻底性也是值得质疑的。[47]

（六）批判理论与文化政治理论：学术活动的政治批判

正当科学知识社会学勃兴的年代，深受其思想观点的影响，加之批判理论和文化政治研究的凸显，科学政治社会学、科学政治哲学的研究也陆续问世。

美国学者布鲁姆（Blume）和斯图尔特（Stuart S.）等学者综合借鉴了功能理论和批判理论，试图对科学进行政治社会学批判。与默顿学派切入视角相似，但与默顿强调科学制度自主性的观点相反，布鲁姆等学者假设，现代

---

46 John A.Weaver.Rethinking academic politics in （re）unified Germany and the United States〔M〕.Falmer Press, 2001:43-49.

47 张斌.学术政治：学术系统内外的政治纷争——《德国与美国的学术政治反思》读后〔J〕.北京大学教育评论，2012（3）：176-186.

科学的社会体制在本质上是政治性的，而且，科学的角色是现代国家的政治系统一个不可或缺的角色，[48]现代科学的社会结构高度依赖于社会、政治和经济组织，而且对外界环境的变化极其敏感。[49]因此，从其假设来看，他们明显侧重于对科学与社会、政治、经济间关系的研究，而相对于科学本身政治过程的研究则相对比较薄弱。而新近出现的新科学政治社会学研究则将研究视野深入到科学的内部。

在 2006 年，斯科特·弗里克（Scott Frickle）和凯利·穆尔（Kelly Moore）主编了一本论文集，名为《新科学政治社会学：制度、网络与权力》（*The New Political Sociology of Science: Institutions, Network, and Power*，2006）。他们首先在题为"新科学政治社会学（NPSS）的前景与挑战"的导论中提出了新科学政治社会学的核心要素，即资源和权力不平等分配、规则及其制定和科学组织的动力等。全书由三个主题（科学的商业化、科学与社会运动以及科学与国家）、十五项研究组成，所有的研究都试图回答一个问题，即"科学事件和过程为什么以科学家所操作的方式发生"？并致力于分析"那些影响科学的资助、管理和实践的政治性和体制性力量"。[50]新科学政治社会学吸收了科学的文化研究、人类学研究以及哲学研究的观点和视角，更加明确地关注权力的结构性维度和知识政治中的不平等状况，解释了科学社会中为何一些群体有更多更好的学术产出，分析了种族、性别、阶层和专业等社会属性如何与学术产出相互作用，并决定着学术产出的数量和质量。另外，此书所有的研究都是围绕当前受到关注的一些特定议题，如民主、工业—大学关系、女性主义还有环境健康等，为我们呈现社会、经济和政治变革背景中科学内外的政治属性。

关于科学的政治哲学研究，美国的科学史学家约瑟夫·劳斯（Joseph Rouse）借鉴海德格尔（Martin Heidegger）、福柯、库恩以及爱丁堡学派的思想，从欧陆哲学的批判传统对科学研究本身进行了政治哲学的考察，提出了"科学的政治哲学"。他认为，科学"不仅仅只是信念与理性的领域，"而是

48 Blume, Stuart S..Toward a Political Sociology of Science〔M〕.New York: Free Press, 1974:1.

49 Blume, Stuart S..Toward a Political Sociology of Science〔M〕.New York: Free Press, 1974:279.

50 Edited by Scott Frickle, Kelly Moore.The New Political Sociology of Science: Institutions, Network, and Power〔A〕.The University of Wisconsin Press, 2006:7.

"实践技能和行动的领域"，[51] "自然科学与所有的认知实践一样，是以特定的人类旨趣为指导的"。[52] 基于这样的哲学认识和立场，他指出，"自然科学和人文社会科学存在方法论或本体论上的本质差别的观点极难令人信服。"[53] 因此，除了认识论的维度外，还需对科学进行哲学和政治学的研究，将科学知识增长的实践理解为"权力关系"，不但人文科学要接受政治学批判，自然科学也不能排除在外。基于这一认识，劳斯将福柯分析监狱、学校、医院等的"规训权力/知识"框架用以分析科学实验室中的权力关系（如实验室中的符号生产）及其向实验室之外扩展的路径和政治效果。可以看出，劳斯的研究还受到了爱丁堡学派特别是拉图尔、塞廷娜等学者的人类学研究的影响，这是他自己也承认的。只不过与爱丁堡学派不同的是，他不但对科学实践进行了政治学批判，还从哲学根基上转变了我们对科学包括人文社会科学的认识和理解。

综上所述，国外大量的相关研究文献对我们考察中国学术场域的政治逻辑而言，具有可资借鉴的重要价值，主要有以下两点：一是为本课题提供了多视角、多层面的有解释力的理论分析框架和研究方法论；二是为本课题提供了大量的第一手数据资料和相关观点。

同时，这些研究也有着不足之处，大致有以下四个方面：第一，在理论假设层面，这些研究大多不是基于结构功能理论、冲突理论，便是源于社会建构理论或是晚近出现的后现代主义理论的逻辑，因此其观点不是限于绝对论，就是限于相对论，本身的解释力就相对较为有限；第二，在研究对象层面，这些研究基本上是针对国外特别是西方欧美国家的学术场域，因此在用以分析和解释我国学术场域时产生了社会文化价值取向上的困境和无力；第三，在研究问题方面，大多数研究要么过于注重学者个体层面的因素，要么过于注重组织环境因素，未能有效整合不同的变量以形成整体性的理论框架；第四，在研究方法层面，除了少数研究完全属于理论推论之外，大多数研究都采用了量化研究的方法，尽管其呈现的学术场域真实状况具有重要的学术价值，但大都停留在

51　〔美〕约瑟夫·劳斯.盛晓明等译.知识与权力——走向科学的政治哲学〔M〕.北京：北京大学出版社，2004：4.

52　〔美〕约瑟夫·劳斯.盛晓明等译.知识与权力——走向科学的政治哲学〔M〕.北京：北京大学出版社，2004：205.

53　〔美〕约瑟夫·劳斯.盛晓明等译.知识与权力——走向科学的政治哲学〔M〕.北京：北京大学出版社，2004：209.

现象描述层面，尚需要结合理论予以进一步的解释。

二、国内研究文献述评

早在 1974 年，莱特（Donald Light）就认为，学术职业是社会学分析的一个重要主题，但关于学者及其学术职业的社会学研究还处于一种无组织的个人主义状态。这种状态的表征方式有二，一是缺少对他人成果的引注，未形成引导研究者累计可验证性知识的科学精神，从而导致了研究中的个人主义方式；二是缺乏作为研究基础的好的理论框架。[54]我认为，莱特 30 多年前对西方的描述是非常适合我国目前在这一方面的研究现状的。

长期以来，国内学者都相对忽视对学术场域的研究，直到 20 世纪 80 年代中期才逐渐引介"学术（科学）共同体"的概念。据中国期刊网显示，"科学共同体"一词第一次出现是在 1984 年，[55]且是吴绳楷参照并根据尤金·加菲尔德 1982 年在一次科学政策研讨年会上的发言以及《科学引文索引》（简称 SCI）1973-78 年期间统计的编译和分析，文中仅在标题中使用了"国际科学共同体"一词，文中未对其进行任何说明；1985 年，北京师范大学的宋怀时首次引介"科学共同体"的概念，并对其在科学活动中的作用进行了阐述。[56]而"学术场域"一词则最早出现于 1991 年，且不是正规的学术论文，就像文章的题目所示，仅为一篇"手记"。[57]一直到 2002 年，哈尔滨工业大学丁云龙才第一次在学术论文中正式使用"学术共同体"一词。[58]而关于"科学（学术）共同体"的相关论文和著作在 20 世纪 90 年代和 2000 年以后才逐渐增多，主要的研究成果主要集中在以下四个方面：

（一）相关概念的引介与初步研究

国内对于学术场域的研究，最初集中于对"学术（科学）共同体"、"无

---

54 Donald Light, Jr..Introduction: The Structure of the Academic Professions.Sociology of Education, 1974,47 （1）: 2-28.

55 吴绳楷编译.从文献计量角度正确认识第三世界在国际科学共同体中的地位〔J〕. 技术与市场，1984（3）: 47-56.

56 宋怀时.科学共同体在科学活动中的作用〔J〕.自然辩证法研究，1985（4）: 12-16.

57 牛龙菲.有关"音乐学术共同体"的手记〔J〕.交响（西安音乐学院学报），1991（3）: 28-30.

58 丁云龙.国外学术共同体学术研究体例述评〔J〕.东北大学学报（社会科学版），2002（4）: 238-240.

形学院"、"学术场域"等概念的引介和讨论，并以此为基础初步研究中国学术共同体形成及其与西方的比较等议题。

"科学（学术）共同体"、"无形学院"等是最早进入学术视野的几个概念。宋怀时通过对科学共同体的特点、结构及内在运动的考察，分析了科学共同体在科学认识活动中的主要作用；[59]顾昕对科学共同体的社会分层、科学交流系统等议题进行了引介和分析；[60]施若谷则基于对"科学共同体"概念分析，考察了"科学共同体"在近代西方欧洲的形成与作用，并对中国与西方的情况进行了比较，进而指明"科学共同体"未能于明末清初出现是中国科学技术在近代落后的内在原因之一。与此同时，[61]文珺珺[62]、郤晨[63]先后于1987年引入"无形学院"的概念，并对普赖斯的《大科学，小科学》和克兰的《无形学院》等著作做了简要评价。学术系统中的马太效应[64]、合作行为[65]、伦理精神[66]、同行评议[67]等相关议题也自1980年代后逐步出现于学术期刊之中，1990年代后期逐渐增多。

对于"学术场域"概念的引介，据笔者目力所及，最早出现在周富强2007年的一篇学术论文中，论文主要对布迪厄的《科学的社会用途》一书做了简要的评析，重点讨论了学术场域作为高等教育组织与高深知识的环境的学术观点；[68]陈伟则从组织上的横向分部、纵向分层角度分析了学术场域的进化逻

59 宋怀时.科学共同体在科学活动中的作用〔J〕.自然辩证法研究，1985（4）：12-16.

60 顾昕.科学共同体的社会分层〔J〕.自然辩证法通讯，1987（4）：21-29；顾昕.科学交流系统——科学共同体的社会结构与科学的成长〔J〕.自然辩证法通讯，1987（4）：153-159.

61 施若谷."科学共同体"在近代中西方的形成与比较〔J〕.自然科学史研究，1999（1）：1-6.

62 文珺珺.关于"无形学院"〔J〕.自然辩证法通讯，1987（2）：33-41.

63 郤晨.科学共同体的社会组织与科学知识的增长——《无形学院》述评〔J〕.自然辩证法通讯，1987（5）：77-78.

64 邓国天.必须正确认识科学中的"马太效应"〔J〕.福建师范大学学报（哲学社会科学版），1982（3）：41-47.

65 金雪军，毛捷，袁佳.科学共同体合作行为的演化分析〔J〕.经济评论，2004（3）：36-44

66 薛桂波，倪前亮.科学共同体的伦理精神〔J〕.兰州学刊，2006（1）：14-16.

67 钟书华.同行评议：科学共同体的民主决策机制解析〔J〕.社会科学管理与评论，2002（1）：40-46.

68 周富强.高等教育组织与高深知识的环境：学术场域——读皮埃尔·布尔迪厄的《科

辑[69]。

但总体来说，这方面对国外的概念和理论引介、分析多，而对我国学术（科学）共同体、学术场域的现状把握和问题诊断较少，急需结合本土境脉的经验与事实研究。

（二）对学术精英成长与学术系统的研究

随着相关概念的引介，关于影响学术精英成长的因素与学术系统方面的研究在 2000 年以后日趋增多，学者们开始关注国内学术场域中的一些具体的本土性问题，学术期刊、专业学会等学术共同体的构成要素也进入到了学者的视野之中。

在影响学术精英成长的因素方面，徐飞等学者以中国科学院院士这一精英群体为样本，从时间的维度，对其出生地域、学历结构、留学状况和年龄构成等进行计量研究，分析中国科学界精英的若干特征及其产生原因；[70]吴殿廷等学者以中国两院院士为例分析了高级科技人才成长的环境因素，认为院士籍贯空间分布东多西少，南多北少；出生时间以秋冬、冬春气候变换大的月份为多。院士成材比率与籍贯地的经济发展水平和水域面积比呈显著的正相关，与山地面积比有一定的负相关；[71]卜晓勇在美国学者曹聪之后再次选择中国现代科学精英作为专题，对中国现代科学精英群体这一处于中国科学社会最上层的科学家集团进行了较为细致的量化分析，揭示了中国现代科学精英群体的社会分层机制及其与社会的交互作用；[72]陶爱民则以中国工程院院士这一特殊群体作为分析样本，研究了院士的出生地和工作地的空间关系、女性院士群体、院士成长依赖的环境等状况。[73]与此同时，关于学术认可的性别差异也得到了关注，如杨丽等人以中国科学院女性院士这一群体为样本，研究了这一群体的特征状况；[74]赵兰香等人从女性主观价值偏好研究了女性与男

学的社会用途》〔J〕.三峡大学学报（人文社会科学版），2007（4）：96-98.

69　陈伟.分化与整合：学术"场域"的进化逻辑〔J〕.学术研究，2010（7）：82-88.

70　徐飞，卜晓勇.中国科学院院士特征状况的计量分析〔J〕.自然辩证法研究，2006（3）：68-74.

71　吴殿廷等.高级科技人才成长的环境因素分析〔J〕.自然辩证法研究，2003（9）：54-62.

72　卜晓勇.中国现代科学精英〔D〕.合肥：中国科学技术大学，2007.

73　陶爱民.中国工程院院士群体状况研究〔D〕.合肥：中国科学技术大学，2007.

74　杨丽，徐飞.中国科学院女性院士特征状况计量分析〔J〕.科学学研究，2008（6）：1157-1163.

性科学家学术成就的差异。[75]譬如，有的研究过于关注自然地理环境对学术精英成长的影响，难免有环境决定论之嫌。

在学术系统研究方面，国内学者关注更多的是院校层面，主要研究的是大学教师、大学生和基层学术组织。当然，亦有少数学者研究了将学者或学术机构连结在一起的学术系统，譬如阎光才以西方文献为基础，考察了学术认可与学术系统内部的运行规则以及学术系统的分化结构与学术精英的生成机制等议题，并从理论层面反思了我国学术系统的现状与问题，[76]之后则聚焦于我国学术系统独特的结构和运行机制，以锦标赛制为参照，首次在我国提出了"学术等级系统"这一术语，并分析了国家学术政策下的学术头衔分层，讨论了国家干预与学术系统分层的关系。[77]不过，关于学术系统等级结构的分析可能还需要在学术系统内部寻找更为具体的影响力量。

在学术期刊方面，尽管 1990 年以前也有不少研究，但大多针对的是图书馆学中关于期刊编辑策略和质量问题的研究，将之纳入学术场域的研究则从 1990 年才逐渐开始，如刘瑞兴对学术期刊中作者合作度的研究。[78]2000 年以后逐渐出现了内外矛盾关系[79]、知识交流权[80]、用稿"潜规则"[81]、期刊承认[82]等主题的研究，且有博士论文出现，如陈立新以 SCI 扩展版（SCIE）数据库中力学领域 66 种专业期刊构成的力学期刊群为样本集，利用文献计量学和科学计量学方法，分析了力学期刊群的内部结构和外部关联。[83]对于学术场域中一个关键组成部分——专业学会的研究则更是少之又少。在少有的研究中，

75 赵兰香, 李乐旋.女性主观偏好对我国科技界性别分层的影响〔J〕.科学学研究, 2008（5）: 942-947.

76 阎光才.学术认可与学术系统内部的运行规则〔J〕.高等教育研究, 2007（4）: 21-28; 学术系统的分化结构与学术精英的生成机制〔J〕.高等教育研究, 2010（3）: 1-11.

77 阎光才.学术等级系统与锦标赛制〔J〕.北京大学教育评论, 2012（3）: 8-23.

78 刘瑞兴.学术期刊的作者合作度〔J〕.图书馆学研究, 1990（3）: 61-65.

79 李漫男, 吴成福.学术期刊编辑活动中的内外矛盾关系〔J〕.郑州大学学报（哲学社会科学版）, 1998（3）: 122-124.

80 于良芝.世界学术期刊变迁中的知识空流权分析〔J〕.摘报资料工作, 2005（2）: 21-25.

81 王景周.学术期刊用稿"潜规则"的危害及其对策〔J〕.编辑学报, 2010（2）: 156-158.

82 袁同成."期刊承认"VS"共同体承认"：我国学术知识生产动力机制的"悖论"〔J〕.学术交流, 2010（1）: 12-16.

83 陈立新.力学期刊群的内外关系与学科结构〔D〕.大连: 大连理工大学, 2008.

穆中杰的博士论文对上海市法学会历史变迁的研究是一个较好的代表。[84]

显而易见，以上研究在不同程度上推进了我们关于学术系统和学术精英成长的理性认识，为本研究的开展提供了不少经验和理论证据。然而，大部分研究要么出于不同的研究目的，侧重于不同层面的影响因素，譬如，有的研究过于关注自然地理环境对学术精英成长的影响，难免有环境决定论之嫌；要么受研究方法或理论基础的局限，未能上升到理论层面；要么未能结合国内学术场域的特殊事实，对学术场域内在机制的解释往往过于理论化、西方化，尤其缺乏基于本土境脉的对学者或学术机构间的分层与权力关系的整体性研究。

（三）对高校学术体制和学术环境的研究

国内学术界自 1990 年代特别是 2000 年以来对学术权力和行政权力及其关系以及学术环境等议题进行了大量的分析和研究。在学术权力研究方面，主要是从法学、政治学视角出发对其与行政权力的关系的分析；有的学者还从文化冲突的视角分析了二者的误解和敌意[85]；有的学者从中国语境出发分析了学术权力的内涵，并提出了学术权力的价值依据和实现路径[86]；也有的学者另辟蹊径，从"实际何为"的角度分析了大学中学术权力的实践特性与逻辑悖论，并富有启发性地指出大学中部分学者制订规则和分配资源的话语权力，最后将我国学术权力的困境归因于大学"行政化"背后的体制弊端[87]。遗憾的是，这项研究仅仅将视野限定在大学之中，而忽视了那些尽管存在于大学之外却对学科发展有着更实质性影响的学术权力。与此同时，也有学者从学术共同体的层面来分析学术权力的运作，指出了来自个体的自主探究权力、源于学术共同体内部的集体权力（知专业或学科的权力）以及来自外部政府和机构的行政权力等三种权力在微观的同行评议制度中的博弈，并提出少数精英学者主宰同行评议、学术资源分配的问题[88]，是国内鲜有的研究整体学术场域的一项成果。不过，总的来说，这些研究尽管有利于深入认识学术权力的本质和特性，但大多数是对国内

84 穆中杰.上海市法学会历史变迁〔D〕.大连：华东政法大学，2008.

85 王英杰.大学学术权力和行政权力冲突解析——一个文化的视角〔J〕.北京大学教育评论，2007（1）：55-65.

86 寇东亮.学术权力:中国语义、价值根据与实现路径〔J〕.高等教育研究，2006（12）：16-21.

87 冯向东.大学学术权力的实践逻辑〔J〕.高等教育研究，2010（4）：28-34.

88 阎光才.学术共同体内外的权力博弈与同行评议制度〔J〕.北京大学教育评论，2009（4）：124-138.

高校行政权力过度膨胀的批判，且研究视野由于受研究目的局限未能对整个学术场域中的权力运行进行考察，缺少学术场域运行机制的事实性和建设性研究。

（四）长期忽视学术场域的政治性问题

关于学术活动或学术场域政治性的问题，在我国学术界一直受到忽视，直到 20 世纪末才逐渐起步，开始对这一议题展开研究，出现了若干研究成果，如最早由默顿学派乔纳森·科尔的学生、美籍华裔学者曹聪所撰写的博士论文 *China's Scientific Elite*（1997）沿着默顿学派的风格，同时试图调和默顿学派和爱丁堡学派的分歧，研究了我国科学的体制化历程、中国科学院院士的分层特征、社会出身、导师影响以及中国特有的知识分子"红"与"专"等议题；[89]之后，他以中国围绕 SARS 进行的科学研究为案例，考察了科学共同体长期关注的权威、 合作和科学发现之间的关系，对国内学术政治的研究是一大推进；[90]朱新梅的《知识与权力：高等教育政治学新论》借鉴国家、政府与市民社会关系理论，分析了中国在无序型社会、总体型社会和治理型社会不同阶段的知识生产模式，但其重心在于考察宏观权力（主要是国家权力和政治意识形态）渗入知识生产的事实和机制，而对知识生产内部的政治与权力几乎没有涉及；[91]王彦雨则对马尔凯的科学话语分析进行了研究；[92]郭明哲以行动者网络理论为中心对拉图尔的科学哲学、科学社会学思想进行了专题研究。[93]王彦雨与郭明哲尽管在评介西方最新理论方面迈出了较大的步伐，但均未对国内的现实进行理论研究和事实分析。

（五）社会网络分析在学术交流网络研究中得到了初步的应用

关于社会网络分析的应用，社会学学者先后研究了拜年网[94]、流动人口社

---

89 Cao Cong.China's Scientific Elite〔M〕.London & New York, Routledge Curzon, 2004.

90 曹聪.权威、合作和科学发现：SARS 和中国科学共同体〔J〕.科学文化评论，2006（6）：5-19.

91 朱新梅.知识与权力：高等教育政治学新论〔M〕.北京：教育科学出版社，2007.

92 王彦雨.科学世界的话语建构——马尔凯话语分析研究纲领探析〔D〕.济南：山东大学，2009.

93 郭明哲.行动者网络理论——布鲁诺·拉图尔的科学哲学研究〔D〕.上海：复旦大学，2009.

94 边燕杰.城市居民社会资本的来源及作：网络观点与调查发现〔J〕.中国社会科学，2004（3）：136-146.

会网[95]、城市居民社会网络[96]、农村社会支持网[97]以及城市贫困家庭社会关系网[98]等，涌现了大量社会学著作和论文，为本研究提供了方法论上的启示。然而，总体上来说，社会学学者唯独忽略了自身的学术交流网络，不能不说是一种缺憾。

近年来，一些情报学学者和高等教育学者针对某一学科进行学术互引形式的学术交流网络研究，例如关于图书情报学、管理科学、教育经济学、高等教育学领域的合作与互引现象的研究。黄维等学者通过可视化的手段挖掘我国教育经济学近 30 年的合作网络，研究发现我国教育经济学合作网络松散，领域内主要有三大各具特色的强合作团队，但缺乏一个强有力的合作中心以及"老一辈"学者的合作网络并不紧密；[99]高耀明等学者则以高等教育研究领域中的高被引论文作者为研究对象，分析了作者间的互引网络及其特征，认为高等教育研究领域还未形成特定的学派，还不是一个围绕共同规范建构而成的学术共同体。[100]

这几项研究仅初步描绘了几个学科或领域的学术圈子、学术信息流动特征，逐渐涉及到微观的学术交流问题和学术系统的分层结构问题，数量虽不多，但为本研究对学术场域分层与权力结构研究的系统化和理论化奠定了初步的基础。不过，这几项研究的数据多局限于"软学科"中的高产作者和高引作者，且未运用社会网理论对学术交流网络进行理论分析和解释，未能从分层的视角认识学术场域的权力结构及其运行机制。

三、研究路径选择

面对丰富多样的学术场域研究文献和新近出现的学术政治研究成果，我在想，我应该如何考察学术场域的政治逻辑呢？我如何才能"站在前人的肩

---

95 张彦珍.兰州市流动人口社会网研究〔J〕.甘肃社会科学，2005（6）：188-191.

96 张文宏.中国城市的阶层结构与社会网络〔M〕.上海：上海人民出版社，2006.

97 刘军.法村社会支持网络——一个整体研究的视角〔M〕.北京：社会科学文献出版社，2006.

98 洪小良.城市贫困家庭的社会关系网络与社会支持〔M〕.北京：中国人民大学出版社，2008.

99 黄维，陈勇.中国教育经济学研究者合作网络的社会网络分析〔J〕.现代大学教育，2010（2）：14-19.

100高耀明等.高等教育研究高被引用论文作者互引网络分析〔J〕.教育研究，2012（8）：56-61.

膀上"审视学术场域？我的研究路径是什么？我在哪些点上能够推进学术场域政治逻辑呢？

　　在文献梳理的过程中，我发现，大量的研究成果主要基于以下六种理论基础：功能理论、社会建构主义、实在论建构主义、场域理论、后现代主义、批判理论和文化政治研究等。尽管不同的理论或视角对学术活动、科学研究持有截然不同的理论假设和研究方法论取向，聚焦的议题也不尽相同，但归纳起来，这些研究关注的议题主要有以下三个方面：一是影响学术或科学发展、学者成长的个体因素和社会因素，即科学的发展究竟是知识发展的内在逻辑呢？还是社会结构影响的产物？学者的成长以至学术精英的认可究竟是普遍主义的逻辑呢？还是受特殊主义原则支配，属于社会建构的产物？二是学术或科学研究过程中的权力关系，主要包括场域的分层、分层条件下学者之间的互动关系以及学者之间及其与研究对象之间的权力关系；三是科学研究应用于实践时所产生的权力关系，即科学实践及其成果对外在世界和人的权力效果和政治影响。这三方面的主题有一个较为关键的矛头指向，那便是学术场域中的权力关系问题。进一步说，学术场域的形成不但有着其内在的知识逻辑，受认识因素的影响；同时也具有一定的政治逻辑，受社会因素的影响。学术场域的形塑是知识逻辑与政治逻辑相互作用的过程。

　　功能主义在科学社会学的研究中有着源远流长的传统，自默顿创建科学社会学以来便一直独领风骚，直到爱丁堡学派的勃兴，社会建构主义才逐渐压过功能主义。尽管在二者看来，学术场域是一种高度分层的社会系统，但在这种分层社会何以可能的问题上出现了不同的理论解释。在功能主义看来，学术场域中的社会分层如同社会中的分层一样，是社会整体的功能性安排，学者在学术场域中的地位是根据其努力程度和学术业绩而定的，而其他社会因素的影响较少，遵循的是普遍主义的原则，属于竞争性流动；而在社会建构主义看来，一定程度的冲突是群体形成和群体生活持续的基本要素，[101]学术场域中的社会分层是不同利益集团博弈和争夺权力而不断发生冲突的过程和结果（他们并不认为冲突仅仅发挥消极作用），遵循的是特殊主义的原则，更多地属于赞助性流动。布迪厄的场域理论路径、韦弗的后现代主义路径以及受批判理论和文化研究影响的（新）科学政治社会学路径都看到了学术场域中因资源和资本的争夺而产生的冲突即权力关系，为学术场域研究开拓了

101　〔美〕L·科塞.孙立平等译.社会冲突的功能〔M〕.北京：华夏出版社，1989：16.

新的视角和空间。这些不同的理论视角为研究中国学术场域的政治性议题提供了可资借鉴的分析框架和研究方法论，但不足之处在于这些研究都局限于各自的理论假设和逻辑，在用以解释我国学术场域中的政治议题时便产生了社会文化价值取向上的困境和无力。此时，与其说具有了"巨人的肩膀"，毋宁说成为了一种　"思想包袱"，它如此沉重以至于可能压制研究者的思维，阻碍研究的视野和思维进路。那么，本研究应该如何处理处于中国特殊文化境脉中的政治逻辑和西方大量的理论和视角之间的关系呢？

曹锦清曾在《黄河边的中国》一书中谈到观察和研究中国社会的四个不同"视角"给了我很大的启发。其中的两个"视角"是"从内向外看"和"从外向内看"。那么，什么是"内"和"外"呢？他认为，所谓"外"就是西方社会科学理论与范畴，"从外向内看"就是通过"译语"来考察中国社会；所谓"内"，即中国自身的历史与现实尤其指依然活跃于人们头脑中的习惯方式与行为方式中的强大传统，"从内向外看"就是站在社会生活本身看在"译语"指导下的中国社会。如果一味地"从外向内看"，就会停留在"应该如何的多嘴多舌之中（黑格尔语）"。因此，他提醒我们，源于西方社会的认识工具一旦移译至中国，也往往失去其所指而单纯成为"应该"，无所指而强为所指、或削足适履、或指鹿为马。[102]费孝通先生在其《乡土中国》中提出中国社会的结构是"差序格局"。关于"差序格局"的社会结构，费孝通先生举了一个例子，即："以‘己’为中心，像石子一般投入水中，和别人所联系成的社会关系，不想团体中的分子一般大家都在一个平面上的，而是像水的波纹一般，一圈圈推出去，愈推愈远，也愈推愈薄。"因此，在差序格局中，"社会关系是逐渐从一个一个人推出去的，是私人联系的增加，社会范围是一根根私人联系所构成的网络。"[103]

学术场域尽管有其特殊的内在运行逻辑，但深受中国文化影响的学者可能也无法真正摆脱这种结构的制约。因此，要真正透析这种社会结构中学术场域的政治逻辑，必须考虑到西方理论视角的解释力和适切性。合理的路径是站在我国学术场域运行的"日常生活"之中，"从内往外看"，结合中国的社会结构和文化价值取向，批判性地借鉴和改造西方的理论视角，以期对学术场域的政治逻辑表现样态有一个较为深入的分析和解释。

102　曹锦清.黄河边的中国〔M〕.上海：上海文艺出版社，2000：1-2.

103　费孝通.乡土中国　生育制度〔M〕.北京：北京大学出版社，1998：27-30.

赵佳苓、顾昕等学者在翻译科尔兄弟的《科学界的社会分层》时做出了一个推测，即"在中国的科学界，年龄和权力似乎是两个重要的变量；中国科学体制在普遍主义的程度可能要弱一些；冲突理论及社会建构主义或许比功能主义更适合说明中国的科学界"。[104]如果这一论断是正确的，那么，年龄和权力在学术认可中到底发挥何种程度的作用？特殊主义原则的运行方式又如何？冲突理论是否适合解释中国学术场域的政治逻辑？前两个问题可以说是本研究试图通过事实研究来加以分析和澄明的。对于后者，本研究是持怀疑态度的。不过，冲突理论是本研究试图改造的理论之一。

第四节　研究方法论

在西方，博士学位论文中一般都有专门的一章叫"方法论"，通常会对使用的研究方法做一描述，但一般不涉及其他可供选择的方法和研究方法如何从方法论上反映研究者的立场等问题。这种做法有一个假设，即方法仅仅是一种技术，不会受到研究者如何做出选择的影响。但伯顿（Burton）认为，这种假设在当前已经没有立足之地了。他说，方法论"不但会影响如何选择与为何选择某些研究方法，而且还会影响研究发现取信他人（信度）的程度"。因此，研究者的方法论立场就成为论文的必要组成部分。[105]可见，方法论立场是科学研究中的一个前提性问题，从根本上讲，它是研究者的研究意识和研究眼光、理论意识与理论品位。基于方法论的重要意义，这一部分专门讨论本研究的方法论问题，主要包括化熟为生的研究策略、关注事实的研究旨趣、反观性的研究立场、聚焦"机制"的研究重心以及量化与质性方法融合的研究方法。之后，将以本研究的研究对象的性质，结合方法论立场，选择合适的研究方法，建立本研究的框架结构。

一、化熟为生的研究策略

任何一位学者自其读研究生起，甚至更早，便参与到学术场域的活动之中，除了那些过早退出学术职业的学者外，一般都持续到生命结束的那一刻。

104　〔美〕乔纳森·科尔，史蒂芬·科尔. 赵佳苓等译. 科学界的社会分层〔M〕. 北京：华夏出版社，1989：译者前言.

105　Leone Burton. Confounding Methodology and Methods〔J〕. British Journal of Sociology of Education, 2001,22（1）：171-175.

一位学者一生的职业轨迹一般都是攻读学位、进入工作机构、发表论著、职称晋升、指导研究生等，日复一日，年复一年，导师的职业生涯如此，学生的职业生涯亦如此，代代相传。对于一般人甚至大部分学者来说，这似乎已经是关于学术生活的共识，是一种耳熟能详、再也简单不过的常识，这一切都在正常地进行着，没有任何异常。对于学者个体来说，似乎只要自己静坐冷板凳，多出学术成果，自然就会得到晋升，进而受到学术界的认可。然而，学者们"一般不会停下来想一想，我们完成的这些事情有什么意义，更少停下来比较一下各自的私人经验与他人的命运"[106]。这就如同柯林斯与马科夫斯基在《发现社会之旅》的开篇就提醒我们的，"社会是贴近于我们生活的日常现实，但是我们并不只因为生活在其间而对它有更多的了解，就像我们不会因为自己必然作为有生命的身体存在而对生理学有更多的了解一样。"[107]诚然，学者尽管对其身处其中的学术场域的了解较之普通人可能更多一些，但学术场域到底如何运行、受到哪些认识因素以外的因素的影响等问题，似乎更少受到学者本人的关注和思考。

　　这就涉及到有关学术场域的常识。众所周知，常识就是不断重复的例行常规，往往是不言自明的，既然是不言自明，自然也无需解释、无须质疑。正如鲍曼所言，如果人们自得于"一切正常"（things are as they are），就不会提出问题。[108]曹锦清也认为，"熟悉"或"习以为常"恰恰是理解的敌人。[109]然而，一旦从社会学的眼光来反思这些所谓的常识，我们就可能得出截然不同的结论。社会学思维一般都试图化熟为生，刨根问底，寻找支持常识背后的那些社会因素或因果关系。因此，社会学"有可能像是个惹是生非、令人不安的陌生人。通过省察被视为想当然的东西，它有潜力破坏生活中让人舒适的确定性，……这些问题使显而易见的东西成了难解谜团，可能使令人熟悉的东西不再令人熟悉"[110]。那么这种化熟为生的研究策略有何作用呢？鲍曼指出，"去熟悉化过

106　〔英〕齐格蒙特·鲍曼，蒂姆·梅.李康译.社会学之思〔M〕.北京：社会科学文献出版社，2010：7.

107　〔美〕兰德尔·柯林斯，迈克尔·马科夫斯基.李霞译.发现社会之旅——西方社会学思想述评〔M〕.北京：中华书局，2006：1.

108　〔英〕齐格蒙特·鲍曼，蒂姆·梅.李康译.社会学之思〔M〕.北京：社会科学文献出版社，2010：10.

109　曹锦清.黄河边的中国〔M〕.上海：上海文艺出版社，2000：3.

110　〔英〕齐格蒙特·鲍曼，蒂姆·梅.李康译.社会学之思〔M〕.北京：社会科学文献

程可能为与他人共处的生活开启此前无法预料的新的可能，并且由于具备了更多的自我认识和社会认知，而使这种生活对于我们的周遭环境产生更多的自觉、更多的把握，或许也带来更多的自由和控制。……只要你认为值得耗费精力，以更加自觉的方式过日子，那社会学就是一种令人愉快的导引。……通过开启很容易被关闭的可能性，来克服常识的限制。……一旦我们能够更好地理解，我们生活中那些看似自然而然、不可避免、难以变易、持恒存在的方面，其实是通过人力和资源的运作而形成的。"[111]

具体到学术场域而言，学者们那些习以为常、不言而喻的学术行为就很值得反思和重审。用社会学的眼光来看，我们可能就会一反平时所形成的常识，提出下列问题：学术场域的"等级化"是如何可能的？我在学术场域中处于哪个位置？我的学术声誉受到哪些因素的影响？我的学术命运仅仅是学术成果累积的结果呢，还是另有其他社会因素的影响？我与学术场域中的其他学者是何种关系？是哪些因素促使那些学术精英处于学术场域的顶端？他们的学术威望对我个人和学术场域的发展有哪些影响？正如鲍曼所言，这些社会学思考能够开启学者思考学术生活新的可能性，对学术场域产生新的认识和理解，从而引领学者以更加自觉、理性的方式从事学术研究，推动学术知识的创新与发展。对于研究而言，这也是对学术场域运行机制和政治逻辑的一种认识和理解方式，可以扩大我们认识学术场域的视野，不断逼近对学术场域运行事实的理解。

二、关注事实的研究旨趣

尽管社会学学术史中有着不同的研究旨趣，但不管其研究路径、阐释策略如何，无一不指向迪尔凯姆所提出的研究任务，即社会学的研究对象是社会事实，其方法只能是用一种社会事实解释另一种社会事实，即"社会事实的确切原因应该从那些以往的社会事实中去寻找，而不能从那些个人意识状况中去挖掘"[112]。他进一步讲到，"社会学以科学的态度去考察社会现象……既尊重事实，又不盲从"，"社会学者研究事物时，应该摆脱个人成见的束缚，

出版社，2010：10.

111　〔英〕齐格蒙特·鲍曼，蒂姆·梅.李康译.社会学之思〔M〕.北京：社会科学文献出版社，2010：11.

112　〔法〕埃米尔·迪尔凯姆.胡伟译.社会学方法的准则〔M〕.北京：华夏出版社，1999：91.

力求原原本本地认识事物，进行完全客观地分析。" 进而，他认为，"社会学十分讲究对社会现象进行解释的科学价值，不太重视只讲改革、忽略解释的学说。"[113]可见，社会学从其产生之初，便形成了一种社会学思维，仅关注社会怎么样，对社会事实进行说明和解释，进而对此作出事实判断。而至于社会应该怎么样这样的价值判断并不是社会学的任务，孔德、迪尔凯姆当年将社会学独立出来就是为了与长于价值判断和理论思辨的哲学划清界限。这种关注事实的研究传统就像基因一样，深深地根植于社会学的思维之中，成为了当前社会学研究中占支配地位的模式。譬如，柯林斯与马科夫斯基就认为社会学应致力于"揭示那些隐藏在背后或人们以为理所当然的事物"；[114]特纳（Jonathan Turner）也在他著名的《社会学理论的结构》一书中指出，"理论讨论的是事件怎样发生和为什么发生。社会学理论讨论的就是人类的行为、互动和组织"，并"力求解释社会进程的过程和因果关系"。[115]

韦伯（Max Webber）曾指出，"我们只能要求教授们具有智识上的诚直去看清楚：事实的确定、数学或逻辑上的关系的确定或文化理想之内在结构的确定，是一回事；回答有关文化的价值及其具体内容，以及人在文化共同体与政治团体中应如何行动的问题，是另一回事。这两种问题，是完全不同性质的问题。"[116]其实，按照韦伯的思想，后者显然是一种关于政治[117]的问题，而不是学术研究的问题。

本研究将秉承社会学研究的这一传统或研究旨趣，在分析问题、解释问题的过程中着力关注学术场域运行的"社会事实"，注重对学者群体互动过程及其结果的事实判断，试图展现一幅学术场域"实然"的运行图景。而学术场域在价值层面上应该朝什么方向发展，做哪些方面的改革，这完全是研究者基于自身主观性价值判断的结果，并无客观的根据。因此，这已经超出了

---

113 〔法〕埃米尔·迪尔凯姆.胡伟译.社会学方法的准则〔M〕.北京：华夏出版社，1999：118.

114 〔美〕兰德尔·柯林斯，迈克尔·马科夫斯基.李霞译.发现社会之旅——西方社会学思想述评〔M〕.北京：中华书局，2006：1.

115 〔美〕乔纳森·特纳.邱泽奇等译.社会学理论的结构（上）〔M〕.北京：华夏出版社，2001：1.

116 〔德〕韦伯.钱永祥等译.学术与政治〔M〕.桂林：广西师范大学出版社，2004：177.

117 此处的"政治"主要是指价值判断与政策指向，与本研究"政治逻辑"中的"政治"不是一回事。

社会学思维的边界，自然也不是本研究关注的问题。但不能因此说本研究没有实用价值，对学术场域运行机制所做出的实然判断如果真能够逼近当前我国学术场域的事实，那么，至于如何改革、应该怎样发展等现实问题则着实已经成为政府部门和相关政策学家的任务。同样，学者个体究竟如何在学术场域中生存，那也仅取决于他们自己在理解了事实判断之后的价值判断，因为那"完全是他个人的事情，是他的意欲和良知的问题，而非经验认识的问题"[118]。迪尔凯姆也认为，"这并不是说社会学不注重实用，相反，我们研究社会事实就是想引导到使用的方面去，一旦取得有价值的研究成果，自然会成为有用的。"[119]

另外需要补充的是，强调关注事实并不意味着本研究仅徘徊于学术场域的具体经验之中。因此，研究者就需要理论意识和理论眼光，借助理论才有可能自由地穿梭于鲜活的经验之中，在丰富杂乱的素材之中理出清晰的逻辑线索，这样方能勾画出一幅学术场域运行机制的图景。这让我想起了米尔斯的一句话，即"任何一种社会研究都是由思想推进的；并只由事实加以限定"。[120]因此，在本研究中，关注事实强调研究过程的经验取向，而理论意识则注重的是研究过程中的思想进路。

三、反观性的研究立场

既然本研究的旨趣在于事实研究，那么就必须要面对一个经典的问题，即社会科学研究如何能真正做到"价值无涉"？实际上这涉及到的是研究立场的问题，任何一位社会科学甚或自然科学的学者都无法回避。在科学知识社会学看来，就连自然科学知识也不是纯粹客观的，正如爱丁堡学派的巴恩斯等在对科学知识进行社会学分析时所指出的，"无论科学家们如何小心、公正地使用科学的划界标准，他们所卷入的都是偶然性的社会历史活动，如果要恰当地理解这些活动的话，必须把这些活动置于历史情境中，用社会学的

118　〔德〕马克斯·韦伯.韩水法，莫茜译.社会社会科学方法论〔M〕.北京：中央编译出版社，2002：6.

119　〔法〕埃米尔·迪尔凯姆.胡伟译.社会学方法的准则〔M〕.北京：华夏出版社，1999：118.

120　〔美〕C·赖特·米尔斯.陈强，张永强.社会学的想象力〔M〕.北京：三联书店，2001：75.

观点进行考察。"[121]最初坚持普遍主义原则的史蒂芬·科尔，在批判建构主义科学观时，最终提出的竟然也是实在论建构主义，而且以"科学的制造"作为其书名。这种观点是否合理我们暂且不论，至少它提醒我们，社会科学研究要做到纯粹的客观和价值中立几乎是不可能的。但我们也不可能因此而退步到孔德、迪尔凯姆以前采取哲学的思维方式或立场来研究社会问题，或者从经验研究降低到仅对社会事实做简单的描述。我想这二者都不是合理的选择。韩水法在关于韦伯价值无涉研究中指出，价值无涉本身只是一种规范要求或价值判断，而非具体的研究方法，至于社会科学家能做到何种程度，与这种规范的合理性并不矛盾。价值无涉并不必然就意味着，除非人们能完全地实现这个原则，否则它就失去存在的根据。[122]因此，我将会对以上问题做出这样的回答：尽管不可能做到纯粹的客观中立，但我还是选择事实研究，尽力向价值无涉逼近，力求为学术场域的政治逻辑勾画一幅尽量客观的图景。

有人可能还会问，身处学术场域之中，已经产生了所谓的熟悉感和感情，加之研究者的学术位置，如何能以客观的视角来看待这个社会组织？诚然，研究者与研究对象之间的距离是一个至关重要的问题。不管是过近还是过远都不利于对研究对象的客观认识和理解。这也是社会学、人类学、文化研究等学科或领域一直争论的局内人、局外人视角，两种角色都各有利弊。

当然对于学术场域的研究，要求以局外人的角色进行研究是不可能的。这是因为，"我是一个不遮掩自己的作者。我的意思是说我与这样一些作者不同，他们自我隐藏在他们的观念的表面的客观性的背后，仿佛是无名的真理通过他们的笔端在讲话。"[123]因此，这里主要讨论局内人的优势和劣势。作为局内人，其优势在于对学术场域内部的事宜、规则较为熟悉，且已建立了必要的学术网络或人际关系，对于研究的顺利进行是一个基本的保证。但优势同时也是劣势，如前所述，研究者可能因为对学术场域过于熟悉而可能将其运行规则当做一种常识，认为"一切正常"，对有些规则日习而不察，极有可能丧失对很多关键问题、有价值的信息的敏感性和判断力；或者对学术场域

---

121 〔英〕巴里·巴恩斯，大卫·布鲁尔，约翰·亨利.邢冬梅，蔡仲译.科学知识：一种社会学的分析〔M〕.南京：南京大学出版社，2004：179.

122 韩水法.韦伯社会科学方法论概论.//〔德〕马克斯·韦伯.韩水法，莫茜译.社会会科学方法论〔M〕.北京：中央编译出版社，2002：6.

123 〔法〕埃德加·莫兰.陈一壮译.复杂性思想导论〔M〕.上海：华东师范大学出版社，2008：126-127.

产生感情，对信息进行取舍，对阴暗面避而不谈，或是表明明确的态度，做出价值判断。这些都会妨碍对学术场域实然状态的深入认识和理解。就像鲍曼所言，"社会学家也属于这种经验的组成部分，因此，无论他们多么努力地与其研究的对象保持距离，即把生活经验/生命体验（life experiences）看做'在那儿'的客观对象，也无法与其致力把握的知识彻底撇清关系。"但同时他又认为，"所谓他们对于力求把握的经验/体验，同时拥有内在的和外在的观察，倒也可能是一种优势。"[124]

那么面对这样的问题，我们应以什么样的立场来处理这些方法论上的问题呢？布迪厄的反观社会学给了我很大的启发。一是关于价值中立原则的观点。他认为，"与价值中立所必不可少的要求相反，与过去的经历相关的经验可以并应该在研究中调动起来，前提条件是要预先进行严格的批评性考察。对于与现在仍以习性的形式出现并产生影响的过去的有关报道，应该进行社会学分析。"[125]第二是关于对象化及反观对象的观点。布迪厄在出版《人：学术者》几年后，韦肯特对布迪厄进行访谈时提到，"对你所研究的世界，你可以说天生就非常熟悉，这的确是一笔财富，但在另一个层面，这也是一个你必须逾越的障碍"，并谈及这项研究遇到的难题，布迪厄谈到了他所追求的反观社会学。他说，"一种真正的反观社会学必须不断地保护自己以抵御认识论中心主义（epistemocentrism）、'科学家的种族中心主义'（ethnocentrism of the scientist），这种'中心主义'的偏见之所以会形成，是因为分析者把自己放到一个外在于对象的位置上，他是从远处、从高处来考察一切事物的，而且分析者把这种忽略一切的观念贯注到了他对客体的感知之中。"因此，他认为，"必须被对象化的不仅仅是研究者个人（忙于从事传统所揭示的特质的研究），必须被对象化的，还包括研究者在学术空间所占据的位置，以及隐含在研究者的观点中的倾向性，正是这些倾向性导致了研究者的'越位'或'出局'"。[126]可以说，这段话道出了布迪厄反观社会学的核心立场和方法论，这也是本研究展开过程中时时要警醒和反思的问题。

124　〔英〕齐格蒙特·鲍曼，蒂姆·梅.李康译.社会学之思〔M〕.北京：社会科学文献出版社，2010：7.

125　〔法〕皮埃尔·布尔迪厄.陈圣生等译.科学之科学与反观性〔M〕.桂林：广西师范大学出版社，2006：193.

126　包亚明主编.包亚明译.文化资本与社会炼金术〔M〕.上海：上海人民出版社,1997：102-105.

可见，要实现反观性的研究立场，需要注意三个问题。一是认识到局内人的局限，警惕对熟悉化的常识的漠视，并不断地悬置已有的常识性认识，实现化熟为生的研究策略；二是承认可能存在的偏见、情感和价值，在研究过程中时刻保持高度的警觉和敏感性；三是不断将研究者个人及其在学术场域中的位置进行反思和批判。

四、聚焦"机制"的研究重心

社会学研究的目的在于对社会事实做出分析和解释，寻找各个社会事实之间的因果关系，而不是像自然科学或实证主义社会学所强调的客观规律。当然，社会科学的研究对象是有生命的人以及由人组成的社会群体及其活动，且不说这些活动本身就没有什么客观的规律可循，即使有，也随着时空的转变、情境的转移以及人的生命变化而发生着改变，着实难以发现其所谓"客观"的规律。有学者认为，与物理现象相比，动物的行为具有较大的任意性，而"人的行为就更复杂了，除了先天基因密码，还有社会文化密码，经过大脑对情境作出判断、解释，再以其有限理性作出决策。"[127]因此，本研究无意也无力去发现学术场域运行中的客观规律，仅致力于分析和解释学术场域中政治和权力的运行机制。如果真的能够通过研究和考察找到若干形似"规律"的运行机制，那本研究的目的也就达到了。因此，本研究的重心在于寻找学术场域中的社会"机制"。

那么，什么是"机制"呢？"机制"作为一个科学术语最早应用于生物学之中，据1962年诺贝尔奖获得者克里克（Francis Crick）所言，20世纪的生物学家更偏好于"机制"而非"公理（laws）"，"公理"仅适合于物理学；而社会科学中明确使用"机制"解释社会事实在各个学科中是有差异的，在历史学中最为少见，社会学中偶有用之，而经济学和心理学则最为普遍。尽管"机制"用于社会学研究之中已有较长的历史，但一般几乎都是在日常意义上偶尔使用。在古典社会学中，"机制"一词尽管存在，齐美尔、迪尔凯姆也有提及，但几乎没有被明确使用。直到二战后，默顿（1967）在提出其中层理论时才一同提出"机制"一词。默顿坚决反对社会学理论的综合性体系即宏观理论，倡导社会学理论应关注"社会机制"。[128]埃尔斯特（Jon Elster）

127　彭玉生.社会科学中的因果分析〔J〕.社会学研究，2011（3）：1-32.
128　Peter Hedström, Richard Swedberg.Social Mechanisms: An Introduction Essay

在《为机制辩护》（*A Plea for Mechanisims*）一文的开篇提出了两个问题：社会科学中是否存在公理性规律（lawlike generalizations）？如果没有，我们是不是只能退回到描述或叙述的层次？他认为两个问题的答案都是否。他在指出，在公理和描述之间有一个中间层，那便是"机制"——一种经常发生、易于识别的因果关系类型，但往往发生在不确定的条件下，或产生不确定的结果，这种因果关系并不是必然的，只能用来解释，而不能用以预测。[129]这就启示我们，社会科学研究无力也不可能发现社会事实发生、发展的客观规律，更不可能建立一套放之四海而皆准的综合性社会理论。因此，通过考察学术场域中那些经常发生、易于识别的因果关系来分析和解释学术场域的政治逻辑，可以说是一种较为合理的认识方式。

五、量化与质性融合的研究方法

自 19 世纪中叶，孔德等人将实证主义的方法引入社会科学研究以来，量化与质性的方法之争从未中断过。早在 19 世纪末，德国学者狄尔泰（Wilhelm Dilthey）、李凯尔特（Henrich Rickert）、和马克斯·韦伯就相继提出了精神科学、文化科学、理解等概念，以区别自然科学实证主义的描述方法，强调社会科学的理解和解释方法。

20 世纪以来，随着社会科学的发展和方法论的自觉，越来越多的学者开始怀疑并批判实证主义在社会科学中的泛化问题。二战以后，一股更为激进的哲学思潮，如后结构主义、后现代主义等，强烈地坚持并不存在客观的社会事实，由于解释取决于研究者，因此存在的只是多元化的社会事实。他们认为，量化研究与质性研究无法共存，极力呼吁质性研究在社会科学中的优先性。[130]究其根本原因，是因为在具体的方法背后，双方有着截然不同的本体论和认识论，因此对研究问题的解释具有不同的立场和路径。此外，亦有研究者指出，质性方法更倾向于对社会不利和边缘人群以

//Social Mechanisms: an analytical approach to social theory〔C〕.Cambridge University Press, 1998:3-5.

129 Jon Elster.A Plea for Mechanisims.//Social Mechanisms: an analytical approach to social theory〔C〕.Cambridge University Press, 1998:45.

130 Anthony J.Onwuegbuzie, Nancy L.Leech.Taking the "Q" Out of Research:Teaching Research Methodology Courses Without the Divide Between Quantitative and Qualitative Paradigms〔J〕.Quality & Quantity,2005,39: 267-296.

及边缘社会和文化的研究，这种有意表现出来的边缘对中心、弱势对强势、大众对精英对峙和抵抗的态度,以及对阶级、种族、性别和性倾向等议题的关注本身，其实就反映了左派学者针对保守主义的鲜明政治立场。[131]由此可见，量化与质性方法之争，除了学术本身的争论外，亦反映了不同学者的政治立场之争。

经过 20 世纪六、七十年代的激烈争论之后，一批方法论实用主义者出现，批判那些坚持二者无法共存观点的学者，认为量化研究与质性研究是可以相互兼容的，二者是科学研究连续统上不断移动的点。因此，他们既认可质性研究的主观性和归纳法，也认可量化研究的客观性和演绎法。到了 20 世纪 80 年代以来，混合研究开始勃兴，很多学者开始研究混合研究范式的理论问题，可以说,混合研究已经成为继量化研究和质性研究之后的第三种研究范式。[132]量化与质性方法之所以能够融合，不在于他们的认识论、本体论，更不是因为学者的政治立场，最为关键的原因在于它能够为我们全面、深入地认识和解释问题提供单一方法难以呈现的视野。正如柏森（Pawson）所总结的，将量化与质性方法结合的主要原因是，社会是多面的、多层次的、多视角的。[133]因此，本研究将不再纠缠于二者之间的对立问题，而是在二者的结合方面寻找新的空间。

本研究试图在研究中尝试混合使用量化与质性方法，深化对学术场域政治逻辑的考察。学术场域作为一个社会系统，它首先呈现给我们的是一个总体的结构，这种结构需要量化研究来完成，然而量化研究可以描绘结构，分析影响因素，但却难以呈现政治逻辑动态的运行机制，因此，对这一动态社会过程的解释，对学者在其中的意义体验，需要借助质性方法来完成，一方面验证量化研究的结论，另一方面丰富量化研究所呈现出来的结构，并进行较为深入的意义阐释和理论解释。

具体来说，本研究使用混合方法的具体策略如下：首先使用社会网络分

131　阎光才.教育研究中量化与质性方法之争的当下语境分析〔J〕.教育研究，2006（2）：47-53.

132　Anthony J.Onwuegbuzie, Nancy L.Leech.Taking the "Q" Out of Research:Teaching Research Methodology Courses Without the Divide Between Quantitative and Qualitative Paradigms〔J〕, Quality & Quantity,2005,39: 267-296.

133　朱迪.混合研究方法的方法论、研究策略及应用——以消费模式研究为例〔J〕.社会学研究.2012（4）：146-166.

析的量化分析方法，以对关系数据的处理，分别描述和呈现学术场域的分层与权力结构；其次，使用参与式观察的方法考察学术会议的过程和不同学者在其中的行动方式，运用社会学、人类学的方法将学术会议作为仪式进行分析，揭示并解释其中的权力运作与政治逻辑；最后，在前两阶段的基础上，再次使用问卷数据对已经呈现出来的政治逻辑进行验证，分析学术政治逻辑的合法性与合法化危机。

六、研究框架

本研究主要采用社会学的研究视角，综合借鉴政治社会学、微观政治学和人类学等学科的理论资源，整合国内外已有研究的长处，采用量化研究和质性研究相结合的混合研究方法，以三种正式的学术交流方式——博士毕业生互聘、学术期刊中的学术互引和学术会议为考察对象，研究学术场域的分层与权力结构，尤其是这一结构形成过程中的政治逻辑，并运用问卷数据对政治逻辑的合法性和合法化危机进行分析，最后在归纳政治逻辑的基础上，从实践层面反思学术场域政治逻辑表现出来的积极的和消极的学术效应。具体的研究框架如下：

导论部分首先从个人生活史的角度交代问题意识的产生与形成，然后将基于生活史的个人问题转化为一个社会学问题——学术场域中的权力结构及其制度化过程，亦即学术场域的政治逻辑，而后从选题缘由切入到本研究在理论和实践中的价值，进而对国内外已有的学术文献进行述评，寻找进一步研究的空间和认识路径，最后对研究方法论进行反思。

第一章主要是对核心概念的讨论和界定，包括学术场域、政治、权力以及政治逻辑等概念以及对学术场域结构的初步分析，为研究的展开进行必要的澄清和理论准备。

第二章从学术场域中的两条原则——普遍主义和特殊主义——的分析入手，而后分析我国差序格局的关系社会特征及其在当前的适用性，进而提出学术场域中的"差序格局"及其内含的特殊主义表现样态，是政治逻辑在我国学术场域中的生成空间。

第三章和第四章主要采用社会网络分析的量化方法，分别考察学术场域分层和权力结构的两种具体形式，一是基于物理学学者学缘关系的院系分层与权力的结构化特征；二是基于《社会学研究》学术期刊中学者学术互引关系的学术交流网络分层与权力的结构化特征。研究发现，不同层次院校在博士生互聘和学术互引的过程中都表现出较大的不均衡，其中排名靠前的院系占据着非常有利的位置。可以说，博士生互聘和学术期刊作为两种重要的力量形塑着学术场域的权力结构，而这种业已形成的结构反过来又成为一只"看不见的手"再生产着学术场域的分层与权力结构。

第五章采用参与式观察所得的研究资料，将学术会议作为仪式进行社会学分析，展现了其中复杂的权力关系及其运行机制。研究发现，学术会议一方面受行政权力的干预，另一方面在促进学术场域凝聚力的同时，其内部也形成了特定的地位等级，学术会议作为一股重要的力量促进着学术精英的生产和学术秩序的再生产，表现出微观场景中的政治逻辑。这进一步验证和解释第三、四章量化研究的结论，推进和深化对政治逻辑的认识和理论解释。

第六章在量化和质性研究的基础上，运用问卷调查的数据分析学者对学术场域政治逻辑及其形成规则和学术文化价值体系的认可度，并对学术场域内部要素在运行中表现出的问题进行归纳，最后讨论政治逻辑的合法性和合法化危机。

结束语分为三个小问题，一是对学术场域的政治逻辑予以归纳，二是分析政治逻辑的正、负学术效应，最后指出研究的不足和进一步研究的方向。

第一章 学术场域及其政治逻辑

在社会科学中，不能把对权力的研究当成是次要的问题。可以说，我们不能等到社会科学中比较基本的观念都一一阐述清楚之后，再来讨论权力。没有比权力更基本的概念了……权力是使人完成某种事务的手段，因此直接蕴含在人类行动之中。认为权力的本性就是导致分裂，这是一种错误的观念。[1]

——安东尼·吉登斯（Anthony Giddens）

政治，就其本质而言，表现为控制稀缺的物质资源和象征性资源（或观念上的资源）的持续冲突。[2]

——安东尼·奥罗姆（Anthony Orum）

在社会科学中，概念是对有关社会现象的抽象与概括，它构成了一项研究或理论的最小元素。默顿曾指出，"一个术语用来表示不同的概念，正如同一个概念用不同的术语来表示一样。对术语的随意使用断送了分析的明晰和交流的恰切。"[3]因此，在研究问题确定之后，对所使用的术语予以概念厘定和

---

1 〔英〕安东尼·吉登斯.李康，李猛译.社会的构成〔M〕.北京：三联书店，1998：410-411.

2 〔美〕安东尼·奥罗姆.张华青等译.政治社会学导论〔M〕.上海：上海人民出版社，2006：43.

3 〔美〕罗伯特·K·默顿.唐少杰等译.社会理论和社会结构〔M〕.南京：译林出版社，2006：107.

阐释就成为研究者首先要面对并解决的一个重要事项。不过，研究者不必也不可能抽象出一个放之四海而皆准的"真理性"概念，因为"概念既非真理亦非谬误；它只有贴切与不贴切、明确与含糊、有用与没有用的区别。"[4]这意味着，一个合适的概念关键在于能够有效地指向研究所指涉的社会现象，并为其所关注的社会现象标示出"一条界线"[5]，那样方能满足研究过程的需要，保证研究问题的聚焦和理论解释的深入，不至于出现行文逻辑的跳跃、随意游移甚或混乱。

第一节 学术场域及其结构

作为第一个核心概念，学术场域在本研究中具有基础性和前提性的意义，因为所有关于政治逻辑的描述和分析都是围绕它而展开的。那么，学术场域在本研究中指的是什么？它具有什么样的结构？

一、场域

在定义学术场域之前，首先需要对"场域"一词的内涵作一简单的梳理与分析。在社会科学中，首次提出"场域"一词的是法国社会学家皮埃尔·布迪厄，他在《实践与反思——反思社会学导引》一书中对"场域"一词的内涵作了细致、深入的阐释，建构了一套立场鲜明的场域理论，并将之运用于政治、经济、艺术、教育以及科学等领域的研究。

布迪厄的场域理论是建立在其"关系主义"的社会科学方法论基础之上的。关系思维是对以往社会科学中的两种极端思维——"主观主义"与"客观主义"以及二者对立的反思和批判。对此，布迪厄引用德国文化哲学家卡西尔（Cassirer）的观点——近代科学的标志是关系思维，而不是狭隘的结构主义思维——进行了引证，并强调，现实的就是关系的，因为在社会世界中存在的都是各种各样的关系——不是行动者之间的互动或个人之间交互主体性的纽带，而是马克思所谓的"独立于个人意识和个人意志"而存在的客观关系。因此，根据场域概念进行思考就是从关系的角度进行

---

4 〔美〕L·科塞.孙立平等译.社会冲突的功能〔M〕.北京：华夏出版社，1989：前言.
5 〔英〕杰西·洛佩兹，约翰·斯科特.允春喜译.社会结构〔M〕.长春：吉林人民出版社，2007：3.

思考。[6]基于此，布迪厄批判了以往空泛的"社会"一词，而代之以"场域"的概念。这主要是因为，一个分化了的社会并不是一个由各种系统功能、一套共享的文化、纵横交错的冲突或者一个君临四方的权威整合在一起的浑然一体的总体，而是不可能被压制在社会总体逻辑下的各个相对自主的"游戏"领域的聚合。[7]在这里，布迪厄针对的主要是以迪尔凯姆、默顿和帕森斯等学者为代表的结构功能主义，后者特别强调集体意识、社会规范在社会系统中的整合作用。

在布迪厄看来，场域是由附着于某种权力（资本）形式的各种位置间的一系列客观历史关系所构成的网络（network），[8]或者是在各种位置之间存在的客观关系的一个网络或构型（configuration）。[9]任何一种特殊的场域都具有一些相同的结构特点，戴维·斯沃茨（David Swartz）将之总结为以下四个方面：[10]第一，场域是为了控制有价值的资源而进行斗争的领域，而对于什么是有价值的资源，不同的场域具有不同的表现形式，譬如经济资本、文化资本、科学资本或宗教资本；第二，场域是由在资本的类型与数量的基础上形成的支配地位与被支配地位所组成的结构性空间，行动者在场域中的位置是由不平等的资本分配而不是位置的占据者的贡献决定的；第三，场域把特定的斗争形式加诸给行动者，其中，占支配地位的既得利益者与处于被支配地位的挑战者，彼此都心照不宣地接受场域中的规则，这意味着特定的斗争形式是合法的，而别的形式则被排除。不过，关于规则的知识代表一种文化资本的形式，它在相互对抗的派别之间是不平等地分配的；第四，场域在很大的程度上，是通过其自己的内在发展机制加以构建的，因此具有一定程度的自主性。

---

6 〔法〕皮埃尔·布迪厄.李康等译.实践与反思——反思社会学导引〔M〕.北京：中央编译出版社，1998：133.

7 〔法〕皮埃尔·布迪厄.李康等译.实践与反思——反思社会学导引〔M〕.北京：中央编译出版社，1998：17.

8 〔法〕皮埃尔·布迪厄.李康等译.实践与反思——反思社会学导引〔M〕.北京：中央编译出版社，1998：17.

9 〔法〕皮埃尔·布迪厄.李康等译.实践与反思——反思社会学导引〔M〕.北京：中央编译出版社，1998：133.

10 〔美〕戴维·斯沃茨.陶东风译.文化与权力——布尔迪厄的社会学〔M〕.上海：上海译文出版社，2006：142-148.

二、学术场域

基于"场域"概念的内涵和特征，本研究对作为一种特殊形式的场域——学术场域——做如下理解：

第一，学术场域首先是学者或学术机构之间客观存在的关系网络。这是一个由学者或学术机构的不同位置及其占有的学术资源或学术权力构成的关系网络，其中，不同位置的学者或学术机构占据着不同份额的学术资源或学术权力，并享有不同程度的学术声誉；

第二，形塑学术场域的特定资本是经同行认可的学术声誉以及由此而产生的学术权力。正如克拉克曾指出的，在学术场域中，声誉就是通货；[11]勒布肯（Heinke Roebken）亦指出，学术机构间的竞争往往是关于声誉的竞争。[12]因此，在学术场域中，不同学者或学术机构所享有的学术声誉与学术权力由于量或质的差异变化而生成的分配结构，不断地维持或改变着学术场域的结构，并使其保持着一种动态的紧张状态；

第三，学术场域的形塑是动态的学术声誉或学术权力的争夺过程。学术声誉或学术权力是学术场域中独特的资本形式。学者或学术机构作为学术场域中的行动者，根据他们在这一空间中所占据的位置进行着学术声誉的争夺，以求改变或力图维持其空间的范围或形式，利用学术权力保证或改善他们在学术场域中的位置，并强加一种对他们自身最为有利的学术权力等级结构。

以上分析为学术场域划定了相对明晰的界限，但仍然具有较大的延展性。为了研究问题的聚焦和深入，本研究采用狭义上的概念，对其边界进行一定的限制，即学术场域是一个学科[13]或研究领域的学者或学术机构为争夺学术声

11　〔美〕伯顿·R·克拉克.王承绪等译.高等教育系统〔M〕.杭州：杭州大学出版社，1994：180.

12　Heinke Roebken.Departmental Networks: An Empirical Analysis of Career Patterns among Junior Faculty in Germany〔J〕.Higher Education, 2007,54（1）：99-113.

13　学术界对学科一词有着多种不同的理解。《辞海》对之的注释有二：一是学术上的分类，指一定的科学领域或一门学科的分支。如自然科学中的物理学、生物学，社会科学中的史学、教育学等；二是指教学的科目，是学校教学内容的基本单位。(参见《辞海》（第六版典藏本）〔Z〕.上海：上海辞书出版社，2011：5106.) 宜勇等学者曾将学科分为"作为知识分类的体系"和"作为知识劳动的组织"。(参见宜勇，张金福.学科制：现代大学基层学术组织制度的创新〔J〕.教育研究,2007(2)：33-37.) 其中，前者涵盖了《辞海》两种注释，后者则主要指的是学术机构。另外，福柯率先从词源上指出，学科即是"规训"，是主宰现代生活的种种操控策略与技术的更

誉而形成、并不断演变的具有等级性的关系网络。因此，对于不同国家、区域、学科之间基于学术声誉的争夺而形成的学术场域，本研究将不予关注，但并不否认他们的现实存在。

本研究之所以使用学术场域这一概念，而没有直接沿用学术系统、学术共同体等常用概念，主要是基于以下考虑：与学术系统一词相比，学术场域是一个更为动态的表达，对于分析学者或学术机构间的分层结构和权力关系是非常适切的，而前者偏向于静态，具有结构功能主义的研究取向，譬如伯顿·R·克拉克对于高等教育系统的研究；与学术共同体、科学共同体等概念相比，学术场域既能包含其"共同体"的内涵——一定程度的社会整合和一致性，亦具有其所难以表现的异质性和政治性。与此同时，学术场域一词的使用也表明，本研究在方法论上将遵循的是布迪厄提出的关系主义，而非以往的主观主义或客观主义。总之，学术场域一词更富包容性、动态生成性、关系性和政治性。

三、学术场域的结构

学术场域概念的出场，意味着学术系统被当做一种由特殊的人群组成的社会系统，因而其结构自然就是一种特殊的社会结构。洛佩兹（Jose Lopez）等学者曾归纳了几种关于社会结构的定义，指出了他们共有的一个核心思想，即社会结构是一个社会中各元素之间的模式或安排。进而，他结合以往的研究，将社会结构分为两类，一是制度结构（institutional structure），一种是关系结构（relational structure）。前者被看做是由那些定义人们期望的文化或规范模式所组成，通过这些期望，行动者能把握彼此的行为并且组织起相互之间的持久关系；后者则被看做是由社会关系自身所组成，是行动者和他们的行动之间的因果联系和相互独立性以及他们所占据的模式。[14]可以看出，前者强调的是以文

大组合。沙姆韦与梅瑟-达维多更是在此基础上创造了一个新词，即 disciplinarity（学科规训制度），至此，学科与规训两个词便合二为一出现在学术界。（参见〔美〕华勒斯坦等.刘健芝等编译.学科·知识·权力〔M〕.北京：三联书店，1999：12-13.）很显然，这几种理解恰恰忽视了一个非常重要的现象，即学科作为学术分支时，不仅仅涵盖其实质的学术知识，还包括从事这一学术分支研究的学者，他们不仅仅供职于某个学术机构，而且还更为经常地参与本学科的学术会议，建立学术合作与交流的关系。本研究主要就是在这一层面上使用学科一词的，如有不同用法，将在行文中予以说明。

14 〔英〕杰西·洛佩兹，约翰·斯科特.允春喜译.社会结构〔M〕.长春：吉林人民出版社，2007：2-5.

化或规范为基础的应然结构，而后者则着重的是由社会关系构成的实然结构。当然，二者并非完全孤立的，而是互相影响、互相建构的。本研究重点考察学者或学术机构间实际形成的、不断循环发生的关系结构。

任何类型的场域都具有自身独特的结构。与其他类型的场域相比，学术场域最根本的特征在于，学术知识及其生产者——学者及其之间的关系是最基本的构成要素。一群学者围绕特定的知识门类产生了特定的学科。学科分散在不同的院校，院校由不同的学科构成，但院校内的学者并非仅仅局限于一个院校之内，而是跨越了院校的围墙在（国内甚或国际）其他院校中寻找学科同行，进行学术交流与合作，使得学术场域具有了伯顿·克拉克所谓的"超越时间和空间及国际性的特点"[15]。尽管敏锐地指出了这一点，但令人遗憾的是，克拉克并没有对这种跨越时空的关系网络进行结构分析，而仅仅为学术机构即院校划分了等级之别。在本研究中，学术场域的结构主要指的就是这种跨时空的联系网络。具体而言：

第一，与克拉克的"矩阵组织"[16]不同，学术场域主要由一个学科或研究领域中的学者构成，既可以是学者个体，亦可以是学者群体以及由其组成的学术派别或学术机构。学者一方面受聘于特定的学术机构，另一方面又属于特定的学科。由于学者的学术声誉一般是经由其所在学科同行的认可才逐渐形成并累积的，与其所在的院校相比，学者往往更为忠诚于其所在的学科。[17]在此，学术机构即克拉克的"院校"仅仅是学科的一个组成部分，二者是包含与被包含的关系，因此不能简单地并置在一起。

第二，学术场域中争夺的资本或对象是学术资源。在任何一个社会中，资源都是权力得以实施的媒介，是社会再生产通过具体行为得以实现的常规要素。[18]学术资源可分为物质资源和符号资源。其中，物质资源主要是研究经

15　〔美〕伯顿·R·克拉克.王承绪等译.高等教育系统〔M〕.杭州：杭州大学出版社，1994：34.

16　克拉克的高等教育系统由学科和院校交叉组成，二者沿着不同的集结"路线"汇聚其中使之成为一个"矩阵组织"。参见〔美〕伯顿·克拉克主编.王承绪等译.高等教育新论〔M〕.杭州：浙江教育出版社，2001：114.

17　〔美〕伯顿·R·克拉克.王承绪等译.高等教育系统〔M〕.杭州：杭州大学出版社，1994：36.

18　〔英〕安东尼·吉登斯.李康，李猛译.社会的构成〔M〕.北京：三联书店，1998：77-78.

费和资助、研究设备以及研究职位；符号资源主要是经同行认可基础上的学术奖励、学术声誉、职称以及由此而产生的学术权力等，其目的在于提高各自在学术场域中的话语权，以便在学术场域中占据更高、更有利的学术地位并以此为基础争夺更多的稀缺性资源。与物质资源相比，符号资源在学术场域中起着更为重要的作用，往往也是获取物质资源的基础；同时，学术场域中的很多物质资源同时也是符号资源，如学术资助项目。对此，理查德·惠特利（Richeard Whitley）曾指出，正如在艺术或其他文化生产系统中一样，学术界对学术声誉的追逐并不仅仅只是为了彼此赞许，而是为了控制知识目标与工作规程的权力。[19]在这一意义上，学术声誉意味着权力和支配。

第三，学术场域具有明显的分层结构。由于分层结构及其形成过程始终具有权力的特性，即社会的有些部分比其它部分更有权力，可以运用他们的权力来抑制其他层级的成员。上层成员始终力求排斥和剥削下层，而下层成员也会力求穿透上层的界限，或者力求对等级秩序作大的改变，以有利于自身所处的层级。因此，分层体系一般都会突出地表现为争夺或斗争。[20]学术场域以学科为中心并以此为基础形成了学者的上下流动，享有高低有别的学术声誉，其结果在这个学科中表现出静态的分层结构。不同的学术机构所拥有的学者具有不同的学术声誉，学术机构也形成了相应的分层结构。由于决定分层结构的是稀缺的学术资源和学术权力，不管是学者也好，学术机构也好，都在力图争夺学术资源和学术权力，以提高自身的学术声誉。因此，学术场域的分层亦是一种动态的学术资源与学术权力的争夺过程。

第二节　政治、权力与政治逻辑

当学术与作为一个富有社会学意义的概念——场域，连在一起的时候，其实已经很大程度上表明了学术系统所具有的政治意味。不过，一项严谨的学术研究不能仅仅停留在对"意味"的描述上，而是需要进一步从学理上对其进行清晰的界定和分析。

---

19 〔英〕理查德·惠特利.赵万里等译.科学的智力组织和社会组织〔M〕.北京：北京大学出版社，2011：44.

20 〔澳〕马尔科姆·沃特斯.杨善华等译.现代社会学理论〔M〕.北京：华夏出版社，2000：133.

一、政治

在西方，"政治"一词最早出现于古希腊，其词根是希腊语 polis（城邦）。那么，什么是城邦？在《政治学》的开篇，西方政治学鼻祖亚里士多德（Aristotle）这样描述：

> 我们见到每一个城邦（城市）各是某一种类的社会团体，一切社会团体的建立，其目的总是为了完成某些善业——所有人类的每一种作为，在他们自己看来，其本意总是在求取某一善果。既然一切社会团体都以善业为目的，那么我们也可说社会团体中最高而包含最广的一种，它所求的善业也一定是最高而最广的：这种至高而广的社会团体就是所谓'城邦'，即政治社团（城市社团）。[21]

在亚里士多德的眼中，"城邦"是"至高而广的"政治社团，其功能在于追求"最高而最广的""善业"。在此，他点出了政治的目的和功能，同时也指出了政治的一个先决条件，即社会团体的建立。因为，只有在社会团体中，人才能走出他的私人生活，迈向共同生活。关于共同生活，他说到：

> "人类自然地应该是趋向于城市生活的动物"（"人在本性上应该是一个政治动物"）。人类虽在生活上用不着互相依赖的时候，也有乐于社会共同生活的自然性情；为了共同利益，当然能够合群，〔各以其本分参加一个政治团体，〕各如其分而享有优良的生活。就我们各个个人说来以及就社会全体说来，主要的目的就在于谋取优良的生活。[22]

阿伦特（Hannah Arendt）曾引用德国古典主义学者耶格尔（Werner Jaeger）的一句话来阐述城邦之于人的政治意义，即城邦国家的出现意味着人得到了"在他私人生活之外的第二种生活，他的政治生活"。[23]因此，城邦与西方人对政治的理解是难以分开的。由于亚里士多德的政治学完全基于他对"人性"认识的时代局限，以出身将所有人划分为统治者和被统治者，前者具有天生的统治德性，而后者具有天生的从属德性，[24]因此被称为"剥削阶级政治学的

---

21 〔古希腊〕亚里士多德.吴寿彭译.政治学〔M〕.北京：商务印书馆，2009：3.
22 〔古希腊〕亚里士多德.吴寿彭译.政治学〔M〕.北京：商务印书馆，2009：133.
23 〔美〕汉娜·阿伦特.王寅丽译.人的境况〔M〕.上海：上海世纪出版集团，2009：15.
24 〔古希腊〕亚里士多德.吴寿彭译.政治学〔M〕.北京：商务印书馆，2009：13-19.

创世之作"[25]。

在西方现代政治思想中，由于时代不同，立场有别，"政治"一词先后被赋予了众多不同的含义，如"国家说"（政治是国家的运作）、"权力说"（政治是对权力的获得和运用）、"分配说"（政治涉及为社会进行的价值物的权威性分配的那一部分社会交往）、"管理说"（政治是参与一个社会的全面的管理过程）以及马克思主义的"阶级说"（政治是各阶级间的斗争）等5种不同的观点。[26]其中，前两种定义特别是第一种定义在当前的政治学中占有主流地位，并且形成了具有影响力的两大派别。

尽管关于"政治"的讨论不能避开政治学的思想资源，但本研究中的"政治"主要采用政治社会学尤其是新政治社会学意义上的概念，而非法学或传统政治学意义上的概念。根据法国政治社会学家迪韦尔热的研究，政治社会学主要有两种不同的研究进路。第一种进路认为政治社会学是国家学，沿袭了政治学中的关于政治的第一种定义（即"国家说"），主要研究的是（民族）国家、政府及其与市民社会之间的关系；第二种进路，也是迪韦尔热本人所坚持的立场，认为政治社会学是权力学，"是一切社会和一切人类团体而不仅仅是民族社会的权力、政府、权威和指挥的学问"，国家的权力与其他人类团体的权力相比，并不具有特殊性。因此，迪韦尔热在《政治社会学》一书中试图阐明的一个观点便是，"一切——或几乎一切——都带有部分政治性；没有——或几乎没有——任何事物完全是政治性的"。[27]

在迪韦尔热扩展政治社会学视野的同时，受后现代理论影响的新政治社会学理论也不断浮现。如前所述，传统的政治社会学是国家学，主要关注的是"民族-国家"层面的国家权力与社会的宏观权力关系。但是，在后工业社会里，经济、政治和文化的全球化以及由此而来的民族-国家的权力和独立性的削弱，传媒、通讯与文化生产的扩张，各种国际组织的建立等等，都侵蚀了原来民族—国家的主权和文化特异性，阶级结构亦在瓦解，也使得一些非阶级群体（譬如性别、种族、环境主义者等）的身份认同具有了政治性，这都在促使着政治社会学在低于和高于国家层次的更广泛的领域里思考政治社

---

25 吴恩裕在《政治学》的前言《论亚里士多德的〈政治学〉》中如是说。

26 李元书.什么是政治——政治涵义的再探讨〔J〕.学习与探索，1997（5）：78-83.

27 〔法〕莫里斯·迪韦尔热.杨祖功，王大东译.政治社会学〔M〕.北京：东方出版社，2007：12.

会学的问题。[28]

在新政治社会学倡导者纳什（Kate Nash）看来，不仅仅政治社会学需要重建，整个社会理论在发生着"文化转向"。纳什认为，这种"文化转向"表现为两种形式，一是"本体论"意义上的转向，主要是吉登斯的结构化理论对结构与行动之关系的关注，认为文化是在社会关系和身份之中形成的，以及拉克劳与墨菲（Laclau & Mouffe）的后结构主义和话语理论，认为结构本身是一种文化性建构；二是"历史学"意义上的转向，代表人物往往注重研究"后现代性"，如拉什和厄里（Larsen & Urry），认为资本主义的社会关系日益被符号（signs）所调节，因此就必须认识卷入消费和生产过程中的文化。基于此，纳什借以"文化转向"来重新反思政治学和政治社会学，并提出了新政治社会学。她认为，"所有的社会生活都具有潜在的政治性，在那里，政治表现为权力关系的争夺"。政治社会学的重心将也不再是其传统所关注的国家与社会的关系，较少地关涉传统社会学所理解的国家政治，即党派、利益团体等对权力的争夺，而将会越来越关注政治。在这种意义上，政治，"至少潜在地说，是社会生活日常活动的组成部分"。福柯关于微观权力的观点对纳什有很大的启示，她说，"我们一旦借助福柯的理论支点来看待这个世界，国家层面的传统政治将会被置于边缘，而其他形式的政治则会进入中心。……但这并不意味着国家不再与政治相关"。[29]与此同时，纳什也看到了一个与传统政治社会学完全不同的"政治"概念，而且从新的概念出发，认为，性别、种族、族群、性取向（sexuality）的社会建构等都可以顺理成章地被纳入政治社会学的分析领域之中。[30]

不管是迪韦尔热对政治社会学的扩展，还是纳什提出的新政治社会学，都将研究视野指向了"非国家"的社会团体与组织中的权力运作和权力关系。而且二者也有一个相同的观点，即政治是一种社会性事件，而社会也是一种政治性事件。从这一点来说，政治社会学就是社会学，而社会学也就是政治社会学。

实际上，在社会科学中，将其研究视野扩大到所有社会和所有团体的，

28　刘欣.新政治社会学——范式转型还是理论补充〔J〕.社会学研究,2009（1）: 217-229.

29　Kate Nash.The "Cultural Turn" in Social Theory: Towards a Theory of Cultural Politics〔J〕.Sociology, 2001,35（1）: 77–92.

30　刘欣.新政治社会学 :还是转型还是理论补充?〔J〕.社会学研究, 2009（1）: 217-229.

并非仅有政治社会学，其他像政治学、人类学、政治哲学、文化研究等学科或领域也都不断地向这些"非国家"权力研究汇聚。政治学家拉斯维尔（Harold Dwight Lasswell）就曾认为，传统的政治学词汇已经难于适应对各种有关变化的论述了。传统上只有"主权"与"非主权"，"国家"与"非国家"、"集中"与"分散"的区别。但是，大多数事件似乎处于这些"非此即彼"的用语之间，要求我们的语言能够在"多或少"之间作出区分。因此，对不同程度的"权力"或"势力"的兴趣，和对"权势"一词采用试验性及局部性表示法的兴趣正在日益增长。[31]人类学者不满"单纯把政治与现代式的国家和权力格局联系起来"的研究进路，强调"非国家"的权力关系在许多社会中的重要作用。[32]克罗齐耶和费埃德伯格（Michel Crozier & Erhard Friedberg）亦批判了19世纪以来实证主义和科学理性主义所预言的"政治的终结"，即会出现理性社会，回归自我并掌握自我，出现一个社会透明的纪元。他们认为，像家庭、教会、学校、医疗等权威组织在实质上是强权与统治的关系。凡事均为政治，因为权力无所不在。[33]政治哲学也逐渐从宏观政治转向微观政治。关于微观政治的研究起始于20世纪60年代，如葛兰西（Gramsci）的文化霸权理论、阿尔都塞（Louis Althusser）的意识形态理论、福柯的权力话语理论等等，这些新理论让人们看到"政治"在微观层面的运作，对生活肌质的侵入，甚至在无意识中的沉积。[34]衣俊卿在《论微观政治哲学的研究范式》一文中指出，宏观政治主要指"国家制度的安排、国家权力的运作等宏观的、中心化的权力结构和控制机制"；而所谓微观政治主要指"内在于所有社会活动和日常生活层面的弥散化的、微观化的权力结构和控制机制"。"在现代性的视域中，宏观政治主要表现为理性化的权力运作和制度安排，而微观政治既包括不同形式的知识权力，也包含自发的文化权力"。[35]此外，像文化研究、新史学、微观史学等学科或研究领域也发生了"日常生活转向"，将视野投向了传统史学

31 〔美〕哈罗德·D.拉斯维尔.杨昌裕译.政治学——谁得到什么？何时和如何得到〔M〕.北京：商务印书馆，1992：15.

32 王铭铭.想象的异邦——社会与文化人类学散论〔M〕.上海：上海人民出版社，1998：111.

33 〔法〕米歇尔·克罗齐耶，埃哈尔·费埃德伯格.张月等译.行动者与系统——集体行动的政治学〔M〕.上海：上海人民出版社，2007：11-12.

34 汪民安主编.文化研究关键词〔M〕.南京：江苏人民出版社，2007：359.

35 衣俊卿.论微观政治哲学的研究范式〔J〕.中国社会科学，2006（6）：23-28.

忽视了的"底层"社会或民间文化。

行文至此，本研究对"政治"及其概念转型有了一个基本的把握。尽管如此，笔者也在研读文献时发现，"政治"的内涵总是和"权力"纠缠在一起的，"权力"就像幽灵一样飘荡在"政治"的空间之中。因此，如果不对"权力"进行分析，也仍然不足以解释"政治逻辑"的内涵。

二、权力

帕森斯曾在一篇对米尔斯《权力精英》一书的评论中不无悲观地指出，"很遗憾，'权力'概念在社会科学中——不管是在政治科学中还是在社会学中——并不是一个盖棺定论的概念"。[36]之后，迪韦尔热也表达了类似的论点，他说，"给国家下定义已不是轻而易举的，要给'权力'下定义更难上加难了。"[37]即使在卢克斯专门研究权力的著作中，他也认为他提出的"权力"观念是"完全可以进行评估的并且是在本质上可争议的"。[38]以下通过几种"权力"概念的比较，试图为本研究理清"权力"的内涵。

卢克斯在《权力》一书中在批判关于"权力"研究的两种观点后，提出了他自己的观点。

首先，他批判的是"一维权力观"，主要是达尔等学者提出的针对美国的多元主义权力观。卢克斯认为这种观点从行为主义出发，仅研究那些具体的、可观察到的行为以及由行为产生的现实的、可观察到的冲突。

其次，他批判了巴卡拉克与巴拉兹的"两维权力观"，实际上"两维权力观"本身就是在批判"一维权力观"的基础上提出来的，他们认为，权力运用存在于可以观察到的明显的或者隐蔽的冲突中，它既可以通过决策制定的形式表现出来同时也可能存在于不决策的形式中。卢克斯认为他们不能确定"在缺乏可以观察到的冲突时"，"不可能运用不决策的权力"还是"根本不能分辨出不决策的权力"。

之后，卢克斯提出了自己的"三维权力观"。他认为，三维权力观是对行

---

36 Talcott Parsons.The Distribution of Power in American Society〔J〕.World Politics, 1957,10（1）：123-143.

37 〔法〕莫里斯·迪韦尔热.杨祖功，王大东译.政治社会学〔M〕.北京：东方出版社，2007：12.

38 〔美〕史蒂文·卢克斯.彭斌译.权力——一种激进的观点〔M〕.南京：凤凰出版传媒集团，2008：1.

为取向权力观的超越，"同时也对各种潜在的议题被排除在政治活动之外的诸多方式进行了考虑"，既关注以决策或不决策表现出来的决策制定，也关注政治议程的控制；既关注进入政治议程的各项议题，也关注那些潜在的议题；既关注可以观察到的冲突（明显的或者隐蔽的），也关注那些潜伏的冲突；既关注主观的利益，也关注真正的利益即客观利益。[39]卢克斯的观点并不是无懈可击的，海（Hay）就曾批评他把权力分配的事实与权力应该如何分配这种价值判断混为一谈，而且他眼中的权力纯粹是负面因素。[40]从前文对"政治"概念的梳理来看，卢克斯等人的"权力"概念依然停留在传统的政治学层面，仅关注的是政治系统的运作，显然与本研究的取向截然不同，但也并非没有价值，他提出的可观察到的和潜在的权力以及主观的和客观的利益等分类框架却为本研究提供了重要的启示。

既然传统政治学层面的"权力"研究不适合本研究的主题，我们还是要在政治社会学或新政治社会学中寻找合适的"权力"概念。尽管迪韦尔热承认"权力"和影响（或力量）之间的区别，他认为"权力这一术语只能用来指一种特殊类型的影响或力量，它符合本团体的准则和价值体系，因而被看做是合法的"，但他同时也指出，"有时确实难以把一种被看做是影响（或力量）以及本团体成员承认这种影响的合法'权力'与未被承认为权力的实际影响区别开来。还存在着许多介乎于二者中间的情况⋯⋯如果忽略这些关系，对权力就会有片面和肤浅的看法"。他在提出把政治学研究扩大到所有社会和团体中的权力后，进而认为"还应该进一步扩大，应包括分析往往同行使权力有关的各种影响的形式"。[41]他大胆地做了一个假设，即当人与人的关系不平等，一个人可以使另一个人屈从他的时候，能否说这就是"权力"呢？如果说所有带有这种特征的人类关系都属于政治社会学，那么政治社会学就会取整个社会学而代之了。[42]这也不仅仅是个假设，而是他政治社会学的逻辑起点和研究立场。

39　〔美〕史蒂文·卢克斯.彭斌译.权力——一种激进的观点〔M〕.南京：凤凰出版传媒集团，2008：3-38.

40　〔英〕基思·福克斯.陈崎等译.政治社会学〔M〕.北京：华夏出版社，2008：6.

41　〔法〕莫里斯·迪韦尔热.杨祖功，王大东译.政治社会学〔M〕.北京：东方出版社，2007：13.

42　〔法〕莫里斯·迪韦尔热.杨祖功，王大东译.政治社会学〔M〕.北京：东方出版社，2007：12-13.

迪韦尔热的权力观提出两年后，福柯出版了《规训与惩罚》一书，对微观权力进行了考古学的研究，提出了"全景敞视主义"的权力观，继曼海姆、马克思等学者之后，更加敏锐地指出了知识与权力之间直接的相互连带关系。[43]与迪韦尔热的立场相同，福柯反对"将权力看做是国家特别是法律所掌握并以此将秩序强加于社会的法学话语模式"。因为这种权力"在本质上是消极的、约束性的和抑制性的。这将忽视权力如何经由社会领域运行于制度和话语之中"。[44]福柯将权力理解为"各种力量关系的、多形态的、流动性的场（field）"，与现代的总体化分析法相反，福柯认为权力一方面具有生产性，它"致力于生产、培育和规范各种力量，而不是专心于威胁、压制和摧毁它们"，另一方面则像毛细血管一样"嵌刻于各种话语和制度性场址之中"，"在无数的点上被运用"，"具有高度不确定的品格"。[45]

不过，福柯对现代社会和权力的解构尽管彻底、深刻，让人顿感畅快淋漓，但他笔下的权力主要是一种纪律权力，它主要依赖于高度对象化的知识生产，如人文学科的知识，主要通过一些专门的机构来加以实施，如学校、监狱、军队、工厂等，并将监狱作为纪律权力的范例。[46]显而易见，福柯的纪律权力实际上主要还是着眼于国家权力通过社会机构对人的一种控制和规训，未能展现行动者之间在日常生活的权力关系和力量差异，因此不能不说是一种局限。而且，权力在福柯的理论中显得过于广泛、分散和多元，以至于无法把握，这也正如他自己所言，"根本不存在可供争夺的权力源泉或中心，任何主体也不可能占有它"。[47]或许正是认识到这一点，纳什在建立新政治社会学时尽管借鉴了福柯的思想和视角，但仅将之作为一个基础，并基于"文化转向"的社会科学理论，进一步扩展了福柯的观点。

在《规训与惩罚》出版几年之后，英国社会学家吉登斯在其结构化理论

---

43 〔法〕米歇尔·福柯.刘北成，杨远婴译.规训与惩罚〔M〕.北京：三联书店，1999：29.

44 Kate Nash.The "Cultural Turn" in Social Theory: Towards a Theory of Cultural Politics 〔J〕.Sociology, 2001,35（1）：77–92.

45 〔美〕道格拉斯·凯尔纳，斯蒂文·贝斯特.张志斌译.后现代理论——批判性的质疑〔M〕.北京：中央编译出版社，2004：63-67.

46 郑震.论日常生活〔J〕.社会学研究.2013（1）：65-88.

47 转引自〔美〕道格拉斯·凯尔纳，斯蒂文·贝斯特.张志斌译.后现代理论——批判性的质疑〔M〕.北京：中央编译出版社，2004：67.

中对权力进行了更为细致的解释。在吉登斯看来，权力的运用并不是某些特定行为类型的特征，而是所有社会行动的普遍特征。[48]这主要是因为，行动者有能力"改变"既定事态或事件进程，这种能力正是行动的基础，否则他就不再成其为一个行动者。[49]在吉登斯看来，这种能力就是一般意义上的权力。可以说，正是这一点，在本体论上将权力赋予了所有行动者，使得权力的实施成为对判定是否是行动者的关键标志。不过，对于权力一词，吉登斯并没有给出一个严格的定义，他的定义方式可以说是描述性的。在《社会学方法的新规则》一书中，他指出，权力是社会互动的一种特性，是确保获得结果的能力，而这些结果的实现同时依赖于其他人的行为。正是在这一意义上，一些人具有"高于"另外一些人的权力：这就是作为支配的权力。[50]在将权力与行动者联系起来之后，吉登斯进而将权力与社会再生产即其所谓的结构化过程联系在一起。他认为，权力存在的前提，是各种支配结构的存在，在社会再生产运作（它们似乎是"不为人所注意的"）的过程中，权力可以借助这些结构"顺利地流通"。[51]法国组织社会学家克罗齐耶与费埃德伯格亦表达了与吉登斯一致的观点，他们认为，"如果说任何结构均意味着存在、创立和再生产权力或不平等、隶属关系、社会控制机制的话，那么，我们也可以确认，没有结构就没有权力。"[52]可见，权力与结构是密切关联在一起的，对权力的考察不能离开对结构的分析。

综上所述，如果说迪韦尔热批判传统的国家权力观和行为主义权力观并将权力拓展到"非国家权力"，是对权力的横向拓展的话，福柯将国家权力置于社会领域之中，展现了纪律权力的微观机制，则是对权力的纵向拓展，而吉登斯则将权力转化为一种行动能力，与有能动性的行动者以及社会结构连结在一起，使得权力成为连接行动者与结构化过程的关键。这三种权力观各

48 〔英〕安东尼·吉登斯.李康，李猛译.社会的构成〔M〕.北京：三联书店，1998：77.

49 〔英〕安东尼·吉登斯.李康，李猛译.社会的构成〔M〕.北京：三联书店，1998：76.

50 〔英〕安东尼·吉登斯.田佑中，刘江涛译.社会学方法的新规则〔M〕.北京：社会科学文献出版社，2003：212.

51 〔英〕安东尼·吉登斯.李康，李猛译.社会的构成〔M〕.北京：三联书店，1998：377.

52 〔法〕米歇尔·克罗齐耶，埃哈尔·费埃德伯格.张月等译.行动者与系统——集体行动的政治学〔M〕.上海：上海人民出版社，2007：16.

自都具有不同的学科视角，在对社会事实的理论解释中有着各自的优势，当然也有着各自的不足。因此，本研究对权力的理解，主要以吉登斯的权力观为框架，并以此为基础将迪韦尔热和福柯的权力观进行整合，以期对学术权力的制度化过程有一个较为深入的考察。

总的来说，本研究对权力的理解主要表现在以下三个方面：其一，合法权力、未被承认的权力以及处于二者之间的各种实际的影响，都是权力在现实中的表现形式；其二，权力并非被行动者所占有，它存在于行动者之间的联系与互动过程之中，是行动者借助各种稀缺资源表现在社会现实中的行动能力；其三，由于社会结构是权力运行的前提和空间，因此要揭示权力的制度化过程，就必须将之置于结构化的过程之中。

三、政治逻辑

对政治与权力的概念进行梳理和分析之后，到了需要回答什么是"政治逻辑"的时候了。类似于"政治逻辑"的"XX逻辑"在学术界已不是陌生的概念或术语，因为它们已经频繁地出现在学术论文、著作的标题和行文之中，譬如什么什么的"文化逻辑"、"社会逻辑"、"实践逻辑"、"行动逻辑"、"制度逻辑"等等，也有的是"……的逻辑"。显然，这是对逻辑的两种不同用法。不过，由于不同的研究者在运用"XX逻辑"时，可能出于不同的理解，因此有必要对这一系列概念进行进一步的说明，以便对本研究的"政治逻辑"有一个清晰、明确的把握。

逻辑（logic）一词导源于希腊文 λόγος（逻各斯），原意为思想、理性、言词。1902 年严复译《穆勒名学》，将 logic 意译为"名学"，音译为"逻辑"。按照《辞海》的解释，在现代汉语中，逻辑一词具有以下四种含义：（1）思维的规律性；（2）关于思维形式及其规律的科学，即逻辑学；（3）客观规律性，如"事物的逻辑"、"中国革命的逻辑"；（4）观点、主张，一般用于贬义，如"霸权主义的逻辑"。[53]冯契主编的《哲学大辞典》[54]、彭漪涟和马钦荣主编的《逻辑学大辞典》[55]等辞书都沿用了《辞海》中的解释，只是在表达上略有差异。由此可见，逻辑一词在学术研究中主要是一个逻辑学词汇，一般表

---

53 辞海（第六版典藏本）〔Z〕.上海：上海辞书出版社，2011：2923.
54 冯契主编.逻辑学大辞典〔Z〕.上海：上海辞书出版社，2001：925.
55 彭漪涟，马钦荣主编.逻辑学大辞典〔Z〕.上海：上海辞书出版社，2004：1.

示思维形式及其规律，譬如含义（1）和（2），而（3）和（4）虽然由其衍生而来，但明显已经超出了逻辑学的理论范畴，而被广泛地运用于学术语言甚至是日常语言之中。

显然，以上列举的"XX 逻辑"主要使用的是第三种含义。不过，需要说明的是，由于客观规律性已经越来越遭到人文社会科学家的诟病和贬抑，认为社会世界并不存在所谓的"规律"和"法则"，因此此时的"逻辑"充其量是一种因果机制，甚或是社会生活中经常重复出现的事件之间的相关关系。那么，学者们在使用"XX 逻辑"时，具体想要表达的是什么内容呢？根据他们具体被使用的策略，本研究将其大致可分为以下三种：

一是"实践逻辑"或"行动逻辑"。卫磊博士将法律场域内的主体、关系及其存在过程冠之以"法律行动"，试图运用社会学的理论，通过分析律师在正式法律条文和律师制度框架中的行动策略，以揭示法律行动的启动、机制以及过程等实践的深层逻辑。[56]可以看出，这里的"实践逻辑"即是"法律行动实践"的逻辑，它是相对于正式的法律条文和制度而言的。与此类似，包艳博士以 F 市小煤矿三年整顿关闭的制度实践过程为切入点，试图探讨行动者实践的行动逻辑（制度不是机械的服从的，是行动者实践的），解释制度表达与实践结果之间背离的原因。[57]作者尽管使用的是"行动逻辑"，但在认识路径上与前者的"实践逻辑"是一致的，都可以简化为"XX 行动或实践的逻辑"试图解释正式法律或制度及其实践之间的落差及其成因。

二是"文化逻辑"。项贤明教授在其《比较教育学的文化逻辑》一书中认为，比较教育学的文化逻辑其实是一种文化比较研究的框架，即从教育作为一种文化现象在社会生活中的作用出发，把比较教育学研究的不同领域整合起来，确立"学科同一性"，并借此构筑比较教育学者的文化自我意识。[58]可见，"文化逻辑"在此更多指的是一种学科立场和视角，即将教育当做一种文化，从而对其进行文化比较，而不是简单地对教育制度、教育政策或教育方法异同的比较。

三是"社会逻辑"，如庄西镇博士的《国家的限度——"制度化"学校的

56 卫磊.法律行动的实践逻辑〔M〕.上海：上海社会科学院出版社，2011：1-7.

57 包艳.从"背离"到"互构"——制度实践的行动逻辑〔M〕.上海：上海三联书店，2011：58-59.

58 项贤明.比较教育学的文化逻辑〔M〕.哈尔滨：黑龙江教育出版社，2000：32-34.

社会逻辑》。作者试图通过探求影响学校行为的社会（包括国家）因素，来展开对学校行为的分析，并由此来论证国家和社会在学校行为中所起的作用。[59]这里的"社会逻辑"一方面指的是社会学的研究视角，另一方面指的是学校内外的各种社会因素对学校行为的影响机制及其后果。

从以上分析可以看出，学者们在运用"XX逻辑"时，虽有共通之处，但仍有着不小的差异。不过，以上对三种类型"XX逻辑"的分析，已经大致解释了他们在学术话语中的含义，有助于本研究对"政治逻辑"的理解和界定。那么，本研究是如何理解"政治逻辑"的呢？具体而言，包括以下四个层面：

首先，学术场域由一群较为特殊的人——学者及其组成的学术机构——所构成，人与人之间、机构与机构之间形成的结构和结构化的运作过程有着一定的逻辑可循。

其次，学术场域可能有文化逻辑和经济逻辑，也有认知逻辑和政治逻辑，即便是政治逻辑也可分为宏观政治逻辑和微观政治逻辑，本研究试图考察的是微观意义上的政治逻辑，它仅仅是学术场域的一种逻辑，而非全部的逻辑，表达的是与"认知逻辑"、"知识逻辑"以及"文化逻辑"等等相对的含义。既然政治潜在于任何一种社会事件之中，可以说是一种实实在在的客观存在，因此，"政治逻辑"，就像其认知逻辑一样，并没有褒贬之意。

再次，学术场域是一个具有等级性的关系网络。其中，拥有支配权力的是各个学科领域中相对少数的权威学者，即学术精英，与学术精英显赫的地位伴随的是"权力、权威以及对设备和资源的控制"，而对于场域内所有的学者而言，"承认和权力有着明显的不平等"[60]。这种不平等的分层结构形成于学者或学术机构在学术活动中对学术声誉的竞争过程中。具体而言，不同学者或学术机构作为不同的权力支点或力量交织在一起形成了相互作用的权力关系或力量关系，使学术场域成为一个不同权力和力量相互作用、竞争并呈现出紧张状态的意义之网。因此，政治逻辑试图表达的就是学术场域的这些结构特征、权力关系以及权力的运作机制。

最后，对于政治逻辑的考察，同时也是描述、梳理和分析学术场域中那

59　庄西镇.国家的限度——"制度化"学校的社会逻辑〔M〕.南京：南京师范大学出版社，2006：218-219.

60　〔美〕乔纳森·科尔，史蒂芬·科尔.赵佳苓等译.科学界的社会分层〔M〕.北京：华夏出版社，1989：41-44.

些具有政治性的结构和实践，而这些明显不是高等教育学所擅长的，仅仅依靠高等教育学学科本身是难以也不可能理解的。因此，"政治逻辑"一词的运用，表明本研究将主要采用社会学尤其是政治社会学的视角，同时也必然会吸收那些擅长于研究"政治性"的学科及其理论，譬如人类学、文化研究等学科或研究领域的理论资源。

第二章　特殊主义：政治逻辑的生成空间

一个科研人员所占据的职位正是他的职业经历、学科内的状况、他所能掌握的资源以及被投资的位置所能带给他的利益等众多因素的共同结果。

——拉图尔

特殊主义原则在科学界运行的证据是明确的，特别是具体到职位晋升和终身教职的获得。然而，资源、奖励和学术产出往往又交织在一起，这就使得对特殊主义原则运行方式的评价成为一个复杂的问题。

——斯科特·朗与福克斯

大多数学者都有一个美好的理想或愿望，即学术场域能够纯粹以学术业绩即普遍主义的标准来分配学术资源、学术奖励、学术声誉和学术地位，但这充其量只是学术场域的一个乌托邦。在学术场域中，除了学术业绩之外，年龄、种族、性别、学术出身、师承关系以及任职机构等都可能成为影响学者学术生涯发展、学术场域分层与权力结构的重要因素，而这些都是特殊主义原则在学术场域中的表现形式。对于学术场域的运行而言，特殊主义本身就是政治逻辑的表现，而且还为政治逻辑的生成和运作提供了更大的空间和可能。

第一节　学术场域中的普遍主义与特殊主义

何为普遍主义和特殊主义？这对概念最早由美国社会学家帕森斯和希尔斯（T. Parsons and E. A. Shils）于1951年提出，用于在特定的互动情境中，辨别他人的评价和判断是否适用于所有行动者的问题，[1]后来一直被社会学家所运用。在他们看来，特殊主义是"凭借与行为之属性的特殊关系而认定对象身上的价值的至上性"；与此相反，普遍主义则是"独立于行动者与对象在身份上的特殊关系"。[2]因此，说到底，普遍主义和特殊主义关涉的是对特定行动者的行动及其价值的认可或承认的问题。

其实早在1942年，科学社会学家默顿在关于科学的规范结构理论中就提出了普遍主义这一原则。默顿认为，科学的精神特质包括四个因素，即普遍主义、公有性、无私利性以及有组织的怀疑态度。作为科学精神特质的普遍主义，它主要强调，"关于真相的断言，无论其来源如何，都必须服从于先定的非个人性的标准：即要与观察和以前被证实的知识相一致"，而不是提出这一断言的人的"个人或社会属性"。[3]即是说，一位学者能否被学术场域认可，关键取决于他的研究有无学术业绩及其贡献的大小程度，学术业绩完全是学者个体的自致性因素如个性、天赋、创造力以及自身努力程度等所致，与学者的先赋性因素如社会出身等和组织环境因素如毕业院系、任职院系无关。在默顿提出普遍主义的原则之后，他的学生科尔兄弟以及后来成为其妻子的朱克曼等学者试图通过实证研究对这一原则进行验证。例如，科尔兄弟在对美国120位大学物理学家研究经历和学术产出的研究后，认为"一位物理学家科学工作的质量，经其同行所评价的质量，在决定他是上升到一个显赫的位置还是依然默默无闻时，是唯一最重要的决定因素"。[4]朱克曼也认为，科学家在科学界的威信主要是根据同行认可的知识贡献的大小来划分

1　〔美〕乔纳森·特纳.邱泽奇等译.社会学理论的结构（上）〔M〕.北京：华夏出版社，2001：34.

2　Parsons, E.Shils.Toward a General Theory of Action〔M〕.Cambridge: Harvard University Press, 1951：82.

3　〔美〕R.K.默顿.鲁旭东，林聚仁译.科学社会学（上）〔M〕.北京：商务印书馆，2003：365.

4　〔美〕乔纳森·科尔，史蒂芬·科尔.赵佳苓等译.科学界的社会分层〔M〕.北京：华夏出版社，1989：136-137.

等级的，科学界的"社会分层主要是以科学成就的普遍标准来衡量所造成的结果"。[5]

在 20 世纪六、七十年代逐渐兴起的科学知识社会学即爱丁堡学派与默顿学派针锋相对，认为在学术活动特别是学术认可中发挥主导作用的并非是普遍主义，而主要是特殊主义原则。他们认为，学术认可以及学者的学术声誉主要与师徒关系、毕业院系声誉、就职院系声誉以及话语风格甚至论文的修辞方式等相关，是社会协商或社会建构的结果。如拉图尔等学者就认为，"像身份、名次、荣誉、委任及社会地位等社会学因素，都是在获取可靠信息、扩大自己的可信性的战斗中常用的资本。"[6]哈根斯和哈格斯特龙（L. Hargens and W.O. Hagstrom）也认为，在美国，科学家目前所在大学的声望倾向于与其所在的第一所大学的声望呈正相关，而与其产出无关。[7]爱丁堡学派的理论基础是社会建构论，相对主义的立场难免使其显得过于偏激，但他们触及到默顿学派所未注意到的一个关键性议题，那便是学术场域中的特殊主义因素。

面对爱丁堡学派的攻击，科尔兄弟、朱克曼等学者逐渐修正了默顿提出的普遍主义的原则。如科尔兄弟在《科学界的社会分层》一书的最后提到，科学界"所有的承认形式——奖励、有声望的职位和知名度——都被一小部分科学家所垄断"，尽管"像科学一样偏重角色表现的体制是很少的"，但他们仍然"还不能推断出科学是完全普遍主义的"。[8]朱克曼也不得不承认，"在科学界的评价和奖励制度中，还存在着一些特殊的因素"。[9]

当然，关于普遍主义和特殊主义的争论不仅发生在默顿学派和爱丁堡学派之间，还有很多其他学者也参与到这场争论中，到目前为止还没有一个明确的胜负结果，但却表明了一个事实，即学术活动特别是学术认可与大量的

5　〔美〕哈里特·朱克曼.周叶谦，冯世刚译.科学界的精英——美国的诺贝尔奖金获得者〔M〕.北京：商务印书馆，1982：347.

6　〔法〕布鲁诺·拉图尔，〔英〕史蒂夫·伍尔加.张伯霖，刁小英译.实验室生活：科学事实的建构过程〔M〕.北京：东方出版社，2004：204.

7　L.Hargens and W.O.Hagstrom, Sponsored and Contest Mobility of American Academic Scientists〔J〕.Sociology of Education, 1967,40：24-38.

8　〔美〕乔纳森·科尔，史蒂芬·科尔.赵佳苓等译.科学界的社会分层〔M〕.北京：华夏出版社，1989：255-276.

9　〔美〕哈里特·朱克曼.周叶谦，冯世刚译.科学界的精英——美国的诺贝尔奖金获得者〔M〕.北京：商务印书馆，1982：347.

个体性因素和社会性因素相关，而且"资源、奖励和学术产出往往又交织在一起"，[10]这种交互或交替性的相互影响使得学术认可成为一个非常复杂的过程。因此，在很多具体情境中，要想识别或辨明一项学术认可到底是普遍主义原则还是特殊主义原则所致并不是一件容易的事情。

斯科特·朗和福克斯在 20 世纪 90 年代的一项研究尽管提出了一些新的问题，但在一定程度上推进了这一研究议题。他们指出，"普遍主义原则并不能保证机会的平等，学术业绩并不仅仅是学者动机和能力单独发挥作用的产物，它还受到导师身份、学术合作、团队研究以及设备仪器等学术职业背景和环境情境的影响。……当其他影响因素而不是学术业绩影响同行认可的时候，特殊主义原则便开始运行"。[11]那么，特殊主义的出现或发挥作用的条件是什么呢？斯科特·朗和福克斯归纳了四个条件，即有限的信息、模糊的评价标准、不成熟的研究范式和非公开的程序。具体如下：一是如果在学者学术能力信息有限的情况下，如刚刚毕业的博士仅发表了有限的论文，那么甄别工作就比较困难，特殊主义就容易发挥作用，而这则作为成功应聘者的累积优势影响其学术生涯；二是评价标准越是模糊，特殊主义就越容易发生；三是研究领域的科学范式如果不成熟，在研究主题、研究方法和课程设置方面就具有较低的一致性，那么关于学术事务的决策标准就难以统一，特殊主义就有可能影响决策结果；四是非公开的、非系统化的聘任、晋升和奖励分配等程序容易为特殊主义提供机会。[12]最后，针对双方的争论，他们明锐地指出，不能简单地主张是普遍主义还是特殊主义支配着学术场域，问题的关键在于找出特殊主义之所以会发挥作用的条件及其运行的空间。

第二节　关系社会与学术场域中的"差序格局"

现代意义上的学术研究或是科学活动，无论是概念本身，还是其历史渊源，都产生于西方的文化土壤之中。如果从波义耳（Robert Boyle）于 17 世

---

10 J.Scott Long and Mary Frank Fox.Scientific Careers: Universalism and Particularism〔J〕.Annual Review of Sociology, 1995,21：45-71.

11 J.Scott Long and Mary Frank Fox.Scientific Careers: Universalism and Particularism〔J〕.Annual Review of Sociology, 1995,21:45-71.

12 J.Scott Long and Mary Frank Fox.Scientific Careers: Universalism and Particularism〔J〕.Annual Review of Sociology, 1995,21:45-71.

纪中叶提出"无形学院"[13]这一概念算起，西方学术场域已经过了 350 余年的发展，到今天已经相对成熟。20 世纪中叶以来关于学术场域之中的普遍主义和特殊主义的争论和研究也基本上基于西方的事实和经验。尽管这些研究为我们理解西方学术场域的运行机制提供了有益的理论框架和经验研究，但如果直接"拿来"分析我国学术场域实然的运行状态，则难免有削足适履之嫌。不同国家的学术场域必然根植于特定的社会结构和社会文化境脉之中，在呈现着一定共性的同时，也产生了独特的表现样态，被赋予了独特的文化内涵。这一部分着重考察我国特有的社会文化境脉对学术场域及其结构的影响，分析学术场域中的"差序格局"和社会关系网络。

一、"差序格局"的关系社会

我国特有的社会结构和社会文化境脉是什么呢？大凡研究中国人和中国社会的学者一般都认为是"差序格局"型的关系社会。[14]梁漱溟先生曾指出，中国社会既非个人本位，亦非社会本位，而是关系本位；[15]费孝通先生则在《乡土中国》一书中以"差序格局"这一概念来解释中国传统社会的社会结构、社会关系和社会文化特点。可见，关系本位是"差序格局"的应有之义。因此，用"差序格局"的关系社会来概括中国社会文化境脉是比较贴切的。

费先生提出的"差序格局"是与西方社会的"团体格局"相比较而凝练出来的中国社会结构特点。所谓 "团体格局"，主要是指在西方社会中，"常常由若干人组成一个个的团体。团体是有一定界限的，谁是团体里的人，谁是团体外的人，不能模糊，一定得分清楚。在团体里的人是一伙，对于团体的关系是相同的，如果一个团体中有组别或等级的分别，那也是事先规定的。"而中国社会则与之明显不同，"我们的格局不是一捆一捆扎清楚的柴，而是好像把一块石头丢在水面上所发生的一圈圈推出去的波纹，每个人都是他社会影响所推出去

13 Weedman, J..On the "Isolation" of Humanists: A Report of an Invisible College〔J〕.Communication Research, 1993,20（6）：749-776.

14 参见孙立平."关系"、社会关系与社会结构〔J〕.社会学研究，1996（5）：20-30；边燕杰.社会资本研究〔J〕.学习与探索，2006（2）：39-40；阎云翔.差序格局与中国文化的等级观〔J〕.社会学研究，2006（4）：201-213；翟学伟.再论"差序格局"的贡献、局限与理论遗产〔J〕.中国社会科学，2009（3）：152-158；李林艳.弱关系的弱势及其转化——"关系"的一种文化阐释路径〔J〕.社会，2007（4）：175-194.等。

15 梁漱溟.中国文化要义〔M〕.上海：上海世纪出版集团，2005：79-84.

的圈子的中心，被圈子的波纹所推及的就发生联系，每个人在某一时间某一地点所动用的圈子是不一定相同的。"他进一步解释到，"以'己'为中心，像石子一般投入水中，和别人所联系成的社会关系，不像团体中的分子一般大家都在一个平面上的，而是像水的波纹一般，一圈圈推出去，愈推愈远，也愈推愈薄。"因此，在差序格局中，"社会关系是逐渐从一个一个人推出去的，是私人联系的增加，社会范围是一根根私人联系所构成的网络。"[16]那么，能产生"波纹"的"石头"是什么呢？费先生认为是血缘关系、地缘关系，其中最重要的是血缘关系。即是说，中国社会结构是以血缘关系为基础而形成的社会关系结构，即"差序格局"，不同于西方社会的"团体格局"。

孙立平根据费先生的论述归纳了这种社会结构的若干特点：第一，自我主义，即自己是关系的中心，一切价值是以"己"为中心的主义；第二，公私、群己的相对性，即站在任何一圈里，向内看可以说是公，是群；向外看就可以说是私，是己。两者之间没有清楚的界限；第三，特殊主义伦理，即中国的道德和法律都得看所施加的对象与自己的关系而加以程度上的伸缩，不存在一切普遍的标准；第四，人治社会，即维持秩序时所使用的力量，不是法律，而是人际关系的历史传统；第五，长老统治，即一种包含着不民主的横暴权力、民主的同意权力以及教化权力等复杂内容的权力结构。最后，孙立平认为，整个中国传统社会中的制度安排和权力运作，都是以这样的一种社会关系模式为基础的。[17]

如果孙立平的归纳是合理的，那么我们就会发现，中国社会结构的特点不但能够满足斯科特·朗等人所提出的特殊主义产生的条件，而且还可能为特殊主义在我国学术场域中的运行提供更多的机会与空间，并表现出与运行于西方社会文化境脉中的学术场域不同的特征和文化内涵。然而，1949年以后，特别是1978年改革开放以来，中国社会经历了巨大的改革和变迁，针对中国传统社会结构的"差序格局"理论对当今社会还有解释力吗？换言之，"差序格局"赖以产生的社会条件还存在吗？

关于这个问题，社会学、人类学等学科的学者们在田野调查和实证分析的基础上提出了大致相同的观点，即"差序格局"的社会结构在当代中国还依然存在。例如，阎云祥认为，差序格局和团体格局不是传统与现代的不同，而

---

16 费孝通.乡土中国 生育制度〔M〕.北京：北京大学出版社，1998：26-30.
17 孙立平."关系"、社会关系与社会结构〔J〕.社会学研究，1996（5）：20-30.

是基本价值观的差异，这种差异不但表现在社会结构上，还表现在社会文化以及个人的人格之中，中国人普遍具有一种"差序人格"。因此他认为，"只要社会尊卑有序的价值观和社会现实不变，差序格局和差序人格就会继续存在。在这个方面，现代化国际化的大上海与仍然处于小农经济中的边远乡村之间没有什么本质区别。"[18]张文宏于 2000 年对北京市民的社会网络研究中发现的差序格局尽管与费先生在半个多世纪以前提出的差序格局有所不同，但他仍然认为差序格局在目前仍然存在。[19]边燕杰也认为，不但是传统中国社会，而且是我们生活其间的再分配经济到市场经济的转型社会，人际关系的非正式规范都是调节中国人社会行为的关键机制。[20]卜长莉也认为，在城市的许多正式组织的人际关系中，虽然主体之间不具有任何事实上的血缘或亲缘联系，然而主体之间的互动方式和整个网络的运作方式却在一定程度上复制了传统亲缘群体的运作方式，呈现拟亲缘化的特点。[21]纵观不同学者的观点，可以说，"差序格局"的概念和理论对我国当今社会结构的解释依然是十分有力的。

二、学术场域中的"差序格局"

相对而言，团体格局的社会更倾向于普遍主义原则，而差序格局的关系社会则会呈现出更多的特殊主义原则。从组织文化特性上而论，学术场域是一种机械团结，它依赖于基于情感和传统的人际关系，由学术道德规范和"集体良知"而非理性规则或法律所维系。[22]因此，学术场域在文化特性上就与差序格局的关系社会有着一定程度的亲缘关系。

在西方，学术场域的发育时间长，相对较为成熟，加之学术自由、追求真理的学术精神和相对健全的学术制度，情感和关系[23]尽管可能成为特殊主义

---

18 阎云翔.差序格局与中国文化的等级观〔J〕.社会学研究，2006（4）：201-213.
19 张文宏.城市居民社会网络中的差序格局〔J〕.江苏行政学院学报，2008（1）:67-72.
20 边燕杰.关系社会学及其学科地位〔J〕.西安交通大学学报（社会科学版），2010（3）：1-6.
21 卜长莉."差序格局"的理论诠释及现代内涵〔J〕.社会学研究，2003（1）：21-29.
22 Kenneth J.Downey.The Scientific Community: Organic or Mechanical?〔J〕.The Sociological Quarterly, 1969, 10（4）:438-454.
23 边燕杰认为关系现象存在于各个国家，并非中国文化所独有，但他同时也强调中国关系现象的特殊文化内涵。国外学者也有类似的观点，例如"guanxi"已成为西方社会科学特别是社会学、人类学中的一个重要概念。参见边燕杰.关系社会学及其学科地位〔J〕.西安交通大学学报（社会科学版），2010（3）：1-6.

运行的温床，但也正是学者间基于情感和关系的学术交流进而形成的无形学院在不断地推动着学术场域的发展。在我国，现代意义上的学术场域直到 19 世纪末、20 世纪初才逐渐形成，学术自由的传统还较为微弱，政府在一定程度上还主导着学术研究资源及其分配过程，学术界的单位制度对学者的约束程度尽管有所缓和，但依然较为封闭。另外，学术场域的运行还受到我国社会中人情、面子、关系等特殊文化的影响。最为关键的是，这些不同的影响因素聚集在一起，无疑为特殊主义在学术场域中的运行提供了更大的空间，从而形成了我国学术场域特有的运行机制。

第一，在政府与高校的关系层面，一方面呈现出以各级政府为中心的"差序格局" [24]，另一方面存在着二者职权关系不清的现状。

在上个世纪末，经过高校管理体制的调整，我国高校布局形成了中央部属高校、地方省属高校、市属高校以及民办高校的格局，呈现出明显的差序格局结构。仅从赋予校长的行政级别（副部级、厅级、副厅级等级别）便可以看出，不同隶属的高校级别有高低之分，相对来说，部属高校的办学资源和师资力量更为雄厚，具有较高的知名度；省属、市属高校尽管也有实力较为雄厚的高校，但整体来说办学层次水平和社会认可度相对较低；而民办高校不管从办学资源、教育质量还是从社会认可度来看，无疑处于边缘位置。无独有偶，从 20 世纪末开始的所谓"985 工程"、"211 工程"等高等教育政策更是进一步维持并强化着这种差序格局。如此，不同隶属、冠有不同名号的高校具有不对等的权利和义务，同时与政府、教育部的关系也呈现出很大的差异。在《国家中长期教育改革与发展规划纲要（2010-2020）》提出"去行政化"时，有校长就担心去掉学校的级别，到政府部门办事就会更难，这实际上从一定程度上反映了官本位的社会文化对高等教育的影响之深，大学校长的担心也是一种无奈之举。本来属于办学特色、学术事务的高校分布结构却呈现出行政系统中以官为本的尊卑高低之别。注意到这一点，我们就不难理解学术自由在我国还较为微弱的原因。

尽管 1985 年《中共中央关于教育体制改革的决定》、1998 年《中华人民共和国高等教育法》等法令、法律的出台，明确规定了高校七个方面的自主权，但政府与高校的职权关系多年来一直未有多少改观，高校办学自主权依

---

24 此处的"差序格局"与费先生的本意稍有不同，主要指围绕政府形成的高校布局在结构上表现出的等级结构。

然停留在政策文件和官员的口号之中。《国家中长期教育改革与发展规划纲要（2010-2020)》仍然在强调要落实和扩大学校办学自主权。可见，这已经不仅仅是政府与高校法律关系、权力关系划分的问题，还是一个社会文化、制度的路径依赖问题。多年来，《高等教育法》未能有效实施，存在着有法不依的问题；而另一方面则是教育部不断出台文件、通知等行政命令，使得原本已经模糊不清的政校关系更加模糊不定。或许是由于法律规定太笼统，或许是社会文化的根深蒂固，高校与政府的亲疏关系在很大程度上决定着高校从政府获得办学经费和资源的多少，而占有多少资源影响着学校的办学质量和发展速度，于是与政府官员"拉关系"、"跑部钱进"等现象成为我国高等教育领域独有的问题，而这种关系反过来又强化了已有的差序格局。成文的法律和规则在关系"亲疏"的事实面前逐渐被人们所遗忘。而具体到高校内部，党委领导下的校长负责制更是一个模糊不清的制度，校长和书记的权责不清已成为众多高校的事实，在学校事务中谁具有决策权？经验告诉我们，资历老、人脉强的一方具有最高的决策权，正式的制度和法律条文在关系社会中被冲淡了。

第二，在基层学术组织层面，存在着以院长、系主任等为核心的差序格局。

我国高校的基层学术组织先后借鉴了发源于国外大学的讲座制、教研室、学系、学院等制度和组织结构，建国后基本以学系和教研室为主，经过20世纪90年代高校内部的院（系）改革，使得学院（系）制最终稳定下来成为一般高校的基层学术组织形式，并逐渐成为学者间学术关系网络形成的基础。

在传统社会中，差序格局的重心在家庭，家庭是分配社会稀缺资源的重要组织；1949年以后，我国实行了单位制度，城市中的人们则被组织到一个个的"单位"之中，单位替代了家庭进行社会稀缺资源的分配。尽管单位制度"釜底抽薪"般地摧毁了差序格局存在的社会基础，但单位中的人们在对家庭的依赖基础上，又模仿家庭关系建立了对单位的依赖，围绕单位重新建构着拟亲缘化的新关系网络。院（系）尽管是高校中的二级单位，但它是学者从事教学、科研工作所在的直接实体，是学者获得稀缺社会资源的重要组织性来源。受传统社会文化的影响，学者们首先在院（系）发展自己的关系网络。当然，由于学术职业的特性，学者还与其他高校的学者产生学术上的交流与合作关系。

　　在院（系）这个小单位中，院长或系主任就像传统社会中的"家长"一样关心着每一位学者的生活和学术生涯，包括他们的教学、科研，甚至住房以及生老病死等非学术活动也成为"家长"管理的分内之事。同时，学者和院长或系主任的关系也较为微妙，每一位成员都想给院长或系主任留一个好的印象，以便能够得到更多的稀缺资源。卢乃桂曾指出，系主任或年长的教授是"差序格局"中的"自我"，他们确认着其他成员的重要性，并根据以自我为中心的关系层来分配感情、关心、注意和奖励。[25]在这个关系层中，院长或系主任极有可能与一些成员形成一种特殊的关系。由于在院（系）工作中有很多的教学、科研以及管理工作要完成，因此就需要一些积极分子的帮助，积极分子是推动工作的骨干，而积极分子在工作时间之外加班就必然与院长或系主任建立密切的私人关系，而积极分子则会得到院长或系主任的额外照顾，并获得一般学者难以获得的资源、奖励和好处。这些现象有着一个突出的特征，那就是将公共的因素与私人的因素紧密地结合在一起，一定程度上类似于传统社会的庇护主义的关系。[26]此外，院（系）组织中围绕某些资深教授或领导的拉帮结派现象也非常突出，这些"帮派"成员一般的关系不外乎于师生、同门、同学甚或老乡关系等，这也足见传统社会差序格局型关系社会对学术场域的影响。

　　可见，我国基层学术组织在发展过程中已呈现出与西方基层学术组织非常不同的社会文化内涵。然而，不管是"家长"的管理也好，领导的庇护也好，还是那些拉帮结派的现象，都未脱离正式的学术组织而存在，尽管有利于一些工作的开展，但对于正式的学术制度和规则而言则是极大的危害。

　　第三，学者的学术交流关系也呈现出一定的差序格局。

　　学术研究离不开学术场域，一个学科的学术场域为学者们的学术研究"提供了背景、规范、方法、读者、价值和讨论的平台"。[27]在我国，学术场域之中的社会分层与差序格局并存。一方面，学术场域是一个高度分层的社会系统，这已是科学社会学研究中的一个常识性命题，也符合我国学术场域学术精英统治的等级结构特征；另一方面，在学术场域之中，除了专业学会、

25 Leslie Nai-Kwai Lo.State Patronage of Intellectuals in Chinese Higher Education 〔J〕.Comparative Education Review, 1991,35（4）：690-720.

26 孙立平."关系"、社会关系与社会结构〔J〕.社会学研究，1996（5）：20-30.

27 Palonen Tuire, Lehtinen Erno.Exploring Invisible Scientific Communities: Studying Networking Relations within an Educational Research Community.A Finnish Case 〔J〕.Higher Education, 2001,42（4）：493-513.

期刊系统等正式交流渠道外，还存在着大量非正式的私人交流网络，即所谓的"无形学院"。由于受到传统社会文化的影响，非正式交流网络表现出差序格局的特征。

这种差序格局最为突出的表现在于，学术场域中因业缘而产生的学术交流关系向拟亲缘化即人际关系初级化转化。一是学者的学术交流关系除了学术界的知名学者外，主要集中于导师、同门、同学、同地区甚至老乡等学缘与地缘范围内，这从学术会议中的私下交流圈便可以看出来。另外，现在学界流行的高龄学者的大寿庆典更是吸引了与其有学缘关系的学者前来祝寿，感谢教诲之恩，其实祝寿是一个目的，另外的意图大家恐怕都心知肚明，那便是进一步加强与学术场域特别是已有学术关系的密切程度，以便于日后寻求帮助；二是原亲缘关系中的"老大哥"、"兄弟"、"哥们儿"、"小兄弟"和"姐妹儿"等称呼频繁地出现于学者间私人学术交往关系之中，以此表示关系和感情的密切程度，就连高校之间也经常使用"兄弟院校"的称呼。中国人往往善于拉关系，在尚无"老关系"、有待开辟的领域中，可以找出关系、拉出关系，而且"找"和"拉"的具体方式也常常是拟亲缘的。[28]有意思的是，这种现象也常常出现在国内学术界，似乎一起上过学、开过会、照过相、吃过饭、参加过学术讨论等就能一下子拉近学者间的关系，拉出了原来没有的关系，并逐渐使之拟亲缘化。不仅如此，学者们还更容易根据亲疏关系为自己的学术交流网络划出一条牢固的边界，以便辨识谁是"自己人"、谁是"局外人"，从而排除异己，构建"小圈子"，从而形成特殊的学术关系网络，进而在学术资源的分配和学术声誉的认可中获得圈外人难以享有的优势。

其实，建立关系在中国社会是一种获取社会资本进而获得利益的重要途径。学者找关系、拉关系进而建立关系、发展关系，一方面可以理解为一种正常的学术交流，学者借此可以建立个人学术网络，及时、便捷地传播和获取最新的前沿学术信息；但另一方面则是与学者自身的利益紧密相连的，正如社会网络学者博特（Ronald Burt）所认为的，中国的关系，就是情感开路、工具性交换跟随而上，也就是情感先导的工具性关系。[29]通过与学术地位较高的学者建立关系，实际上正如同金耀基所谓的"把关系的建构作为一种文化

---

28 郭于华.农村现代化过程中的传统亲缘关系〔J〕.社会学研究，1994（6）：49-58.

29 边燕杰.关系社会学及其学科地位〔J〕.西安交通大学学报（社会科学版），2010（3）：
　　1-6.

策略来调动社会资源"，[30]从而在学术认可、学术地位获致等重要事件上获得一定的帮助或额外的支持。如近年来流行于学术界的"跑（博士、硕士学位授权）点"现象，各个学科点利用与有评审资格的专家的关系，选择与特定专家关系"最铁"的学者去公关，以确保学位点能够顺利"拿下"。有学者就写到，"其目的，其'跑'法，凡是中国人都懂，当事人更是心照不宣。不'跑'，你实力再强，会担心因为没有拜访评委、没有打招呼，而把'点'弄丢了。再说，别人都在'跑'，你不'跑'，是否对评委不够尊重？'跑'到评委面前，按中国人的礼义之道，总得表示一下，不能空着手。"[31]当然，不一定所有专家都接受这一套，但仍然有一些专家迫于人情或是担心日后得到报复，不得以在评审中网开一面，为其投票，而有时往往一票就能决定这个"点"是否能获得审批。至于学者动用关系、人情和面子在课题申报、职称评审等学术事务中的例子对于身处学术场域之中的学者而言，也已经是屡见不鲜的事实了，这些现象也时常见诸于报头和网络等媒体。难怪一位刚刚从海外归来、加盟清华生命科学的年轻教授坦率地问施一公教授，"你觉得我需要每周花多少时间出去拉关系？以便将来在基金申请等方面得到照顾。"[32]类似于此类的现象公然对抗着倡导公平、正义的同行评议制度等学术制度和规则。

第三节　政治逻辑在我国学术场域的运行空间

如前所述，差序格局的关系社会在本质上就与特殊主义有着一种天然的亲密联系。而特殊主义不但就其本性而言是一种政治逻辑，而且为政治逻辑的生成和运作提供了更大的空间和可能。那么，这种关系社会与内含其中的特殊主义为政治逻辑在学术场域中的运行提供了哪些条件？其运行空间何在？

第一，差序格局社会结构赖以滋生的社会基础仍然存在，传统社会的差序人格还在很大程度上影响着学者的人格，致使以普遍主义、无私利性为精神特质的学术场域形成了"拟亲缘化"的差序格局和权力结构。这种基于人

30 转引自张文宏.中国城市的阶层结构与社会网络〔M〕.上海：上海人民出版社，2006：75.

31 刘川鄂.从"跑官"到"跑点"〔EB/OL〕.〔2010-12-09〕.http://www.chinawriter.com.cn/56/2007/0109/920.html.

32 施一公.再论中国的核心竞争力：人才与环境〔EB/OL〕.〔2010-12-09〕.http://www.sciencenet.cn/m/user_content.aspx?id=341290.

格的权力格局使得学术评价或同行认可的过程交织着更多关系、人情的特殊内涵，例如项目评审中，项目评审专家一般都会照顾与自己有着特殊学术关系的老友、同事或学生，以便日后得到他们的照顾；而申请者往往则会通过给专家"说句话"、"打个招呼"甚至"送个人情"等方式增加"中标"的可能性。可以说，这是政治逻辑在学术场域中运行的社会性条件。

第二，再分配体制下形成的政府垄断学术资源的制度结构还发挥着较大的作用，使得高校、学者通过关系、人情获取这种特殊的社会稀缺资源的现象成为彼此心知肚明的潜规则。在西方，政治逻辑主要是学术场域内部学术权力失衡的问题，"几乎没有人提及政府和行政权力在学术认可中的作用，而在我国它却是一个最为关键性的变量。"[33]然而，在我国，在学术场域内部不仅存在学术权力失衡、学术制度有待健全的问题，同时，在政府与学术场域之间也存在着行政力量处于强势地位，干预、介入学术事务，进而导致行政精英与学术精英相互拉关系甚至"共谋"的问题。有学者就指出，在国内重大项目拟定和申报中，"政府官员任命的专家委员会的委员负责编写年度申请指南"，"经费预定给谁基本上一目了然"，"专家委员会的主席们会常常听从官员们的意见，并与他们进行合作。所谓的'专家意见'，不过只是反映了很小一部分官员及其所赏识的科学家之间的相互理解"，"与个别官员和少数强势的科学家搞好关系才是最重要的，因为他们主宰了经费申请指南制定的全过程"。[34]可以说，政府垄断学术资源的制度结构是政治逻辑在学术场域中运行的制度性条件。

第三，专业学会、期刊系统等学术场域的重要子系统发育还不成熟，时常会遭遇到行政力量、社会力量等外行或非学术性权力的干预和介入，这就使得学者对所在学术机构的忠诚高于对学科或专业学会的忠诚。与西方学术场域相比，这种忠诚的"位移"很有可能导致的现象是，学者在关于学术成果、学术资助项目的同行评议过程中，可能首先考虑是所在学术机构或与自己有着特殊关系的学术利益，而对整个学科发展和学术创新的责任将位于其次。另外，学术聘任、晋升和奖励以及学位点的评审等学术事务的程序还不规范，过程还不够公开、透明，学者的知情权受损，学术申诉特有的法律程

---

33 阎光才.学术系统的分化结构与学术精英的生成机制〔J〕.高等教育研究，2010（3）：
   1-11.
34 Yigong Shi, Yi Rao.China's Research Culture〔J〕.Science, 2010.329（5996）：1128.

序还有待完善，加之学术（特别是人文社会科学）评价本身的复杂性和难度，难免就会为关系、人情在学术事务中发挥作用提供温床。因此，这方面的因素就成为政治逻辑在学术场域中运行的组织性条件。

第四，学术声誉的形成是一种社会过程。任何一位学者的学术声誉都是同行认可的结果。不过，同行认可尽管主要依据的是学者的学术成果，但学者的各种社会特征往往会渗入到同行评议的结果之中。这主要是由学术研究的本性所决定的。与史蒂芬·科尔类似，拉图尔将科学分为"已形成的科学"（ready made science）与"形成中的科学"（science in the making），他们是科学的两副面孔。他认为，前者是科学争议得到解决后形成的共识，"自然"看似是科学争议解决的原因；而"形成中的科学"则充满了争议和不同力量的博弈。因此，只要争论还在继续，"自然"就仅仅是争论的最终结果。[35]就此而言，所谓的科学规律是对自然的社会建构。这意味着，同行认可的依据本身就不是确定性的。关于这一点，惠特利曾指出，研究成果具有本质的差异和不确定性，其任务不确定性程度比其他大多数工作组织中的要高。[36]然而，正如克罗齐耶与费埃德伯格所指出的，在不确定性因素面前，行动者是不平等的。那些能够通过自己地位、资源或能力掌控不确定性因素的人，会利用他们的权力将自己的意愿强加于人。[37]因此，为了通过同行认可而获得更高程度的学术声誉，学者们时刻都在学术场域中展开着你争我夺的竞赛。尽管学术声誉在一定程度上反映出学者的学术业绩或学术能力，然而，在不确定性的学术创新中，同行的评价很有可能出现不可靠、不公正的问题，正是在这样的条件下，学术声望与学术产出之间的联系就会减弱或者不存在，同时也预示着政治或特殊主义而不是学术业绩在操纵着学术场域中的认可机制。[38]因此，基于学术业绩认可的学术声誉本身具有的政治性是政治逻辑在学术场域运行的知识性条件。

35 〔法〕布鲁诺·拉图尔.刘文旋，郑开译.科学在行动：怎样在社会中跟随科学家和工程师〔M〕.北京：东方出版社，2005：164.

36 〔英〕理查德·惠特利.赵万里等译.科学的智力组织和社会组织〔M〕.北京：北京大学出版社，2011：13.

37 〔法〕米歇尔·克罗齐耶，埃哈尔·费埃德伯格.张月等译.行动者与系统——集体行动的政治学〔M〕.上海：上海人民出版社，2007：9.

38 Elisabeth S.Clemens, Walter W.Powell, Kris McIlwaine, Dina Okamoto.Careers in Print: Books, Journals, and Scholarly Reputations.The American Journal of Sociology, 1995,101（2）：433-494.

　　以上四个方面实际上表明，学术场域中的政治逻辑在我国有着比西方更为复杂的文化情境。当然，关系社会中的关系、政治逻辑中的政治也不见得总是一种消极的因素，发挥着负面的影响作用。实际上，因关系而产生的政治逻辑在学术场域之中也有很多的积极效应，如可以加快学术信息的传播，促进无形学院的形成，以"情感和传统的人际关系"这一形式在学者群中发挥凝聚作用，保持学术场域"机械团结"的组织文化特性，等等。对此，本研究将在后面的章节通过博士毕业生互聘、学术互引与学术会议等三种重要学术事件进行具体的经验研究，从学理上分析政治逻辑在学术场域中的效应。

第三章 学术场域的分层与权力结构（Ⅰ）[1]——基于物理学学者学缘关系的研究

统计资料表明，农民的儿子若娶到妻子，他们娶到的是农民的女儿，而农民的女儿则更多嫁给了非农家庭的孩子。这些分裂性的婚姻策略，恰恰通过这种对立，表现了这样一个事实，即一个集团〔的成员〕想要给他们儿子招的配偶与要给他们女儿找的并不是一类，或者更糟的是，在内心深处，他们并不想让他们的儿子来高攀别人的女儿，尽管他们有时会愿意他们的女儿高攀别人的儿子。通过诉诸这些截然对立的策略（采用何种策略，取决于他们是娶还是嫁），农民家庭暴露出这样一个事实，即在符号暴力的作用下（人们既是这种暴力的主体，又是它的对象），所有人彼此分划，相互斗争。内部通婚验证了评价标准的统一性，以及集团内部能够达成一致，而婚姻策略的二元性则表明集团使用双重标准来评估一个个体的价值，并因此也使用双重标准来评价它自身——作为一个包含着无数个体的阶级——的价值。[2]

——布迪厄

---

1 本章的核心部分曾已发表，参见张斌.博士毕业生互聘网络中的院系分层与结构化特征——基于部分物理学学者学缘关系的社会网络分析〔J〕.教育研究，2013（1）：84-90.

2 〔法〕皮埃尔·布迪厄.李康等译.实践与反思〔M〕.北京：中央编译出版社，1998：219-220.

经过中世纪大学的学部（facultas）[3]、作为教学和行政组织的苏格兰模式的学院[4]、德国大学的讲座以及欧美国家后来在讲座基础上发展形成的学系，在19世纪末、20世纪初，学院成为各个国家普遍采用的学科建制模式，一直沿用至今。尽管在20世纪中、后期，随着学科的进一步分化和综合，英国新建的苏塞克斯大学、东英吉利大学等部分新大学，以及日本1973年创办的筑波大学，为了避免以单一学科为基础的学院所造成的学科与专业间的分裂，率先尝试"学群制"改革。[5]但是，在当前，学院依然是各个国家高等院校中学科最主要的组织形式，它既是将学者组织在一起开展教学、科研活动的学科组织单位，亦是高等学校中重要的一级行政组织机构。

对于院系[6]而言，本科教学或人才培养和学术研究一直是最为重要的两个职能。不过，二战以来，随着科研经费的增加，相对于人才培养，学术研究在高等学校或院系（尤其是那些研究型大学及其院系）中被赋予了越来越重要的角色。其主要原因在于以下两个方面，对学术场域的外部而言，学术研究（无论是基础研究还是应用研究）对于增强国家综合竞争力的作用日益突出；在内部尤其显著的是，学术研究成果的数量和质量在根本上决定着一个院系在整个学科中的学术声誉，也是学者职称晋升、受到同行认可、享有学术地位的关键。因此，无论是国家或政府、院校或院系亦或是学者都越来越强调学术研究在高等院校或院系中的地位。

在这样的现实背景下，高等学校都非常重视学者的引进和聘任工作，他们不但想方设法引进学术带头人或学术骨干，同时在每年的人才常规补充工作中也大力选聘那些已经暂露头脚且具有较大学术发展潜力的博士毕业生。其中，博士毕业生的引进与聘任不但是一个院系维持或促进其学科发展水平或特色的智力基础；同时，由于它可以将全国甚或世界的某一学科的院系在不同程度上联系起来，形成以博士毕业生互聘的学术网络，因此也是院系间

---

3 亦有学者将facultas翻译为"教授会"，认为中世纪大学由法学、神学、医学和文科的四个教授会组成。参见单中惠主编.外国大学教育问题史〔M〕.济南：山东教育出版社，2006：58.

4 与中世纪欧洲大陆国家的学院不同，后者主要是学生寄宿的场所，并不承担教学的职能，亦不是一种行政机构。

5 阎光才.识读大学——组织文化的视角〔M〕.北京：教育科学出版社，2002：84-85.

6 目前，学系、研究所等是学院的下一级构成单元，在一些大学，学系或研究所并不归属于哪个学院，因此，本研究按照国内惯例，将这些学术组织单位统称为院系。

产生和发展学术交流与合作的社会基础。

　　然而，由于博士毕业生刚刚步入学术生涯，所做出的学术成果还非常有限，加之学术潜力本身就是一个难以评价的标准，因此，那些出身于名校的博士毕业生自然就被各个高校所青睐，成为各个高校特别是研究型大学"人才争夺战"的重要对象。那么，学术聘任的标准究竟是基于博士毕业生的学术业绩，还是他们的毕业院校声誉？倘若以社会学的视角观之，提问方式则为：不同层次院校博士毕业生的流向是否是具有某种可考的结构或"规律"？尽管在学术界，作为学术场域最为基础的构成单位——院系，具有等级之别，似乎已成为学者间心照不宣的常识。然而，对于这一等级结构究竟是如何形成的、权力在其中具有哪些结构化特征等问题，则需要更为深入的研究。这是本章试图要回答的问题。

　　本章将通过院系间的博士毕业生互聘网络来透析我国学术场域中的院系分层与权力的结构化特征，并结合已有的研究进行相关的理论解释和探讨，以揭示院系分层的机制及其政治逻辑。

第一节　社会网络分析的理论与观点

　　当前，社会网络分析（Social Network Analysis）已成为发展最完善的一种对社会网络及其结构进行研究的理论流派或范式，并广泛运用于求职网、公司网、社区网、虚拟空间社会网以及国内学者近年来所开展的城市居民社会网、农村社会支持网、拜年网等方面的研究。鉴于社会网络分析还较少运用于高等教育研究的现状，在此有必要对其发展脉络、基本原理和主要术语予以简要介绍。

一、社会网络分析的思想渊源、形成与发展

　　社会网络分析的思想渊源可以追溯到著名的社会学家齐美尔（Simmel）那里。对于是什么东西使得"社会"恰恰变成了社会？齐美尔说，"当一个个人对另一个个人——直接地或者通过第三者的媒介——产生影响时，才从人的单纯空间的并存或者也包括时间的先后，变成了社会。"[7]因此，人与人之间

7　〔德〕盖奥尔格·西美尔.林荣远译.社会学——关于社会化形式的研究〔M〕.北京：
　　华夏出版社，2002：5.

的力量、关系及其形式就成了社会学研究的对象。罗家德指出，齐美尔独具慧眼地看到了三角关系有许多不同于二元关系的特征：一是三角关系压制了个人的个性，而有了团体的压力；二是两两间的契约关系减弱，合纵连横的战略行为出现；三是有了第三方的调解，两两间的冲突较易解决，两两间的契约可有第三方保证，所以形成较稳定的结构。[8]这些观点实际上已经显示出社会网络的雏形，只是由于齐美尔还处于社会学的初创时期，仅仅是指出了社会学研究的对象，进行了理论上的初步阐述，并没有发展出社会网络分析这一理论。

作为一个理论流派的社会网络分析，其产生是多学科互相影响的结果。就其早期形态而言，主要有三个传统：一是 1930 年代的社会计量学者，他们通过研究小群体，在技术上从很多方面推进了图论方法的发展；二是同一时期哈佛大学的人类学学者和社会学学者，他们研究了人际关系的模式，提出了"派系"这个概念；三是曼彻斯特大学的人类学学者，他们在前两种传统的基础上考察了部落和乡村的"社区"关系结构。到了 20 世纪六、七十年代，哈佛学者哈里森·怀特（Harrison White）开始扩展对社会结构的数学基础的研究，并综合当时社会网络研究的现状，将三个传统汇聚在一起，形成了现代意义上的社会网络分析理论。[9]在 20 世纪七、八十年代，斯坦福大学学者格兰诺维特（Granovetter）先后阐述了"关系"对于求职过程的重要性[10]和"嵌入性"（embededness）对于社会学研究的价值[11]，引起了社会学、经济社会学和企业管理等领域的广泛关注和研究热潮，这也推动着社会网络分析理论进入到了成熟时期。到了 20 世纪 90 年代后期，社会网络分析与新制度论、理性选择理论被称为社会学的三大学派，同时也成为各主要管理学学术期刊的重要议题，甚至 2002 年美国管理学会的年会主题即为"精建网络"（Building Effective Networks）。[12]

---

8 李培林等主编.社会学与中国社会〔M〕.北京：社会科学文献出版社，2008：341.

9 〔英〕约翰·斯科特.刘军译.社会网络分析法〔M〕.重庆：重庆大学出版社，2007：6.

10 〔美〕马克·格兰诺维特.张文宏译.找工作：关系人与职业生涯的研究〔M〕.上海：上海人民出版社，2008.

11 Granovetter.Economic Action and Social Structure: The Problem of Embeddedness〔J〕.American Journal of Sociology,1985, 91（3）：481-510.

12 李培林等主编.社会学与中国社会〔M〕.北京：社会科学文献出版社，2008：341.

如前所述，社会网络分析源于不同的学科传统，因此在其后来的发展历程中形成了不同的理论模式，在主要观点和研究取向上都表现出不同的兴趣和重心。尽管如此，不同的理论模式仍然有着很多的一致性。就此可以将他们归为两大研究取向：

一是整体网（whole network）研究，主要采用社会计量学的路径，代表人物是林顿·弗里曼（Linton Freeman）。整体网指的是在有边界的行动者群体中所有行动者之间的关系网络及其结构。因此，结构及其对行动者的影响是这一取向的着力点。为了有效衡量结构的特征，他们发展出了一系列的测量指标（如密度、强度、中心度等）和可视化图谱技术，使得抽象的社会结构可以以量化和图谱的形式得以表达。

二是个体网（ego-network）研究，主要采用社会学和人类学的路径，以格兰诺维特、科尔曼（Coleman）、林南（Lin Nan）、伯特（Burt）、边燕杰等学者为代表。他们感兴趣的是个体网，即由一个行动者为中心而构成的与其他行动者的关系网络。在他们看来，一个行动者的社会资本嵌入在其社会网络之中，而社会资本的存量表征着其社会地位，因此影响着他的行为和态度。行动者可以利用对社会网络的建构，调集、动用各种社会资源或社会资本以获得社会地位，展开有目的的社会行动。正是由于对行动者社会资本或社会资源的强调，这一取向往往被称为社会资本或社会资源理论。

二、社会网络分析的社会结构观

尽管社会网络分析学者常常采用不同的理论模式和认识路径，但是他们往往共同持有一个基础性假设，即社会网络中行动者之间的关系结构与个体行动者的位置对个体和系统在行为、感知和态度等方面都有着重要的影响。[13]因此，社会网络分析的重点不在于某个行动者，而是他们之间的关系，其目的在于通过行动者之间的"关系"来考察社会结构。

与社会学中的统一理论（或大型理论、宏大理论）相比，社会网络分析试图发展的是中层理论。中层理论是社会学家默顿最早提出来的，它"既非日常研究中广泛涉及的微观但必要的工作假设，也不是尽一切系统化努力而发展出来的用以解释所能观察到的社会行为、社会组织和社会变迁的一致性

13　Knoke,D.,Kuklinski,J.H..Network Analysis〔M〕.Beverly Hills,CA:Sage,1982：13.

的统一理论，而是指介于这两者之间的理论"。[14]他认为早期的社会学理论大都是统一理论，社会学家都试图建立自己的社会学体系，而忽视了最能有效产生统一理论的中层理论。这是因为，统一理论"对因果模型的指定不够清楚"，不具有波普尔（Popper）所谓的"可证伪性"，而中层理论"正是要在大型理论与因果模型之间建立一座桥，为一组概念找到具体可测量的被解释变量，也提供这组概念如何解释被解释变量的因果结构"。[15]因此，缺少了这一环，社会学理论很可能一直处于纷争之中，根本不可能发展出统一理论。默顿之后，中层理论受到了很多学者的推崇，并将之运用于自己的研究实践，后来取得了很多的理论认识和经验研究成果，其中就包括社会网络分析理论的贡献。

社会网络分析不但具有与众不同的研究立场和认识路径，其最为关键的不同在于提出了一套独特的社会结构观。巴利·威尔曼（Wellman）在《结构分析：从方法、隐喻到理论和实质》（*Structure Analysis: from Method and Metaphor to Theory and Substance*）一文中将之概括为以下五个方面：[16]

第一，结构化的社会关系是比个体的属性更为有力的分析单位。传统的结构社会学将社会结构视为行动者的个人属性（如性别、年龄、家庭背景）或社会属性（如社会经济地位）的总和。每种属性都被视为分析的独立单位，将个体归为具有相同属性的类型，成为具有相同属性的社会群体，而具有相同属性和范畴特征的个体势必会按照相同或类似的方式行事。这种理论逻辑忽视了个体之间的相互关系以及背后所隐藏的结构关系。社会网络分析则从行动者之间关系的性质、强度、规模等来认识其在社会结构中的位置、社会"嵌入性"及其行动模式，强调的是在社会网络中对社会资源的涉取和动员能力。因此，社会网络分析所透析的就不是简单的社会分层或分类，而是行动者嵌入其中的复杂权力等级结构。

第二，社会规范源于结构化社会关系中的位置。传统的结构社会学认为，具有类似属性的个体会以类似的方式对共同规范作出最初反应，因此，共同

14 〔美〕罗伯特·K.默顿.唐少杰等译.社会理论和社会结构〔M〕.南京：译林出版社，2006：59.

15 罗家德.社会网分析讲义〔M〕.北京：社会科学文献出版社，2005：3.

16 Edited by Barry Wellman and S.D.Berkowitz.Social Structure; A Network Approach〔M〕.Cambridge: Cambridge University Press, 1988：19-61.

意识、承诺、社会规范取向与价值体系在社会层面规定和限制着人与社会的关系。与此相反，社会网络分析理论首先关注的是个体和集体实际上如何行动的一致性或规律性，而非他们应该如何行动，试图用结构的限制或提供的机会而不是用假定的内驱力或规范来解释行动者的社会行动。他们并不否认社会规范的存在及其发挥的作用，只是认为在社会结构为人类行动提供限制和机会的条件下，社会规范的力量才可能发挥出其可能具有的作用。因此，在社会网络分析者看来，是社会结构及其位置系统产生了社会规范，而不是相反。

第三，社会网络的结构特征决定二人关系的表现样态与功能。很多社会学学者都把二人关系看作是最基本的分析单位，但并没有考虑社会网络中其他联系的性质和他们之间相互结合的方式。事实上，任何一种关系都是处于关系丛中的关系，受到关系丛的影响和限制。网络分析理论则认为，社会结构的特征极大地决定了二人关系发挥作用的环境，只有在社会结构的背景下才能深入地解释二人关系。由于个人是在社会结构创设的社会网络中选择关系对象的，如亲缘关系、工作场所、邻里等，因此，一旦发生相互间的关联，社会结构就会影响各种社会资源在特定关系中的配置和调用。即是说，二人关系只有在社会网络结构中才具有意义。

第四，世界是由网络而非群体构成。社会网络分析理论试图避免关于社会群体界限的假定，拒绝把有严格边界的社会群体视作社会系统的基本构成要件。在他们看来，当多种社会圈子的网络成员的交叉成员资格一起构成社会系统时，如果仅仅研究有边界的群体，就是对复杂社会结构的简单化处理，所得出的结论可能出现偏差。

第五，结构方法是对个体主义方法的补充甚或替代。尽管社会学的统计方法和技术日益向精密化发展，但传统的结构社会学依然将行动者个体看做是独立的分析单位，按照个体的内在属性来解释行动者个体的社会行动，使得行动者个体与社会或网络结构相分离。在社会网络分析理论的视野中，行动者之间及他们的行动是密切联系在一起的，他们之间的关系才是最基本的分析单位，只有通过行动者之间关系网络的研究才能获得对社会结构的认识。

由此可见，与传统结构社会学相比，社会网络分析的"关系"视角是认识社会分层及其结构化特征的更为有力的路径。

三、社会网络分析的主要术语

与其他社会学理论相比，社会网络分析有着比较独特的理论框架和分析视角。支撑这些框架和视角的是一系列关键的术语。本研究主要使用的术语有行动者、关系、社会网络、位置、密度和中心度等，具体如下：

行动者　如前所述，社会网络分析旨在考察个体或社会实体间的联系及其组成的结构。这些个体或社会实体均是网络中的行动者。行动者既可以是个体，也可以是家庭、企业（也包括其中的不同部门）、小组、学校甚或世界体系中的民族国家等社会实体。大多数社会网络主要关注的是同一类型的行动者，譬如求职网络中的求职者、学术互引网络中的学者以及虚拟空间社会网中的"网民"等；也有一些社会网络研究者感兴趣的是不同类型或不同层次的行动者，譬如有学者曾研究过社区成员与公共服务机构的联系[17]。本研究分别考察两种类型的行动者，一是学术机构，主要是物理学院（系），一是学者个人，主要是社会学学者。因此，他们各自都属于同一类型。

关系　任何行动者及其行动都不能脱离其他行动者而单独存在，行动者之间往往因各种原因或事件联系在一起，形成了二人或者多人间的关系。在社会网络分析理论中，研究者大都会关注关系的方向、强度和内容。在方向上，关系由发出者指向接受者，它可以是对称的（譬如情感关系、邻居关系），亦可以是单向的（譬如借贷关系）。前者一般被称为无向关系，后者则被称为有向关系；在强度上，关系可以根据联系的频率来测量，譬如讨论网中一个周期内的讨论次数，最简单的强度分类分为有和无两种，譬如有无借贷；在内容上，关系依其发生的原因分为不同的种类，譬如亲属关系、情感关系、交换关系、合作关系，还有本研究中的互聘关系和互引关系，等等。

社会网络　社会网络指的是因特定原因或事件联系在一起的行动者及其关系结构。因此，两个行动者之间的关系是构成社会网络的最小细胞。目前，社会网络分析已发展出多种表达社会网络的技术，例如图论、矩阵以及较为复杂的代数方法。其中，最有用的方法之一就是将其看成图（graph），由被线（lines）连接着的点（nodes）组成。[18]图是对社会网络的可视化表达，点即行

17　斯坦利・沃瑟曼，凯瑟琳・福斯特.陈禹，孙彩虹译.社会网络分析：方法与应用〔M〕. 北京：中国人民大学出版社，2012：12.

18　斯坦利・沃瑟曼，凯瑟琳・福斯特.陈禹，孙彩虹译.社会网络分析：方法与应用〔M〕. 北京：中国人民大学出版社，2012：53.

动者，而连接点的线即是行动者之间的关系。本研究除了用图表示社会网络外，还将使用矩阵来整理数据。

位置　社会网络由行动者构成，任何一个行动者在其社会网络中都处在某一个位置。无论处于哪一位置，都能由其所发生的关系及其性质反映出来。社会网络分析理论认为，社会结构限制着行动者的态度和行为，同时也为行动者提供着机会和资源。限制有多大，机会和资源有多少，主要取决于行动者的在社会网络中所处的位置。因此，位置还用来表示处于相同或类似位置的一群行动者，与其他行动者具有类似的关系模式，尽管他们可能并不相识。哈佛大学学者劳瑞和怀特（Francois Lorrain & Harrison C. White）将之称为"结构对等性"（structural equivalence）。他们认为，结构对等的行动者在网络中具有相同的角色，或者与其他位置的占据者保持着相同的联系，因此具有相同的经验或机会。[19]这一思想的提出意味着，结构对等的行动者及其关系可以被作为一个类型予以分析，而不需要对特定的行动者进行一一分析，理论的解释和预测功能得到了保证。

密度　密度（density）反映的是社会网中各个点即行动者之间关系的紧密程度，是实际拥有的连线数（即两个行动者有关联）与最多可能拥有的线数之比，取值在 0—1 之间。[20]一般而言，密度越大，表示行动者之间的关联越密切。如果取值为 0，表示行动者之间没有任何联系；如果取值为 1，则意味着每个行动者两两之间都发生的关联。不过，在实际的研究中，这两种极端的取值都不存在。

中心度　中心度（centrality）描述的是行动者在网络中的所处的位置、与其他行动者的关系强度以及对他人的影响程度，因此也是对行动者所拥有权力的一种测量指标。中心度可分为度数中心度（degree centrality）、中间中心度（between centrality）和接近中心性（closeness centrality），分别具有不同的含义。其中，度数中心度一般是指与一点直接相连的其他点的个数，如果相连的个数多，就表示这一点具有较高的度数中心度；中间中心度测量的是一个点在多大程度上位于其他点的"中间"，处于中间的点，即使点度中心

19 Francois Lorrain, Harrison C.White.Structural equivalence of individuals in social networks〔J〕.The Journal of Mathematical Sociology, 1971,1（1）：49-80.

20 〔英〕约翰·斯科特.刘军译.社会网络分析法〔M〕.重庆：重庆大学出版社，2007：59.

度不高，但它往往会起到"中介"的作用，因此它反映着这一点对资源控制的程度，彰显着其在社会网络中的地位；接近中心度则表示中心点与其他点之间的捷径"距离"（即最短距离）之和，如果一个点处于与其他的行动者的距离都很短，该点就是中心点。

第二节　研究设计

　　作为研究设计，这一节主要讨论本章研究的分析单位、研究内容以及数据的类型、收集和整理等问题。

一、分析单位与观察单位

　　袁方教授在其主编的《社会研究方法教程》一书中指出，分析单位"是研究者所要调查和描述的对象，它是研究的基本单位，研究的最终目的是将这些分析单位的基本特征汇集起来以描述由它们组成的较大集合体或解释某种社会现象"。[21]与之相比，艾尔·巴比（Earl Babbie）的定义略显简单，他认为，分析单位是用来考察和总结同类事物特征、解释其中差异的单位，回答的是"研究什么和研究谁"的问题，和所有社会研究有关。社会研究中有五种常见的分析单位，分别是个体（如一些特定群体中的学生、选民、汽车工人等）、群体（家庭、帮派种族等）、组织（如企业、大专院校、超市等）、社会互动（如打电话、跳舞、辩论、聊天室讨论等）、社会人为事实（如书本、绘画作品、婚姻、学生运动、国会听证等）。[22]尽管"个体"是最常见的分析单位，但分析单位在有的研究中是复杂的，不易确定的。因此，通过分析一些错误使用的案例，他指出了分析单位的确定对于一项学术研究的意义。

　　在社会网络分析理论之前，大多数社会科学研究的分析单位都是以"点"的形式存在的。巴比提到的个体、群体、组织以及很多社会人为事实等分析单位，都属于"点"，一个个不同"点"的属性特征在研究中或作为质性研究的案例，或作为量化研究的样本，从而构成了研究对象的总体。社会网络分析中的分析单位一般是"关系"，即行动者之间的关系，一个群体中所有行动

21　袁方主编.社会研究方法教程〔M〕.北京：北京大学出版社，1997：150-151.

22　〔美〕艾尔·巴比.邱泽奇译.社会研究方法（第十一版）〔M〕.北京：华夏出版社，2009：96-101.

者的关系构成了社会网络。由于社会网络分析认为世界是由关系构成的，因此以关系为分析单位进行研究所得出的研究结论，相对于以"点"来说，更接近于真实的社会结构。当然，不是说所有研究都应该将分析单位确定为关系，因为，任何研究，不管是对于研究方法的选择，还是分析单位的确立，都应该由研究问题和研究目的来确定。在这一意义上，二者对于研究来说，不是谁优谁劣的问题，而是适切性的问题。

艾尔·巴比还对分析单位与观察单位做出了明确的区分。他指出，尽管分析单位通常就是观察单位，但分析单位有时候并不能被直接"观察"。他举了一个例子对此进行了进一步的说明：假如要研究对死刑的不同态度是否会导致离婚，那么，可以分别问丈夫和妻子对死刑的看法，这样就可以区分他们在这个问题上的观点是否一致。此时，观察单位是每一位丈夫和妻子，但分析单位（试图研究的对象）是家庭。[23]因此，在具体的研究开始之前，明确区分分析单位和观察单位不但可以减少研究数据和资料收集过程中的盲目性，还能提高理论归纳的准确性，以便得出具有较强解释力的研究结论，对所要研究的集合体或社会现象做出合理的描述和解释。

作为本研究的第一项量化研究，本章试图考察的是作为行动者的院系之间因学者的学缘关系而构成的整体网。基于这一研究目的，笔者认为，分析单位是院系之间博士毕业生的互聘关系，以此来描述和归纳基于博士毕业生互聘关系的院系分层和权力的结构化特征，即研究内容；观察单位是每一位学者，即以学者为单位收集其毕业院校和任职院系信息，并在二者之间建立聘任关系。

二、数据的性质、收集与整理

与自然科学不同，社会科学中的研究数据或资料在不同的学术流派或学者眼中具有不同的表现形式。譬如量化研究者一般以操作化的定义为基础来收集数据，质性研究者则主要收集那些涉及文化、价值、意义的研究资料。斯科特（John Scott）曾经将社会科学中的数据分为三类（见表 3-1），即属性数据、观念数据和关系数据。[24]属性数据是一般量化研究中使用最多的类型，

---

23 〔美〕艾尔·巴比.邱泽奇译.社会研究方法（第十一版）〔M〕.北京：华夏出版社，2009：97.
24 〔英〕约翰·斯科特.刘军译.社会网络分析法〔M〕.重庆：重庆大学出版社，2007：3.

譬如性别、年龄、教育程度、职业等比较常见的变量；观念数据主要用于质性研究之中，主要是那些难以量化的带有文化、价值色彩的态度、观点和事件过程等；而关系数据则是"关于接触、联络、关联、群体依附和聚会等方面的数据，这类数据把一个行动者和另一个行动者联系在一起，因而不能还原为单个行动者本身的属性"[25]。关系数据的收集是社会网络分析的基础。

表 3-1　三类数据及其分析

研究类型	证据的来源		数据的类型		分析的类型
调查研究	问卷、访谈		属性数据		变量分析
民族志研究	观察		观念数据		类型学分析
文献研究	文本		关系数据		网络分析

资料来源：〔英〕约翰·斯科特.刘军译.社会网络分析法〔M〕.重庆：重庆大学出版社，2007：3.

　　本章研究的数据，主要是通过网络文本获得的关系数据，即基于博士毕业生互聘的院系间的关系所产生的数据。除此之外，院系的排名属于属性数据，在分析院系分层和权力的结构化特征时是一个非常重要的变量。

　　另外，有必要对选择物理学学科的原因做一说明。在西方科学社会学对科学进行社会与文化考察时，不管是进行量化研究还是质性研究，大多首选的学科是物理学。正如斯科特·朗和福克斯指出的，一个学科的范式如果不成熟，那么，在研究主题、研究方法等方面就难以产生较高的一致性，学术评价标准就会更模糊，关于学术事务的决策标准就更难以统一，因此在学术评价与决策时就是深入更多的社会性因素。[26]在学术界，物理学被公认为是最硬的和最具一致性的学科，因此如果在这个学科的学术评价、学术认可以及学术场域分层中都存在社会性因素，有政治逻辑的运行机制，那么其他学科如化学、生物学，更不用说所有的人文社会科学，都会具有相应的甚或更为强烈的政治逻辑。

　　研究中所采用的关系数据是通过两个阶段而获得的：

25　〔英〕约翰·斯科特.刘军译.社会网络分析法〔M〕.重庆：重庆大学出版社，2007：2.

26　J.Scott Long and Mary Frank Fox.Scientific Careers: Universalism and Particularism 〔J〕.Annual Review of Sociology, 1995,21:45-71.

第一阶段，根据《教育部学位中心 2007—2009 全国学科排名》[27] 中物理学学科的排名情况，采取分层抽样的方法在 55 所物理学院（系）中的第 1 至 19 名（含并列）20 所、第 21 至 38 名（含并列）23 所中分别抽取 6 个院系，在第 44 至 55 名（含并列）12 所中抽取 5 个院系，[28] 而后参照排名后 5 名院系的水平选取中国矿业大学（徐州）理学院的物理科学与技术系（当做第 55+名），这样共抽取了 18 个院系以分别代表三个层次的院系。

第二阶段，在 18 个院系官方网站中的师资队伍介绍或教师主页中依次搜集每位学者的具体信息，考虑到我国研究生教育的发展状况，1990 年以前具有博士学位的学者数量极其有限，因此本研究仅统计 1990 年以后在国内高校或中科院系统获得博士学位的学者信息，如遇信息不详的情况则以学术期刊和国家图书馆博士论文库为参照进行补充，仍无法获得具体信息者则予以剔除；另外，有 8 位学者分别在中国工程物理研究院、核工业西南物理研究院和中国原子能科学研究院获得博士学位，有 22 位学者在西安交通大学等 13 所未参与评估院校中获得博士学位，每所院校平均不到 2 位，考虑到数量较少也予以剔除。

通过以上两个阶段，本研究共获得有效样本 411 个（样本的构成情况见表 3-2）。基于社会网络分析的需要，接下来根据学者的任职院系和博士毕业院系建立 18X57（由于有 112 位学者在中科院系统获得博士学位，因此在 56 所高校的基础上增加了中科院系统）的有向矩阵（directed matrix）。矩阵的列表示学者的任职院系，行则表示学者的博士毕业院系，如果两所院系间未发生聘任关系，二者的关系用 0 表示；如果有 1 位，则用 1 表示；如果有多位，

---

27 教育部学位与研究生教育发展中心按照国务院学位委员会和教育部颁布的《授予博士、硕士学位和培养研究生的学科、专业目录》，对除军事学门类外的全部一级学科进行整体水平评估，并根据评估结果进行排名，又称"一级学科整体水平评估"。此项工作于 2002 年首次在全国开展，各高校和科研单位自愿申请参加，至 2009 年已完成两轮评估。物理学科在 2007 年完成评估，物理学科在全国高校中具有"博士一级"授权的单位共 29 个，本次参评 26 个；具有"博士点"授权的单位共 30 个，本次参评 17 个；还有 4 个具有"硕士一级"授权和 8 个具有"硕士点"授权的单位也参加了本次评估。参评高校共 55 所。参见中国学位与研究生教育信息网中的"学科排名"主页〔EB/OL〕.〔2011-06-10〕.http://www.cdgdc.edu.cn/xwyyjsjyxx/zlpj/xksppm/.

28 2007 年物理学科排名中出现了很多重复的名次，为了避免同一名次被拆分到不同组别的问题，本研究将分组界限上同一名次的院系归到靠前的一组。

则用相应的数字表示，以代表二者间的关系强度。

表 3-2 样本构成情况

院校	2007—2009 年学科排名	具有博士学位的学者数量	剔除的学者数量		有效样本	
			毕业于未参与评估的院校学者数量	毕业于其他研究机构的学者数量	小计	合计
清华大学	4	25	1	0	24	172
南开大学	8	31	2	0	29	
上海交通大学	9	45	0	0	45	
兰州大学	13	35	1	0	34	
同济大学	15	21	0	0	21	
华中科技大学	19	19	0	0	19	
华东师范大学	21	49	1	2	46	128
西北工业大学	25	18	1	0	17	
中国人民大学	29	15	0	0	15	
东南大学	30	20	0	0	20	
广西大学	34	24	2	2	20	
辽宁大学	38	17	6	1	10	
东北师范大学	44	28	1	0	27	111
南京航空航天大学	44	20	2	0	18	
西北师范大学	44	24	1	0	23	
四川师范大学	44	18	4	3	11	
北京化工大学	52	9	0	0	9	
中国矿业大学（徐州）	55+	23	0	0	23	
合计		441	22	8	411	411

第三节　物理学学者学缘的社会网络分析

社会网络分析不但可以数量化关系呈现具体院系背后的整体社会网结构及其在整体社会网中的位置，考察其行动如何受到整体社会网的影响，分析社会网中权力的结构化特征，还能够以可视化的图形来呈现院系的网络分布和等级结构。

一、博士毕业生互聘网络的描述性统计分析

为了对博士毕业生互聘网络的结构有一个初步的整体性了解，本研究分别统计了 18 所物理学院（系）学者在中科院系统、第 1 至 5 名、第 7 至 19 名、第 21 至 38 名以及第 44 至 55+名的数据，具体的分布情况详见表 3-3。

表 3-3 18　所物理学院（系）学者的博士学位授予院系层次分布表

任职院系	学者总数	中科院系统	1—5 名（6 所）	7—19 名（14 所）	21—38 名（23 所）	44—55、55+名（13 所）
清华大学	24	8	13（本 9）	3	0	0
南开大学	29	9	2	18（本 18）	0	0
上海交通大学	45	13	14	16（本 13）	2	0
兰州大学	34	1	2	31（本 30）	0	0
同济大学	21	4	4	12（本 10）	1	0
华中科技大学	19	3	4	12（本 12）	0	0
小计	172	38	39	92	3	0
百分比	41.85%	9.25%	9.49%	22.38%	0.70%	0.00%
华东师范大学	46	15	10	4	17（本 16）	0
西北工业大学	17	2	0	0	15（本 15）	0
中国人民大学	15	6	6	2	1	0
东南大学	20	4	13	1	2（本 2）	0
广西大学	20	8	1	2	8（本 1）	1
辽宁大学	10	5	3	1	1	0
小计	128	40	33	10	44	1

百分比	31.14%	9.73%	8.03%	2.43%	10.71%	0.24%
东北师范大学	27	13	2	11	0	1（本1）
南京航空航天大学	18	5	11	2	0	0
西北师范大学	23	5	4	5	0	9（本9）
四川师范大学	11	4	0	7	0	0
北京化工大学	9	4	0	2	1	2（本2）
中国矿业大学（徐州）	23	3	7	5	2	6（本6）
小计	111	34	24	32	3	18
百分比	27.01%	8.27%	5.84%	7.79%	0.70%	4.38%
总计	411	112	96	134	50	19
百分比	100.00%	27.25%	23.36%	32.60%	12.17%	4.62%

注：本表中的"本"字意为学者在本校获得博士学位，其后的数字表示在本校获得博士学位的学者数量。

从表3-3可以看出，18所物理学院（系）的学者绝大多数在中科院系统、第1至5名院系、第7至19名院系获得博士学位，比例分别为27.25%、23.36%和32.60%，其中后两项的比例之和高达55.96%；在第21至38名院系中获得博士学位的学者数量较少，为12.17%；而在最后13所院系获得博士学位的学者比例仅为4.62%。

如果从院系的三个层次来看聘任比例，这种分布差异则更为明显。其中，18所院系有27%的学者在中科院系统获得博士学位，且三个层次的比例相当；前6所院系的学者在中科院系统和第1至5名院系获得博士学位的数量几乎占到了其学者总数的一半，如果加上在第6至19名院系获得博士学位的学者数量，这一比例高达98.26%（其中在前20名获得博士学位的学者中有70%是在本校获得博士学位的），而第21名以后院系的博士毕业生进入到前6所院系比例仅为1.7%；中间6所院系57%的学者毕业于中科院系统和第1至5名院系，这比前6所的比例要高，而且有近三分之一的学者在第21至38名院系获得博士学位（其中，77%的学者在本校获得博士学位）；与前两组相似，后6所院系81%的学者在中科院系统和前20名院系获得博士学位，不同的是，仅有16%的学者在最后13所院系，且无一例外地在本校获得博士学位。

以上数据初步表明了博士毕业生互聘网络的分层结构，特别是不同层次院系间的等级结构。为了进一步认识这种等级结构，以下将运用社会网络分析的理论与方法进行进一步的测量。

二、博士毕业生互聘网络的密度

对于博士毕业生互聘网络而言，其密度越大，表示院系之间的联系就越紧密，学术信息传播的速度也就越快，而那些与其他院系联系较多的，特别是能较多地为其他院系输送博士毕业生的院系，则在社会网中占据着有利位置，拥有并能够动员较多的社会资本。

为了避免因"近亲繁殖"所产生的联系而加大整体网的密度，研究将因之发生的关系设置为 0（如无特殊说明，后同），经计算，整体社会网的密度为0.2602，如果不将中科院系统计入在内，密度则降低为0.1538，即 18 所物理学院（系）与其他 56 所院系间实际建立的关联即互聘网络约为可能拥有关联的15%。勒布肯曾对德国 60 所经济管理系进行过院系互聘网络的研究，他所测量的密度是 0.124。[29]但很难说本研究所测的物理学院（系）的密度高于德国经济管理系，这是因为密度因数据关系类型、图形规模的不同而不同，因此难以进行比较，而且一般而言，图形规模越大，其密度则会越小。[30]因此，如果建立56 所物理学院（系）全部学者的 56X56 矩阵，其密度应该小于目前的数值。

那么，密度对于社会网的意义究竟是什么？如何以它为基础对社会网的性质和结构进行解释？在此，本研究借鉴勒布肯的研究策略，将矩阵予以拆解，分别以前 6 所、中间 6 所和后 6 所为列，以第 1 至 5 名、第 7 至 19 名、第 21 至 38 名和第 44 至 55+名为行，同时将中科院系统排除在外，这样就组成 12 个矩阵，从而确保了各个矩阵的数据关系类型的一致性和规模的相似性，同时将发生聘任关系的设置为 1，不考虑关系强度，然后分别计算组内密度和组间密度，计算结果见表 3-4。

---

29 Heinke Roebken.Departmental Networks: An Empirical Analysis of Career Patterns among Junior Faculty in Germany〔J〕.Higher Education, 2007,54（1）：99-113.

30 〔英〕约翰·斯科特.刘军译.社会网络分析法〔M〕.重庆：重庆大学出版社，2007：61.

表 3-4 18　所物理学院（系）学者的博士毕业院系分组的组内与组间密度
（中科院系统除外）

任职院系	博士学位授予院系			
	1—5 名 （6 所）	7—19 名 （14 所）	21—38 名 （23 所）	44—55、55⁺名 （13 所）
前 6 名	0.5667	0.1071	0.0217	0.0000
中 6 名	0.5333	0.1310	0.0580	0.0128
后 6 名	0.2333	0.1667	0.0217	0.0000

　　从表 3-4 可以看出，三个层次的院系（前 6、中 6 和后 6）都与第 1 至 5
名建立了较大的关联，其中前两个层次与第 1 至 5 名组成的社会网密度分别
为 0.5667 和 0.5333，第三层次与之组成的社会网密度为 0.2333，这表明前两
个层次都与排名靠前的院系发生着较为密切的学术交往关系，而第三层次则
明显逊于前两个层次；随着学科名次的降低，三个层次的院系与排名靠后的
院系之间的社会网密度越来越小，即是说第 21 名以后特别是后 13 所院系的
博士毕业生几乎没有在前 20 名特别是尤其是前 5 名院系中谋以教职，较低的
社会网密度表明了这些排名靠后的院系在物理学界的边缘位置。对于学术界
这种类似于印度种姓制度的现象，布里斯（Val Burris）将之称为"学术等级
系统（academic caste system）"，那些高声望院系总是毫不例外地聘任与之声
望相近的院系的博士毕业生。[31]

三、博士毕业生互聘网络的中心度

　　在本研究中，博士毕业生互聘网络所构成的是有向矩阵，因此每个点即
物理学院（系）都分别拥有一个点入中心度（in-centrality）和点出中心度（out-
centrality），前者即一所物理学院（系）所聘任的其他物理学院（系）的博士
毕业生的数量，后者即一所物理学院（系）的博士毕业生到其他物理学院（系）
任教的数量。为了满足 UCINET 计算度数中心度的条件，本研究将中科院系
统也一并纳入矩阵之中，建立了 57X57 正方形矩阵，将未被抽为样本的其他
28 所院系和中科院系统与所有 57 所的聘任关系全部设定为 0。尽管 18X56 矩

---

31 Val Burris.The Academic Caste System: Prestige Hierarchies in PhD Exchange
Networks〔J〕.American Sociological Review, 2004,69（2）:239-264.

阵与真实的 57X57 矩阵多计算出的中心度不一致，但这样处理不会改变 18 所院系中心度的顺序。从表 4 可以看出，点出中心度最低为 0，最高为 112，在高校系统中则为 35，具有很大的差异，且越是排名靠前的院系越具有较高的点出中心度，如果将 56 所院系的学者信息全部统计在内，这一差异可能会更大，这说明排名靠前的院系在为其他院系培养学者的网络中处于中心位置；而点入中心度在不同层次院系间没有明显的趋势，但排名居中的院系在点入中心度上稍高，这极有可能是由于排名靠前的院系聘任了相当一部分本院系的博士毕业生，排名居中的院系也极力引进了不少排名靠前院系的博士毕业生，而排名靠后的院系则大多不具有博士授权点，因此聘任的可能是那些已经被排名靠前和居中的院系筛选后的毕业生，这也说明了这些院系往往处于网络的边缘。[32]

由于度数中心度是与一点直接相连的其他点的个数，它反映的是这个点在局部网络中的位置，因此难以判断其在整体社会网中的位置。对此，美国学者伯纳西茨（Bonacich）曾指出，对某点的中心度的测量不能脱离所有其他与之相关的点的中心度；与某些中心点相连的点的中心度的提高同时会提高与自己相连的其他点的中心度。因此，他认为一点的中心度等于该点相关联的线的取值，并且根据这些点的中心度进行加权，[33]这样得出的中心度亦被称为特征向量中心度（Eigenvector Centrality）。但是，特征向量中心度不考虑点与点在关联上的方向，这往往就夸大了一个点实际的中心度。布里斯注意到，特征向量中心度恰恰与布迪厄对社会资本的定义一致，因此将之看做是一个行动者的社会资本存量。[34]这意味着，18 所院系的特征向量中心度同时也就是他们各自所拥有的社会资本，具体数值见表 3-5。包括中科院系统在内的特

---

32 本研究仅统计了 18 所院系学者在 57 所院系（含中科院系统）获得博士学位及其为 18 所院系输送的博士毕业生的数据，因此只有本研究所统计的 18 所院系具有点入中心度，而在点出中心度上，57 所院系都具有相应的数值而能进行比较，为了呈现不同层次院系间的差异，本研究在表 4 中也列出了排名靠前的中科院系统和南京大学、中国科学技术大学等 6 所物理学院系的点出中心度。

33 转引自〔英〕约翰·斯科特.刘军译.社会网络分析法〔M〕.重庆：重庆大学出版社，2007：73.

34 布迪厄认为，社会资本的存量是一个行动者所拥有的社会关系及其与之关联的其他行动者所拥有的社会（与其他类型的）资本的函数。参见 Val Burris.The Academic Caste System: Prestige Hierarchies in PhD Exchange Networks〔J〕.American Sociological Review, 2004,69（2）:239-264.

征向量中心度最小值为 5.232, 最大值为 91.195, 均值为 19.99, 标准差为 24.82, 这表明各院系在社会资本存量上具有很大的离散度。

布里斯通过社会资本、学术产出与院系声誉的回归分析表明，院系的社会资本差异解释了 84% 的院系声誉差异，而由学术产出所解释的则非常少。由此可见，院系声望较大程度地受到院系在学科的社会交换网络中位置的影响。[35]不过，如果布里斯的结论解释本研究的数据时，需要考虑到以下三个方面的问题：

一是"近亲繁殖"在我国高校尤其是排名靠前院系的比例较大，而将"近亲繁殖"所发生的关联设置为 0, 一定程度上降低了这些院系社会资本的实际存量；

二是抽样问题，如果能够获得 57 所院系所有在 1990 年以后获得博士学位的学者信息，那么这里的特征向量中心度的数值就会发生变化，也不排除某些院系的急剧上升或某些院系的急剧下降，但所抽取的 18 所院系与其他 57 所院系所产生的聘任网络在一定程度上反映出了不同层次院系的社会资本存量的整体差异，即排名靠前的院系拥有较多的社会资本，而排名靠后的院系则相对较少；

三是聘任中的方向问题，由于特征向量中心度的计算不考虑关联的方向，因此只要两所院系有聘任关系，则表示二者对于彼此而言都是一种社会资本来源，无疑在一定程度上提高了排名靠后的院系的社会资本，但不可否认的是，对于一所院系的声望和发展而言，在排名靠前的院系中聘任一位博士毕业生无疑也是与之建立了学术交流的社会关系，获得了一种重要的社会资本。如果认可了这一点，我们也就不会奇怪，个别排名靠后院系较高的特征向量中心度。事实上，这些院系较高的特征向量中心度意味着，他们引进了较多源自排名靠前院系培养的博士毕业生，而当这些博士毕业生在学术上的积累达到一定程度的时候，就会释放出整体的优势。

---

35 Val Burris.The Academic Caste System: Prestige Hierarchies in PhD Exchange Networks〔J〕.American Sociological Review, 2004,69（2）:239-264.

表3-5 物理学院（系）互聘网络的点出中心度、点入中心度与特征向量中心度

院　校	排　名	点出中心度	点入中心度	特征向量中心度
中科院系统	-	112	-	91.195
南京大学	1	35	-	-
中国科学技术大学	2	15	-	-
复旦大学	6	15	-	-
北京大学	3	12	-	-
兰州大学	13	11	4	11.077
吉林大学	11	10	-	-
四川大学	12	6	-	-
上海交通大学	9	6	19	45.123
南开大学	8	5	11	28.235
清华大学	4	5	15	27.037
同济大学	16	2	11	15.763
东南大学	30	2	18	19.170
华东师范大学	21	1	30	47.958
华中科技大学	20	1	7	10.933
中国人民大学	29	0	15	18.861
广西大学	34	0	19	25.078
辽宁大学	38	0	10	14.597
东北师范大学	44	0	26	39.089
南京航空航天大学	45	0	18	19.919
西北师范大学	46	0	14	17.035
四川师范大学	47	0	11	10.820
北京化工大学	52	0	7	11.816
西北工业大学	25	0	2	5.232
中国矿业大学（徐州）	56	0	17	12.707

四、博士毕业生互聘网络的可视化图形

以上我们通过密度和中心度等指标分析了院系博士毕业生互聘网络的凝聚程度、分层结构等基本特征，对院系互聘网络有了数量化的认识。以下试图通过 UCINET 中的可视化工具 NetDraw 绘制网络的可视化图形（见图 3-1），以进步一表现院系互聘网络的分布结构和分层特征。绘图所依据的是 18X57 矩阵，并将因近亲繁殖发生的关联设置为 0。在图 3-1 中，两所院系的博士毕业生互聘关系由箭头表示，从一所院系出发指向另一所院系的箭头表示前者聘任了后者的一名博士毕业生。因此，由一所院系发出的箭头总数即是其聘任的博士毕业生数量，而指向一所院系的箭头总数即是其为其他院系培养的博士毕业生数量。在 57 所院系中，中山大学、武汉大学等 17 所院系在矩阵中没有发生聘任关系，所以绘图程序自动将之作为"孤立者"排除在可视化图形之外。

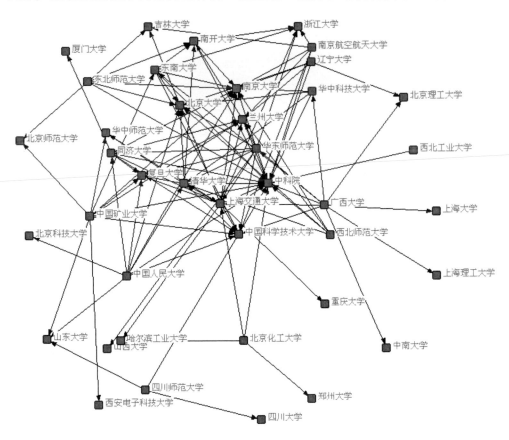

图 3-1 物理学院（系）博士毕业生互聘网络图

与前面的结论一致，图3-1也显示，为其他院系培养了较多博士毕业生的院系都位于图形的中心区域，从排名靠前的院系聘任了较多博士毕业生的院系与中心区域的院系比较接近，而那些为其他院系培养了较少博士毕业生的院系或仅是单方面从其他院系聘任较少博士毕业生的院系则位于图形的边缘区域。18所院系与其他29所院系的聘任网络在一定程度上反映了物理学科整体的院系分层结构，即便将所有57所院系的互聘关系全部纳入到图形之中，除了个别院系的位置可能有所变化之外，由物理学院（系）构成的学术场域的分层结构在整体上也难以发生较大的变化。

第四节　院系的分层与权力的结构化特征

本章借助社会网络分析的理论与方法，通过基于物理学学者学缘关系形成的博士毕业生互聘网络的考察，呈现了学术场域中的院系分层问题，以下将使用相关的理论对院系分层及其中权力的结构化特征予以进一步的分析和解释。

一、院系分层的形成与再生产

任何一个社会都存在着社会分层。社会分层既是社会流动的结果，亦是后续社会流动的基础。在美国社会学家索罗金（Pitirim A. Sorokin）看来，社会流动是"个人或社会对象或价值——被人类活动创造的或修改的任何变化——从一个社会位置到另一个位置的任何转变"。[36]社会流动一般可分为水平流动（horizontal）和垂直流动（vertical）。由于在前者中，个人或社会对象的社会阶层并未发生变化，因此一般较少有研究者予以关注；在后者中，个人或社会对象发生了社会阶层的向上或向下的变化，是社会阶层和结构维持或演变的关键，因此受到了学者们更多的关注和研究。

社会流动是形成社会分层的关键。因此，一个社会的分层结构是否合理主要取决于是否存在着一定程度的社会流动渠道。社会流动渠道是调控个体或群体在社会中升降的制度系统，它总是将社会流动调控在两个极端中间：一端是完全缺乏社会流动，另一端是有"足够"的社会流动。[37]印度种姓制度

36　〔美〕戴维·格伦斯基编.王俊等译.社会分层（第2版）〔M〕.北京：华夏出版社，2005：264.

37　唐世平.社会流动、地位市场与经济增长〔J〕.中国社会科学，2006（3）：85-97.

是前者的代表，几乎是一种严格封闭的社会。至于后者，在当今世界几乎不存在，因为过于开放的社会流动"可能会导致高度的社会和心灵创伤……使个人陷入那些期待彼此相冲突的团体之中"[38]。大多数国家当前的社会流动大都处于两个极端之间。

马克斯·韦伯曾这样描述一个社会的开放与封闭：

> 一种社会关系（不管是共同体化或社会化）对外都应该称之为'开放的'，如果而且只要参加以其意向内容为取向的、相互的、使社会关系持续的社会行为，根据其适用的制度，不会为任何在实际上能够并乐于阻拦的人所禁止。相反则是对外'封闭的'，只要其意向内容或适用的制度排除或限制参加或者与某些条件相联系起来，在这种程度上就是'封闭的'。开放性和封闭性可以是受传统、或者情绪、或者价值合乎理性或者目的合乎理性所制约。[39]

本章的数据显示，所有的院系在中科院系统和排名靠前的院系中聘任了绝大多数的博士毕业生，院系间的交往密度也随着各自排名的降低而降低，排名靠前的院系与排名靠后的院系在输送（点出度）和引进（点入度）博士毕业生的过程中存在着较大程度的不对等性，使得院系（尤其是不同层次院系）间的博士毕业生互聘渠道趋于封闭，在很大程度上表现出院系分层的结构化。

社会分层的研究都内在地包含了一个基本假设：客观的分层结构构成了社会关系的基本分界线和不同社会群体的利益基础，构成了社会集体行动的基本组织原则和社会矛盾及冲突的基础，也就是说，构成了集体行动的基础。[40]因此，对于院系分层的认识不能仅仅停留在其分层结构层面，还要对其结构化（或阶层化）的过程予以经验和理论上的解释。

事实上，院系间的这种分层结构一方面是学术场域长期发展、不断演化的结果，很大程度上受到国家学术政策、院校学术战略规划以及学者自身的学术能力等多方面因素的影响；不过，另一方面，博士毕业生互聘网络无疑

38　〔美〕戴维·格伦斯基编.王俊等译.社会分层（第 2 版）〔M〕.北京：华夏出版社，2005：20.

39　〔德〕马克斯·韦伯.林荣远译.经济与社会（上）〔M〕.北京：商务印书馆，1997：72.

40　刘精明，李路路.阶层化：居住空间、生活方式、社会交往与阶层认同〔J〕.社会学研究，2005（3）：52-81.

在很大程度上作为一种社会性因素，不断将那些可能最具学术发展潜力的博士毕业生吸引进来，从而以其日后的学术成果和学术声誉形塑、强化并不断地再生产着院系之间的分层结构。布迪厄在对其家乡——贝亚恩（法国西南部的旧省名）农村的单身与婚姻现象（如本章开头所引用的描述）时，表达了如下观点：

> 在昔日社会，婚姻交换的逻辑完全取决于社会等级，而社会等级本身反映了地产的分配；此外，婚姻交换逻辑的社会功能是维护这种等级，并由此维护最重要的财产——家产。高就低的婚姻不仅仅对祖先的遗产来说是个威胁，而且尤其损害和连累一个姓氏和一个家族，进而威胁到整个社会秩序。[41]

据此，我们亦可以说，博士毕业生互聘的逻辑完全取决于院系间的等级结构，排名靠前的院系通过聘任他们培养出的最具潜力的博士毕业生，以不断维护这种等级结构，否则将会对他们在学术场域中学术声誉是一种极大的威胁。也正是看到这一点，布里斯敏锐地指出，这种互聘网络就如同印度种姓制度中特权阶层间的通婚——作为一种重要的社会交换形式，可以使特权群体的成员彼此承认，建立互惠关系，确认群体的边界——在学术系统中发挥着类似的功能。[42]

这也恰恰印证了韦伯的那句话，即"利用一部分（现实的或潜在的）参与竞争者的外在上可以确定的、有别于他人的特征作为机缘：种族、语言、宗教、籍贯和社会出身、家世、住址等等，力争排除他人参与竞争。"[43]排名靠前的院系尽管也或明或暗地开展着一系列的竞争行为，试图保持或提高其在学术场域中的学术声誉。但是，当他们面对排名靠后的院系及其博士毕业生时，"却变成一个'有关利益者的共同体'，产生某种方式的、具有合理制度的社会化的倾向也会日益增长，"其目的总是在某种程度上对局外人"封锁"有关的机会。[44]在学术场域中，排名靠前的院系往往是享有特权的精英

---

41 〔法〕皮埃尔·布迪厄.姜志辉译.单身者舞会〔M〕.上海：上海译文出版社，2009：42.

42 Val Burris.The Academic Caste System: Prestige Hierarchies in PhD Exchange Networks〔J〕.American Sociological Review, 2004,69（2）:239-264.

43 〔德〕马克斯·韦伯.林荣远译.经济与社会（上）〔M〕.北京：商务印书馆，1997：380.

44 〔德〕马克斯·韦伯.林荣远译.经济与社会（上）〔M〕.北京：商务印书馆，1997：379-380.

学术机构，他们设置很多限制条件，包括可以看到的，譬如博士毕业院校一般必须为"985工程"或"211工程"院校，甚或追根到本科阶段的毕业院校；还有更多是看不见的然而并非是不重要的，譬如精英院系心知肚明但未出现在招聘计划中上的标准，譬如对不同层次院校博士毕业生学术能力的假定，譬如，由于那些来自精英院系的博士毕业生将会与其学科领域最杰出的学者发生联系，那么他们就可能比那些来自较低声望博士培养机构的学生具有优势；[45]亦譬如，精英院系由于拥有更多杰出的学者，且有着频繁的学术交流与合作，因此共享着一定的学术文化或学术品位，而这是普通院校难以具有的。精英院系通过设置限制条件，使自己的或者与其声望相近的院系的博士毕业生得以进入，而其他院系及其博士毕业生（不管其当时的学术积累如何、日后的学术潜力如何）则成为了被歧视的机构或群体。对于后者而言，这毋宁是一种"制度性障碍"[46]。这些制度性障碍使得精英院系巧妙地将院系间的学术交往与合作局限在一定的边界之内，同时亦将排名靠后的院系或博士毕业生置于学术交往圈的边缘，甚或将之排除在他们的边界之外。这样一来，由院系构成的学术场域就越来越趋于一种较为封闭的状态，且将因后续的博士毕业生互聘机制使得这样的分层不断的得以复制和再生产，权力的结构化和制度化程度越来越高。

二、院系社会资本的获得与权力转化

前文数据表明，社会资本存量在院系间表现出较大的离散度，具有明显的差异。社会网络分析理论认为，社会资本源于行动者的社会网络。关于这一概念，社会学界有两种不同的含义，一种是直接将社会关系网络特征当成社会资本，认为社会网络的各种不同特性直接对行动者的行为产生影响；另一种则认为，社会资本是嵌入在社会网络中、可由行为者获得并且借用的社会资源。[47]从两种含义的界定重点来看，一个强调的是社会网络结构的特性，一个强调的是社会网络结构中的社会资源。与其说二者是不同的，不如说是相互联系的。因为，前者是社会资本的所产生的空间，后者是社会资本的具

---

45 Lowell L.Hargens and Warren O.Hagstrom.Sponsored and Contest Mobility of American Academic Scientists.Sociology of Education, 1967,40（1）:24-38.

46 唐世平.社会流动、地位市场与经济增长〔J〕.中国社会科学，2006（3）：85-97.

47 邹宇春，敖丹.自雇者与受雇者的社会资本差异研究〔J〕.社会学研究，2011（5）：198-224.

体内容。这就提醒我们，对于社会资本的分析必须同时考虑社会网络结构特征及其中所嵌入的社会资源。

　　一般而言，行动者在社会网络结构中占有的位置越有利，产生的社会交往关系越多，交往的层次越广泛，其社会"嵌入性"就越深，所占有或能够动员的社会资本就越多，在社会网络中所拥有的权力就越大。在当前的"大科学"时代，学术信息的传播、学术资助的获得以及科研仪器设备的更新对于学术机构和学者而言，与以往任何时代相比，都发挥着更为关键的作用。由于有价值和稀缺性的资源是通过网络途径传递（信息）、借用（资源）甚至转移（权力）的，因此，那些占据有利位置的行动者可以通过控制甚至阻断资源的流程来获取对其他行动者的支配权。[48] 如前所述，作为院系间的一种学术交流与合作形式，排名靠前的院系之间更为频繁地互聘各自的博士毕业生，形成了非常坚固的博士生互聘网络，并在其中占据着"中心"的位置，可以占有、动员或调用更多的社会资源，而这一相对封闭的网络中其他院系较高的社会资本存量又提高着每一个院系的社会资本存量。可见，社会资本具有再生性，拥有的越多，就表示以后更有机会获得更多的社会资本。与此同时，那些本来就拥有较少存量的院系，很可能面临的是社会资本存量与前者的差距越来越大的局面。

　　学术场域中一个明显的现象是，排名靠前的院系往往垄断着具有较高声望的学术期刊，在专业学会中占有关键的职位，而频繁地出席学术会议并作学术演讲的、在各种学术奖项和学术资助项目评审中担任评委的学者也往往出自于这些院系。对于院系的发展而言，这些都是不同形式的社会资本，且可以在他们的圈子里面相互转移和借用，这对于加快他们的学科发展进程来说，无疑是一种重要的社会力量。进一步说，社会网络的有利位置既是他们社会资本存量的反映，也是在学术场域中拥有支配权力的指标。凭借着对学科的支配权，对稀缺性学术资源的占有和调用，这些院系不但通过学术期刊、学术会议等渠道设定着本学科的学术研究前沿，主导着本学科的学术取向甚或风尚，同时也通过博士毕业生互聘网络使这些前沿、取向或风尚不断地由毕业生带到排名靠后的院系，发生着学术信息从中心向边缘的扩散。这一过程又进一步强化了他们的学科支配权。在权力结构的中下层，那些排名靠后

48　李林艳.社会空间的另一种想象——社会网络分析的结构视野〔J〕.社会学研究,2004
　　（3）：64-75.

的院系虽也从排名靠前的院系聘任博士毕业生，但是由于互聘网络的不对称性，使他们的社会网络结构显示出来的特性并不具有优势，因此在社会资源的占用、动员和借用上存在着很多难以避免的劣势。

三、院系声誉的功能与泛化

不管是与学者个人相比，还是与院校相比，作为学科基层组织单位的院系，在学术场域中都充当着独特的角色。它，对内将一群志趣相同的学者组织在一起，是学者的学术关系隶属单位；对外，是学者在学术交流与合作中的一种身份标识，反映着学者可能的学术声誉，因此可以作为一种粗略而有效的信号供学术同行识别。不同的院系在一个学科网络中往往占据着不同的位置，对于它的"局外人"而言，最易识别的是它在学术场域中的学术声誉，而不是具体的学术业绩，当然后者是前者的一个重要基础。因此，院系声誉在学术场域中充当着"通货"的职能。

韦克利姆（Weakliem）等学者在新近的一项研究中指出，院系声誉的作用主要表现在三个层面：从个体层面而言，院系声誉影响着机会的获得，譬如在一个著名的院系获得第一份工作，学者就能有更多的资源和时间从事研究，并与那些能够提供各种帮助的同事进行交往；从组织层面而言，即使不考虑声誉所能带来的物质性的优势，它也有利于院系吸引最为杰出的学生和学者；从社会层面而言，学者的集中和分散程度可能会影响到智识发展的方向和速度。[49]

博士毕业生互聘网络的分层结构业已表明，学者的博士毕业院系和任职院系这两个因素在学者学术生涯中发挥着重要的作用。就前者而言，博士毕业生互聘网络显示，排名靠前的院系几乎从不聘任毕业于排名靠后院系的博士毕业生。可以说，这些博士毕业生几乎被精英学术机构和学者所忽视。以往的研究也认为，学术系统中最显著的不公平出现于声望系统之中，学生最初选择的研究生院为其学术生涯留下了难以磨灭的印记，以至于那些毕业于二流大学的学者即使在日后作出了杰出的学术成果，也得不到正常的学术认可。[50]就后者而言，博士毕业生互聘网络的中心——边缘等级结构将不同的院

49 David L.Weakliem, Gordon Gauchat, Bradley R.E.Wright.Sociological Stratification: Change and Continuity in the Distribution of Departmental Prestige,1965–2007〔EB/OL〕.〔2011-06-10〕.http://www.springerlink.com/content/3068458110j030ut/.
50 Theodore Caplow, Reece J.McGee.The Academic Marketplace（2rd.edition）〔M〕.New

系置于不同的位置，那些占据有利位置的院系形成了边界分明的学术交流和合作网络以及对学术前沿信息、学术资助等稀缺学术资源的控制，为他们的学者创造了良好的学术研究环境和充足的研究资源，使他们在获得同行认可的过程中附加了一定的社会资本。威尔逊（Logan Wilson）也指出，一个幸运的隶属关系对于学者而言是一种双重资产：第一，它通过表明学者已经"到达"一定的标准从而给予其以声誉（如果地位是不变的）；第二，它为学者提供的有利位置能进一步提升学者的声誉。[51]不过，这种双重资产的获得不仅仅是精神性的，尤其是在当前的大科学时代，这种声誉的优势还需往往与学术资源和物质支持的分配联系在一起。正如哈克特（Hackett）所指出的，声誉，存在于各个研究领域研究人员的集体性意见之中，是一种被整合到可信度循环周期中的重要科学资本。但是这种资本往往是以物质上的优势为重要的补充。这些物质性优势是由研究技术、探究空间以及运转良好的团队所提供。[52]

　　当然，由于学术认可的过程本身就是一个基于学术业绩的社会过程，尤其是在人文社会科学中，所以院系声誉在这两方面所产生的影响是学术场域固有的政治逻辑。然而，学术认可如果过多的依赖于院系声誉，导致其功能的泛化，那将给学术研究和学术场域的发展带来巨大的隐患，因为这将使学术评价彻底失去相对客观、公平的标准，毕业或任职于排名靠后院系的大多数学者，即使任凭其后天的努力也难以受到本来应有的学术认可，便会对学术研究失去信心，与"以学术为业"的"天职"（calling）渐行渐远，最后导致学术场域失去公信力，学术研究本身亦将成为少数特权院系与学者的权力游戏。

　　这一结论也进一步印证了社会学关于社会分层中社会不平等的研究，即权力和地位的分配是由出身限定的。[53]当然，在本研究中，"出身"具体表现为毕业院系和任职院系。这一点在我国这样一个重人情、讲关系的社会中尤其值得警惕。因为，排名靠前院系里的学术精英本身形成了一个较为封闭的

　　Brunswick and London: Transaction Publishers,2001:225.

51　Logan Wilson.The Academic Man: A Study in the Sociology of a Profession (2rd.edition)〔M〕.New Brunswick and London: Transaction Publishers,1995:171.

52　Edward J.Hackett.Essential Tensions: Identity, Control, and Risk in Research〔J〕.Social Studies of Science, 2005, 35（5）:787-826.

53　Ugo Pagano. Nationalism, Development, and Integration: The Political Economy of Ernest Gellner〔J〕.Cambridge Journal of Economics, 2003, 27:640-641.

学术交往圈子，很容易由于"老友关系"使得这种本身就充满社会烙印的学术认可过程由享有支配权力的学术精英所主宰，为特殊主义原则和政治逻辑的运行提供更大的空间。

综上所述，基于物理学学者学缘关系的社会网络分析为我们呈现了学术场域中的院系分层结构，展现了占据不同位置的院系之间的社会资本存量差异以及由此而产生的权力分化等级结构，进一步揭示了院系声誉在学术认可中附加的社会资本及其影响。在本章即将结束之前，有两点需要进一步的说明。一是"近亲繁殖"的比例在我国高校尤其是高水平大学较高，抽样中的前 6 所院系的比例高达 53%，有的院系甚至聘任的基本上是本校的博士毕业生。由于"近亲繁殖"看似是一个微观层面的问题，但它实际上对于整个学术体制运行的意义非同寻常。[54]因此颇值得引起高校和院系的警惕；二是本章研究所揭示出的院系分层结构及其原因也提醒排名靠后的院系不断扩大院系交往和合作网络，从而优化社会资本结构，建立合理的、有潜力的学者队伍结构，那样方能在学科建设和发展中释放出整体优势。

---

54 阎光才.高校学术"近亲繁殖"及其效应的分析和探讨〔J〕.复旦教育论坛，2009
   (4)：31-38.

第四章 学术场域的分层与权力结构（Ⅱ）——基于《社会学研究》发文作者互引关系的分析

> 科学与其他专门职业的区别之处在于，它通过一个比其他专业领域更高程度地对工作进行控制的、精致而规范的交流系统，而持续地监控着工作结果，它也把相互间争夺影响力和意义——这种影响力和意义以工作结果的重要性为基础——的高度竞争制度化了。现代成熟科学中的实践者在其工作中定向于同行及其意见的程度，要远比其他专业性从业者高得多。[1]
>
> ——理查德·惠特利

在考察了院系的分层与权力结构之后，本章进入对学术场域最基本的组成要素——学者——的研究。研究的主题依然是学术场域的分层与权力结构，主要是基于学者的一种学术交流网络——学术互引关系的研究。总体上来说，上一章呈现的是中观的分层现象，这一章则是更为微观的分层现象。

学术知识的生产与传播离不开学术交流。托尼·比彻与特罗勒尔曾指出，

1　〔英〕理查德·惠特利.赵万里等译.科学的智力组织和社会组织〔M〕.北京：北京大学出版社，2011：43.

知识的发展和学术声誉的形成都必然依赖于学术交流。[2]就其形式而言，学术交流主要包括基于学术期刊（出版）系统、专业学会系统的正式交流和基于学者个人学术关系的非正式交流。非正式的日常口头或邮件交流尽管在学术信息交流上具有方便、快捷的优势，但由于其转瞬即逝、未能留下书面形式的成果，在学术知识发展尤其是学术认可过程中所发挥的作用则相对微弱。

　　作为学术交流的一个主要载体，学术期刊系统在现代学术系统中发挥着至关重要的作用。这主要表现在两个层面：第一是知识传播层面，学者的学术成果往往首先付诸学术期刊（出版社）予以公开发表（出版），留下正式的书面表达，才能具有默顿所谓的"公有性"。在这一意义上，斯科特·朗与福克斯指出，论文发表或著作出版是学术活动作为一个社会过程的中心。正是在这一过程中，研究成果得以交流、交换和验证。[3]第二是学科建制层面，学术期刊对于学科而言不仅仅是一个交流平台，而且在现代学术研究中，对研究目标和工作规程的控制，是通过坚持惟有发表于学术团体的期刊上的贡献才构成科学知识而得以实现的。[4]对此，克莱门斯等（Elisabeth Clemens, et al.）学者亦认为，学术成果见诸于学术期刊，潜在地预示着学科在控制其成员中的能力，这是学术工作组织过程中的重要组成部分。[5]从学术创新的角度而言，任何一项知识创新都来自对以前的学术成果的综合，论文中的参考书目便是它所利用的文化资本的粗略显示。[6]

　　学术职业具有一个重要的特征，即学者的学术贡献在其同行以及由他们所组成的学术共同体中的可见度（visiblity）。可见度一般有两种表征形式，其一是在学术期刊尤其是杰出学术期刊发表学术论文，这是学者学术生活的基础；其二，在学术期刊上发表的学术论文得到同行的引用。在科学知识社会学学者

2　〔英〕托尼·比彻，保罗·特罗勒尔.唐跃勤等译.学术部落及其领地〔M〕.北京：北京大学出版社，2008：110.

3　J.Scott Long and Mary Frank Fox.Scientific Careers: Universalism and Particularism.Annual Review of Sociology, 1995,21:45-71.

4　〔英〕理查德·惠特利.赵万里等译.科学的智力组织和社会组织〔M〕.北京：北京大学出版社，2011：44.

5　Elisabeth S.Clemens, Walter W.Powell, Kris McIlwaine, et al. Careers in Print: Books, Journals, and Scholarly Reputations〔J〕.The American Journal of Sociology, 1995，101（2）:433-494.

6　〔美〕R·科林斯.吴琼等译.哲学的社会学——一种全球的学术变迁理论（上）〔M〕.北京：新华出版社，2004：20.

拉图尔看来，一项学术贡献只有被同行认可后方具有合法性，而引用是最常见的一种形式。[7]诚然，在学术引用中，有些引用是正向的，有的则是对被引作者及其观点的批判。对此，美国学者鲍迪（Stephane Baldi）指出，"曾被引用总比从未被引用要好，因为即便是负向引用，作为一种信任形式，亦能使学术贡献得以合法化"。[8]美国学者布迪与劳伦（Budd & Lauren）则进一步指出，即使学术引用与被引文献的质量（无论其如何界定）没有关系，然而，那些被引文献的作者依然对于形塑一个研究领域的话语实践发挥着影响。[9]

或许是出于这些方面的考虑，被引率在现代学术系统中被认为是衡量学者及其学术贡献影响力的一项重要指标，越来越多的学术奖项都将被引率作为一项关键的指标或参考，高校在引进人才、职称晋升等事务上亦愈来愈倚重于被引率的高低。近年来，世界著名的学术期刊《科学》（Science）每年都推出高被引论文与高被引学术机构排名。在2014年，全球领先的专业信息服务提供商汤森路透（Thomson Reuters）基于其全球领先的Web of Science科研平台和InCites研究分析平台，分析了过去11年中的引文数据（2002-2012和2012-2013），从而精选出在21个大学科领域内发表了大量的高被引论文的科研学者们（高被引科学家），引起了世界各国高校的关注。

与此同时，对于以被引率为基础的众多学术评价与管理政策，学者们对其合理性的质疑之声越来越大。本研究无意于论证被引率导向的政策合理性问题，而是在上一章院系的分层与权力结构背景下，从学理的层面进一步考察第二个层面的学术交流——学者间的学术互引关系，试图继续沿用社会网络分析的理论与方法对《社会学研究》中的学术互引现象进行量化研究，从更为微观的视角回答学术场域的分层与权力结构问题，即学者间的互引关系背后隐藏着一种什么样的学术交流网络结构及其对学者学术行为和学术系统所产生的影响。

7　Baldi, S. Normative Versus Social Constructivist Processes in the Allocation of Citations: A Network-Analytic Model〔J〕.American Sociological Review, 1989,63（6）:829-846.

8　Baldi, S.Normative Versus Social Constructivist Processes in the Allocation of Citations: A Network-Analytic Model〔J〕.American Sociological Review, 1989,63（6）:829-846.

9　Budd, M, Lauren, M.Higher Education Literature Revisited: Citation Patterns Examined〔J〕.Research in Higher Education, 2010,51（3）:294-304.

第一节　研究设计

在上一章，笔者讨论了研究中的观察单位和分析单位，这里不再赘述具体的概念。本章的观察单位是样本中的每一位学者，以学者为单位搜集、整理他们的学术互引数据；分析单位有两个，分别是院系和学者，之所以在学者之外将院系作为分析单位，主要是因为学者学术交流网络的建构往往会涉及到学者所在院系的影响，在此将进一步确证上一章关于院系分层的结论。

一、抽样方法

本章研究所采用的数据全部来源于中国社会科学院社会学研究所主办的学术期刊《社会学研究》（双月刊）上自 2000 年至 2010 年发表的学术论文。之所以选择社会学学科，主要是基于如下考虑：与其他的人文社会科学相比，社会学的发展历史相对较长，形成了较为成熟的学科范式，属于社会科学中相对比较"硬"的学科，在社会科学中具有较高的代表性；之所以选择《社会学研究》这一期刊，主要是考虑其在社会学学科中较高的学术声誉，受到了社会学学者广泛的认可，代表着社会学学科的研究水平和走向。

十一年来，《社会学研究》一共发行了 66 期，共发表学术论文、书评、笔谈、会议综述和简讯等文本 853 篇。研究样本的确定经过了两个阶段。第一阶段，剔除书评、笔谈等形式的文本，初步筛选出学术论文 641 篇；第二阶段，以发表 2 篇及以上的中国大陆学者（第一作者）为标准，筛选出学术论文 285 篇，这些学术论文的 101 位学者及其所在的 30 所院校（研究机构）最终成为本研究的有效样本。为了便于分析和绘图，本研究按照院校发表学术论文的数量和学者姓名的拼音首字母分别对样本分别进行了排序和编号（见表 4-1、表 4-2）。

二、数据整理

与上一章的数据一样，本章的数据也属于关系数据。在确定有效样本后，本研究根据学者的互引关系，运用 UCINET6.0 软件建立 101×101 的有向矩阵。矩阵的"列"表示样本中学者的学术成果被其他学者所引用，"行"则表示学者在学术论文中引用了其他学者的学术成果，如果学者间未发生引用关系，二者的关系用 0 表示；如果一位学者在一篇学术论文中引用了另外一位学者的任何一项或多项学术成果，均认为引用了 1 次，用 1 表示；如果一位学者在多篇学术论文中引用了另外一位学者的一项或多项学术成果，则认为引用了多次，用相应的数字表示，以代表二者间的关系强度。

表 4-1　在《社会学研究》发文学者的数量与任职院系（研究机构）编号

编号	院校（研究机构）	作者数	编号	院校（研究机构）	作者数
1	北京大学	13	16	中国科学技术促进发展研究中心	1
2	中国社会科学院	13	17	沈阳师范大学	1
3	中国人民大学	12	18	上海社会科学院	1
4	清华大学	9	19	吉林大学	1
5	南京大学	6	20	华东理工大学	1
6	浙江大学	5	21	中国农业大学	1
7	复旦大学	2	22	中国劳动关系学院	1
8	上海大学	4	23	中共中央党校	1
9	华东师范大学	4	24	云南大学	1
10	北京师范大学	5	25	苏州大学	1
11	中山大学	5	26	首都师范大学	1
12	厦门大学	3	27	山东大学	1
13	中国政法大学	1	28	华中师范大学	1
14	南开大学	2	29	华南师范大学	1
15	华中科技大学	2	30	东南大学	1

表 4-2　在《社会学研究》发文学者的编号与发文数

编号	作者	发文数	编号	作者	发文数	编号	作者	发文数
1	毕向阳	2	35	刘世定	3	69	熊万胜	3
2	蔡　禾	2	36	刘拥华	2	70	徐安琪	3
3	曹卫东	2	37	吕　涛	2	71	徐延辉	3
4	曹正汉	5	38	毛　丹	5	72	许欣欣	2
5	陈那波	2	39	潘绥铭	3	73	杨　团	2

6	陈庆德	2	40	沙莲香	2	74	杨善华	3
7	陈映芳	6	41	沈红	2	75	杨伟民	2
8	成伯清	2	42	沈原	2	76	杨宜音	2
9	方文	3	43	苏国勋	2	77	应星	4
10	风笑天	7	44	孙健敏	2	78	游正林	2
11	冯钢	2	45	孙立平	2	79	余晓敏	3
12	冯仕政	3	46	唐灿	3	80	翟学伟	4
13	高永平	2	47	唐军	2	81	张翼	2
14	顾昕	2	48	陶传进	3	82	张翔	3
15	郭于华	3	49	田耕	2	83	张江华	2
16	贺雪峰	2	50	田凯	2	84	张文宏	5
17	洪大用	3	51	仝志辉	2	85	张小军	2
18	胡荣	5	52	佟新	5	86	张友琴	2
19	黄晨熹	2	53	汪丁丁	3	87	赵康	2
20	寇彧	2	54	汪和建	2	88	赵旭东	2
21	黎熙元	2	55	王毅	2	89	赵延东	3
22	李强	4	56	王处辉	2	90	折晓叶	3
23	李春玲	5	57	王春光	3	91	郑震	3
24	李汉林	2	58	王铭铭	3	92	郑丹丹	2
25	李林艳	2	59	王水雄	2	93	郑广怀	4
26	李路路	4	60	王天夫	3	94	郑杭生	3
27	李明欢	2	61	王小章	4	95	郑雄飞	2
28	李培林	4	62	吴毅	2	96	郑也夫	2
29	李若建	3	63	吴清军	2	97	周怡	8
30	李友梅	3	64	吴愈晓	2	98	周飞舟	4
31	刘欣	6	65	吴忠民	2	99	周晓虹	5
32	刘精明	3	66	肖瑛	2	100	朱晓阳	2
33	刘林平	2	67	谢立中	3	101	朱旭峰	2
34	刘少杰	3	68	熊春文	2			

第二节　学术互引网络的社会网络分析

　　为了进一步验证上一章关于院系分层的结论，这一节首先对学术互引网络中学者的任职院系分布做了整理。在此基础上，依次分析学术互引网络的规模、密度和中心度，考察学术互引网络中的分层与权力结构，并运用软件绘出学术互引网络的可视化图谱。

一、学术互引网络的任职院系分布情况

　　任职院系是影响学者发文与被引情况的重要因素。这在上一章已经有所分析。有研究显示，高声望院校的学者发表论文、出版著作的速度快，对于其论文被同行所关注并利用（如引用率）的影响在其获得博士学位后开始较快地增加。[10]考虑到这一点，并进一步验证上一章的相关结论，学术互引网络背后的任职院系分布情况就成为首先需要考察的问题。本研究按照每所院校学者的发文总数将30所院校分为3个层次，第一层次院校的编号为1至10，第二层次院校的编号为11至20，第三层次院校的编号为21至30，并整理了作者数、发文数、自引数、引用他人数和被他人引用数等基本数据（见表4-3）。

表4-3　在《社会学研究》发文学者的基本情况

编号	院校（研究机构）	作者数	发文数		自引数	引用他人数	被他人引用数	
			总数	平均数			总数	平均数
1	北京大学	13	37	2.85	20	33	47	3.62
2	中国社会科学院	13	34	2.62	24	47	99	7.62
3	中国人民大学	12	31	2.58	17	53	49	4.08
4	清华大学	9	24	2.67	9	32	97	10.78
5	南京大学	6	23	3.83	19	30	17	2.83
6	浙江大学	5	19	3.80	12	36	7	1.40
7	复旦大学	2	14	7.00	6	18	8	4.00
8	上海大学	4	12	3.00	5	23	13	3.25
9	华东师范大学	4	12	3.00	5	13	5	1.25

10　J.Scott Long.Productivity and Academic Position in the Scientific Career〔J〕.American Sociological Review, 1978,43, （6）:889-908.

10	北京师范大学	5	12	2.40	6	10	0	0.00
	小计	73	218	2.99	127	295	342	4.68
	百分比	72.28%	76.49%		76.05%	77.43%	89.76%	
11	中山大学	5	11	2.20	5	22	8	1.60
12	厦门大学	3	9	3.00	5	8	5	1.67
13	中国政法大学	1	4	4.00	4	4	5	5.00
14	南开大学	2	4	2.00	4	6	0	3.00
15	华中科技大学	2	4	2.00	2	8	4	2.00
16	中国科学技术促进发展研究中心	1	3	3.00	2	7	5	5.00
17	沈阳师范大学	1	3	3.00	1	2	0	0.00
18	上海社会科学院	1	3	3.00	3	1	2	2.00
19	吉林大学	1	3	3.00	1	0	0	0.00
20	华东理工大学	1	3	3.00	1	12	0	0.00
	小计	18	47	2.61	28	70	29	1.61
	百分比	17.82%	16.49%		16.77%	18.37%	7.61%	
21	中国农业大学	1	2	2.00	1	3	0	0.00
22	中国劳动关系学院	1	2	2.00	2	2	0	0.00
23	中共中央党校	1	2	2.00	1	1	3	3.00
24	云南大学	1	2	2.00	2	0	0	0.00
25	苏州大学	1	2	2.00	1	0	0	0.00
26	首都师范大学	1	2	2.00	2	0	0	0.00
27	山东大学	1	2	2.00	1	4	0	0.00
28	华中师范大学	1	2	2.00	2	1	6	6.00
29	华南师范大学	1	2	2.00	0	4	0	0.00
30	东南大学	1	2	2.00	0	1	1	1.00
小计		10	20	2.00	12	16	10	1.00
百分比		9.90%	7.02%		7.19%	4.20%	2.62%	
总计		101	285	2.82	167	381	381	3.77
百分比		100%	100%		100%	100%	100%	

　　十一年来，在《社会学研究》上发表两篇及以上学术论文的学者有 285 位。如果以学者个人为单位计算，发表论文数最大值为 8，最小值为 2，平均数为 2.82，标准差为 1.21，学者间的发文数的离散度较小；如果以院校为单位计算，发表论文最大值为 37，最小值为 2，平均数为 9.5，标准差为 10.52，具有更大的离散度。这一点在发文学者的任职院系分布中亦得到了明显的表现，在 101 位学者中，72.28% 的学者来自第一层次的院校，他们的发文数占到了发文总数的 76.49%，而这在前 5 所院系中体现得更为明显，不管是发文学者的数量上还是发文量，都各占到了样本数的半壁江山，来自第二、三层次院系学者的数量之和仅为约 27.72%，发文数量之和更少，仅为约 23.51%。可见，相对于第二、三层次院系，来自第一层次院系的学者往往更容易在《社会学研究》上发表学术论文，他们构成了《社会学研究》期刊的主要作者群，在当前社会学的发展中发挥着关键作用。

　　从被引情况来看，101 位学者的学术成果一共被引用了 548 次，除去自引 167 次后，被他人引用 381 次，平均每位学者被引 3.77 次，标准差为 3.92。在被其他学者引用的 381 次中，近 90% 是引自第一层次院系的学者，每位学者的学术成果平均被引 4.68 次，而引自第二、三层次院系学者的引文则分别为 7.61% 和 2.62%，每位学者平均被引分别为 1.61 次和 1 次。从自引数来看，尽管第一层次院系学者的绝对数量较高，但仅占到所有被引数量的 27%，而第二、三层次院系的学者，其自引数绝对数量虽低，但在他们为数不多的被引数量中却都占到了近一半。这说明，第一层次院系学者的学术论文在很高程度上被同行所关注，在学术共同体中具有绝度的知名度，而第二层次特别是第三层次院系学者的学术论文几乎被同行所忽略。

　　从学者引用已有学术成果的情况来看，第一、二层次院系学者的自引数占各自所有引文的比例相当，分别为 30.09% 和 28.57%，而第三层次院系学者的自引数则多于前两个层次，为 42.86%。这也进一步表明，第三层次院系学者与前两个层次院系学者间的联系较少，且往往更倾向于引用自己的学术成果。

　　为了进一步分析不同层次院系学者间的引用与被引用差异情况，本研究整理了组别间的数据（见表 4-4）。数据显示，在引用他人学术成果时，所有学者首选的引用对象是第一层次院系学者的学术成果，分别占到各个层次院系学者引文总数的 92.20%、80.00% 和 87.50%，而引自第二、三层次院系学者的数量之和仅占到所有引文数的 10%。

表 4-4 分组后院系（研究机构）社会学学者间的引用与被引用次数和
比例

院系分组	1-10	11-20	21-30	小计
1-10	272（92.20%）	15（5.08%）	8（2.71%）	295（100%）
11-20	56（80.00%）	12（17.14%）	2（2.86%）	70（100%）
21-30	14（87.50%）	2（12.50%）	0（0.00%）	16（100%）
小计	342（89.76%）	29（7.61%）	10（2.62%）	381（100%）

综上所述，不同层次院系学者发表论文及其引文数和被引数均具有明显的离散度，院系在此基础上显示出明显的分层结构。

二、个体学术互引网络的规模

网络规模指的是一个社会网络的成员数目，个体网的成员越多，表示一个人所拥有的社会资本就越多。本研究中基于互引关系建立的学术网络，其规模主要表示的是学术信息的获取以及用以支持（引证或反证）自己学术观点的能力。由于学者一般只可能与有限的一些学者保持联系，或者阅读数量有限的出版物，因此学者学术网络的成分（谁参加）与其规模（多少人参加）同等重要。[11]从表 5 可以看到，个体学术互引网络的规模平均为 3.22 位，即一位学者在《社会学研究》发表学术论文时以引用的形式与其他 100 位学者中的 3.22 位建立了学术交往关系，引用了他们的学术成果（凡引用则用 1 表示，不计数量）来支持或说明自己的学术观点；网络规模的最大值为 16，最小值为 0。其中，22%的学者没有与引用过本研究所提到的其他 100 位学者的学术成果；建立了 3 位网络规模的比例最高，位 18.81%；只有 1 位学者与 16 位学者建立了学术交流关系，从 2 位至 13 位的网络规模所占的比例详见表 5。

---

11 Nardi, B., Whittaker, S.and Schwarz.It's not what you know, it's who you know: work in the information age〔EB/OL〕.〔2012-09-18〕.http://firstmonday.org/issues/issue5_5/nardi/index.html.

表5　社会学学者个体学术互引网络的规模

网络规模	数量	百分比（%）	平均数	标准差
0	22	21.78		
1	14	13.86		
2	10	9.90		
3	19	18.81		
4	10	9.90		
5	8	7.92		
6	5	4.95		
7	4	3.96	3.22	3.17
8	3	3.0		
9	6	6.0		
10	1	0.99		
11	1	0.99		
13	2	1.98		
16	1	0.99		
合计	101	100		

三、整体学术互引网络的密度

在学术互引网络中，一个学术互引网络的密度越大，表示成员间的联系越紧密，学术信息的传播也就越快。如果不考虑各个学者之间的引用频次，整体学术互引网络的密度为0.0322，即学者之间建立了约3.22%的可能拥有的学术联系；如果考虑到各个学者之间的引用频次即关系强度，这个值就增长为0.0380，即建立了3.80%的可能拥有的联系。这表明，学者之间的密切程度较低，学术信息的传播速度较慢，也说明学术成果在学术共同体中的相互认可度较低。有学者研究了50位高等教育研究高被引用论文作者的互引网络，密度为0.066。[12]很难说社会学学者之间的密切程度就低，原因有二：第一，这项研究的研究对象是高被引作者，且规模仅为木研究的一半，学者之间的联系相对而言更为紧密；第二，一般而言，网络规模越大，密度越小。[13]因此，

12 高耀明等.高等教育研究高被引用论文作者互引网络分析〔J〕.教育研究，2012（8）：56-61.
13 〔英〕约翰·斯科特.刘军译.社会网络分析法〔M〕.重庆：重庆大学出版社，2007：61.

只有考虑到了网络规模的差异，密度这一指标才具有意义。

为了进一步分析密度对于整体网的内涵，本研究未考虑学者间互引的关系强度，分别计算了三个层次院系间学者互引的组内与组间密度。如表 4-6 所示，除了第三层次院系间的网络密度为 0 外，第一层次院系内部和第二层次院系内部的网络密度均较其与其他层次院系的网络密度高，前者达到了 0.0424，后者达到了 0.0392，而他们与第三层次院系学者建立的学术交往关系则非常少；同时，第二、三层次院系学者也与第一层次院系学者建立了相对较多的学术交往，第三层次院系学者与第一、二层次院系学者相比，他们与第一层次院系学者建立的学术交往关系相对较少，为 0.0192，而且其内部的学术交往关系为 0。这表明，第一层次院系学者处于学术研究的前沿和学术共同体的中心，三个层次院系学者均向他们寻求学术联系，与前两个层次院系学者相比，第三层次院系学者相对较难在研究主题上与第一层次院系学者接轨，往往处于学术共同体的边缘。

表 4-6　三个层次院系社会学学者间互引的组内与组间密度

院系分组	1-10	11-20	21-30
1-10	0.0424	0.0107	0.0096
11-20	0.0233	0.0392	0.0105
21-30	0.0192	0.0067	0.0000

四、整体学术互引网络的中心度

中心度可分为度数中心度、中间中心度和接近中心性，分别具有不同的意义。由于接近中心度一般要求的是完全相连图形，所以一般的社会研究很少使用，因此本研究仅计算和分析度数中心度和中间中心度。

学者的学术互引网络是有向矩阵，网络中每位学者分别拥有一个点入中心度和点出中心度，前者即一位学者引用其他学者学术成果的数量，后者即一位学者的学术成果被其他学者所引用的数量。如表 4-7 所示，点出中心度最小值为 0，最大值为 42，平均数为 3.77，标准差为 6.51；点入中心度最小值为 0，最大值为 19，平均数为 3.77，标准差为 3.92。很明显，点出中心度比点入中心度更为离散。点出中心度高的学者，如 45、22、28、26 等，他们的点入中心度分别为 0、0、2、10，这表明，他们往往是学术共同体中的权威和学术风尚引领者，学术成果受到了学术同行较大程度的关注，而他们则较少甚至几乎不关注其他 100 学者的学术成果（更多引用的是西方学者或是自己的学术观点），学者间的互引关系及其引起的学术信息流动具有很大的不对称性。

表 4-7　社会学学者学术互引网络的中心度

排序	点入中心度		点出中心度		特征向量中心度		中间中心度	
1	12	19	45	42	45	45.691	23	13.277
2	10	17	22	30	22	42.910	2	7.538
3	38	16	28	26	26	42.545	12	6.915
4	31	12	26	21	31	38.084	22	6.742
5	69	12	23	16	23	36.688	84	6.71
6	2	11	35	14	12	36.638	90	6.689
7	84	11	90	12	28	32.513	38	6.184
8	4	10	57	12	30	30.690	89	5.484
9	23	10	24	12	90	21.117	26	5.063
10	26	10	74	10	38	20.753	28	4.717
……								
均值		3.77		3.77		9.309		1.216
标准差		3.92		6.51		10.553		2.279
最大值		19		42		45.691		13.277
最小值		0		0		0		0

由于度数中心度难以判断行动者在整体社会网中的位置，因此美国学者伯纳西茨采用特征向量中心度予以修正。表 7 列出了排名前十位学者的特征向量中心度即社会资本存量，其中，最小值为 0，最大值为 45.691，均值为 9.309，标准差为 10.553，表明学者的社会资本存量具有很大的离散度。而在学术系统之中，学者拥有的社会资本存量越多，越有利于获取学术资源，发表学术论著，获得同行的学术认可。

特征向量中心度的计算不考虑引用方向问题，只要两位学者之间有引用关系，则表示二者对于彼此而言都是一种社会资本来源，这无疑在一定程度上提高了引用者的社会资本。表 4-7 中，第 31、12、30、38 号学者尽管未能在点出中心度上进入前十位，但他们较高的点入中心度，一定程度上增加了他们的社会资本，在特征向量中心度上进入了前十位。

中间中心度测量的是一个点作为其他两点的中介者的能力。在学术引用网络中，一位学者的中间中心度越高，其作为中介者的次数越多，学术信息在传递过程中一般就需要经过他才能得以实现。表 4-7 显示，中间中心度的均值为1.216，最小值为 0，最大值为 13.277，标准差为 2.279，具有较大的离散性。排名靠前的学者依次是第 23 位、第 2 位等，他们往往掌握着大量的学术信息，对于学术信息的传播和扩散发挥着非常重要的作用，一般也是不同研究领域中相互沟通的"桥梁"亦或是社会学家所称的"结构洞"。但是，如果中间中心度越高，则表示"有人可以高度操控信息和利益，多半对组织的情况越不好"[14]。

五、学术互引网络的可视化图形

社会网络分析可以运用 UCINET6.0 软件可视化绘图工具——NetDraw，将网络中各个行动者之间的关系及其特征用形象的图形呈现出来。运用此软件，本研究绘制了学者的学术互引网络图（见图 4-1）。在图 4-1 中，学者间的互引关系运用箭头予以表示，从一位学者出发指向其他学者的箭头表示该学着引用了其他学者的学术成果，指向一位学者的箭头表示该学者的学术成果被其他学者所引用，箭头总数表示引用或被引的数量，两位学者间的直线粗细程度表示引用一位学者或被一位学者引用的次数，直线越黑表示引用的次数越多。

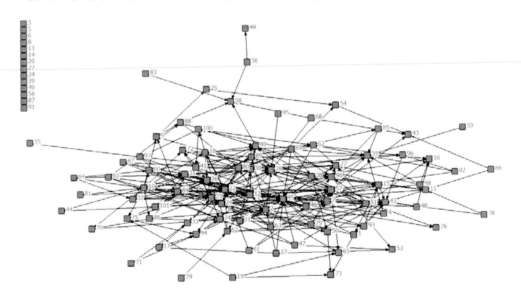

图 4-1 社会学学者的学术互引网络图

---

14 罗家德.社会网络分析讲义（第二版）〔M〕.北京：社会科学文献出版社，2010：195.

　　本研究在前文中以数量关系呈现的网络特征在图 4-1 中得到了形象化的呈现。第 45 位学者位于网络的最中心，围绕着中心的有第 22、28、26、23、24、57 位等一些学者，他们在网络中占据着较为核心的位置，掌握着大量的学术资源，不但在《社会学研究》发表了较多的学术论文，而且他们之前的学术成果也得到了其他学者的大量关注。可以说，他们在社会学界拥有着较高的学术地位和学术声誉，具有较大的学术话语权，在很大程度上控制着学术信息的流向，并引领着学术风向标，是社会学学科的"守门人"；左上角的第 3、5、6、8、13、14、20、27、34、39、40、56、87、91 号等 14 位学者并未与本研究中的其他任何一位学者发生引用关系，是学者学术互引网络中的"孤立者"，这里主要有以下几类情况：一是部分学者研究其他学者较少专门关注的社会学基本理论问题，二是部分学者本身并非属于社会学学科学者，而是来自于历史学、心理学和人类学等相关学科，最后则是那些从事着职业社会学、教育社会学以及身体社会学和空间社会学等新兴交叉学科的学者，这些领域往往与社会学主流研究主题没有多少重合，因此大都处于"孤立者"的位置；位于网络中的大部分学者则处于"守门人"和"孤立者"的中间，承担着学术信息的修补者和传播者的角色，在学术交流、合作与竞争中推动着学术知识的积累、发展和创新。

第三节　学者学术互引网络的分层与权力的结构化特征

　　本章对《社会学研究》学术期刊中发文作者的院系背景和学术互引网络进行了考察，揭示了学者学术互引网络的结构和权力结构，以下对研究的基本结论做一总结，并进行理论上的解释。

一、学者及其任职院系在发文数、引用数和被引数上均具有较大的离散度

　　在发文数、引用数（点入中心度）尤其是被引数（点出中心度）上，学者间具有较大的离散度。其中点出中心度高的学者，其点入中心度较低。点出中心度排名前十的学者大都出自中国社科院社会学研究所、清华大学社会学系、北京大学社会学系和中国人民大学社会学系等四所第一层次的院系，

而点入中心度较高的学者则相对较少在这四所院系任职。由此可见，点入中心度与点出中心度之间存在着较大的不对称性，这其实也表明了社会学研究中来自不同院系学者的学术地位差异。

在发文数和被引数上，以任职院系为单位的统计结果表现出更大的离散度，任职于第一层次院系尤其是前 5 名院系的学者占有压倒性的优势，而那些任职于第二、三层次院系的学者则处于明显的劣势，尤其是在被引数上。正如克莱蒙等学者所指出的，在杰出期刊发表文章为学者提供了一个高度可见的地位标志。[15]而这些高度可见的地位被第一层次尤其是前 5 名院系的学者所垄断，留给那些来自第二、三层次院系的学者很少的发表和露面机会，成为了学术场域中的边缘群体。 这与斯科特·朗的研究结论一致，即在较高声誉院系工作的学者群体，其论文有着更高的引用率。究其原因，斯科特朗的研究表明，如果控制了教育经历和早期的学术产出，那么院系声誉对于影响学者的产出数量和利用程度（如引注）具有重要影响，而这与其教育经历、所受资助的声誉或者早期的学术产出关系不大。[16]

综上所述，在发文数与被引数上以及由此而产生的院系声誉上，院系之间存在着明显的等级化分层结构。这也进一步验证了前一章基于物理学学者学缘关系的院系分层研究中的结论。这也说明，与博士毕业生互聘现象的作用一样，学者的发文数、被引数和基于互引关系的学术交流既是这种分层结构的一个重要结果，同时也作为一股重要的力量不断再生产着院系间的分层结构。这也验证了社会学中的一个命题，一些自进入劳动力市场后才获得的职业特征会影响社会资本的再生成，造成社会资本的不平等，进而影响社会结构。[17]那些任职于精英院系的精英学者由于宽松的学术环境、广泛的学术关系网络以及本身所享有的学术声誉，发表了更多优质的学术成果，因而也受到了来自不同层次院系学者的广泛关注和引用，不断强化着依然存在的学术等级系统。

---

15 Elisabeth S.Clemens, Walter W.Powell, Kris McIlwaine, Dina Okamoto.Careers in Print: Books, Journals, and Scholarly Reputations.The American Journal of Sociology, 1995,101（2 ）:433-494.

16 J.Scott Long.Productivity and Academic Position in the Scientific Career.American Sociological Review, 1978,43（6）: 889-908.

17 邹宇春，敖丹.自雇者与受雇者的社会资本差异研究〔J〕.社会学研究，2011（5）：198-224.

二、不同层次院系学者间的互引网络存在明显的边界

本章数据显示，不同层次院系学者间的学术交流网络存在明显的边界。具体来说，第一、二层次院系的学者更倾向于与本层次内的学术同行进行互引形式的学术交往，第二、三层次院系的学者也与第一层次院系学者建立了相对较多的学术交往，不过第三层次院系的学者与第一、二层次院系的学者建立的学术交流关系较少，在其内部也很少出现学术交流关系。

可见，作为社会学学科中较高水平的学术期刊，《社会学研究》不但为第一、二层次尤其是第一层次院系的学者提供着大量的学术发表和交流机会，提升着他们的知名度，同时也作为一种重要的力量形塑着学术交流网络，使他们在很大程度上掌握着学术话语权，并以此支配、控制着整个学术场域。如社会学者马斯顿（Marsden）所言，在社会结构中，怎样的位置分布，会导致行动者之间权力的不平等。[18]在学术场域中，不同层次院系的学者占据着不同的位置，导致了学者之间在学术话语权上的不平等。对于那些任职于第三层次院系的学者而言，他们几乎在整个学科的发展中几乎没有多少话语权，不但很少有学者能够在社会学的杰出期刊上发表学术论文，而且即使那些发表过少数学术论文的学者也很难得到学术同行的关注和引用。这其中尤为关键的原因是，第一、二层次院系的学者通过内部的学术互引关系，建立了较为封闭的学术合作与交流网络，为第三层次院系甚或更为落后院系的学者进入核心学术研究主流圈设置着边界和障碍，将他们推向学术场域的边缘，甚或排除在边界之外。

三、学者的社会资本存量表现出明显的差异

在学术场域中，学者所嵌入的学术交流网络越大，学术交流的层次越高，社会资本存量就越多，在学术网络中的权力就越大。研究结果表明，学者的社会资本存量表现出明显的差异，那些点出中心度高的学者大都具有较高的学术资本存量，而第三层次院系学者的学术资本存量明显偏低。正如韦伯（Stan C. Weeber）在一项关于精英与普通社会学系的研究中所指出的，那些来自普通社会学系的教师难以接近那些在精英社会学系中的博士课程，在其中得以发展和检验的各种小型理论（small theories），以及易于伴随这些小型理论的

---

18 转引自李林艳.社会空间的另一种想象——社会网络分析的结构视野〔J〕.社会学研究，2004（3）：64-75.

流行方法和建模。因此，精英大学间生产和共享的是充满了社会资本的交换网络。[19]

  尽管在学术资本存量前十名中出现了未进入点出中心度前十名的学者，如 31、12、30 和 38，主要是因为他们引用了较多排名靠前学者的学术成果，提高了他们的学术资本存量。这对于任何一种社会系统而言都是很正常的，学术场域也不例外。因为，任何一位学者尤其是青年学者和来自一般院系的学者，如若期望在学术职业生涯中有所发展，就必须向同行尤其是那些已经有较高学术成就的同行学习，并引用他们已有的学术成果，增加自身的社会资本存量，提高了学术论文的含金量。这样就不但可以如科林斯（Randall Collins）所指出的——与著名的实践者保持个人联系是为了关注更大量的思想得以构成分析前沿的那些方面，[20]还能像拉图尔所言的那样——无论这个引文说的是什么，它已经把自己与所引用的作者及其学术观点联系在了一起。[21]

  在院系分层的不平等权力结构中，任职于高层次院系的高声望学者往往占据着核心的位置，拥有大量的社会资本，掌握着大量的学术资源，相互间的学术交流要比其他学者频繁得多。对此，惠特利曾指出，拥有高的学术声誉，就意味着拥有一种能力去让你自己的思想和观点被当做重要的东西来接受，从而其他人就会遵从你的引领；它也意味着拥有一种能力去影响研究资源的分配。因此，在他看来，学者们对学术声誉的追逐并不仅仅只是为了彼此赞许，而是为了控制知识目标与工作规程的权力。[22]对于学者在学术网络中所处的网络位置的重要性，科林斯亦指出，"倘若相对而言缺乏关键的网络纽带，就会使他人缺乏伟大的创造性成功，特别是当一个人的事业生涯开始和内化一个人相对于其前辈和同辈的立场的时候"，那些"较不杰出和较不成功的知识分子要经受命运之苦，因为他们在这些网络中的位置比较不占优势。他们距离活动的热点中心太远了，只有等新思想经过了许多他人的讨论和加

19 Stan C.Weeber.Elite versus Mass Sociology: An Elaboration on Sociology's Academic Caste System〔J〕.The American Sociologist, 2006, 37（4）:50-67.

20 〔美〕R·科林斯.吴琼等译.哲学的社会学——一种全球的学术变迁理论（上）〔M〕.北京：新华出版社，2004：82.

21 〔法〕布鲁诺·拉图尔.刘文旋，郑开译.科学在行动：怎样在社会中跟随科学家和工程师〔M〕.北京：东方出版社，2005：54.

22 〔英〕理查德·惠特利.赵万里等译.科学的智力组织和社会组织〔M〕.北京：北京大学出版社，2011：44.

工之后，他们才获得其中的只零片段。"[23]在学术交流网络结构中，任职于高层次院系的高声望学者理所当然的占据着学术场域中的学科"守门人"角色。正是因为如此，他们主导着学术研究的主题、风格和范式，把持着筛选学术精英的标准和过程，控制着学术信息的生产和传播方向，在学术场域中所拥有的巨大权力使得他们不断制造着学术前沿，并使之源源不断地流向那些任职于较低层次院系的学者，后者中的大多数学者则充当着学术信息的传播者和修补者的角色。

---

23 〔美〕兰德尔·科林斯.林聚仁等译.互动仪式链〔M〕.北京：商务印书馆，2009：471.

第五章 学术场域中的仪式、权力与政治[1]——基于学术会议过程的社会学分析

在 20 世纪行将结束之时,很难想象,离开这种类型的专业联系,学术生活会是什么样子的。它满足着学术人的很多利益——理想的或是现实的,甚至找工作的市场现实。除非有一个全国性的专业学会,或是其中的一个部分,或一个"无形的"替代形式(an "invisible" substitute),否则,任何一个学术领域都将一事无成。专业学会有助于发展、传播特定学术领域的影响,促进内部的团结一致。

——伯顿·克拉克

成功的思想必须是重要的,而重要性总是与学术共同体持续的交流联系在一起。思想之所以重要,是因为它们在学术神圣客体范围中的位置。符号也有自己的历史,它们被建构起来,是因为能够在互动仪式链条中流传。

——R·科林斯

---

1 本章的核心部分曾已发表,参见张斌.仪式、象征权力与学术秩序——学术会议过程的社会学分析〔J〕.高等教育研究,2012(1):21-26.

　　尽管演讲、讨论、学术会议和其他时候的聚会对于文本的世界而言是多余的，但恰恰是这些面对面的结构形式最持久地贯穿于学术生活的整个历史中。[2]学术场域作为学者间的交流网络，不仅在学科知识的传播和发展过程中发挥着重要的作用，而且在学术业绩认可和学者才成长的过程中扮演着关键的角色。任何一位学者所作出的任何一项知识创新只有受到学术共同体同行的认可才能从私人知识转变为公共知识，而学者在学术共同体中的学术地位和声誉也却取决于同行对他的评价和认可。因此，这种认可是学术职业的"一种原动力"，它"源于制度上的强调"。[3]

　　可见，倘若期望在学术生涯中对学术知识的发展与创新有所贡献，学者就需要将其置身于学术共同体之中，与本学科的同行建立学术上的联系和交流。一般而言，学者主要通过专业学会组织的学术会议、出版发行的学术期刊等途径进行学术联系和交流。在上一章，本研究考察了基于学术互引形式的正式学术交流。本章则接着考察基于学术会议的正式学术交流，进一步拓宽并深入对学术场域政治逻辑的理论解释。

　　如前所述，学术场域是一个高度分层的社会系统，不同的学者在其中占据着不同的位置，他们根据一定的标准和原则对学术资源、学术声誉和学术地位进行激烈的争夺，以期不断扩大自身的学术话语权，进而为下一轮的争夺赢得有利的条件。因此，同其他场域一样，学术场域亦是一个"汇聚了具有一种结构意味的各种力量的场，同时也是一个进行着这些力量的转变或保持的斗争的场"。[4]不同的学者、学术机构作为不同的力量汇聚于学术场域之中，使学术场域成为一个各种力量相互作用、相互竞争并呈现出紧张状态的权力关系之网。本章以参与式观察和访谈方法收集的研究资料为主，采用自下而上的微观研究路径，将专业学会组织的学术会议作为仪式进行社会学分析，以学术会议这一"小"事件中的权力关系透析学术场域这一"大"系统中的权力运行机制，即政治逻辑。

---

2 〔美〕R・科林斯.吴琼等译.哲学的社会学——一种全球的学术变迁理论（上）〔M〕.北京：新华出版社，2004：12.

3 〔美〕R・K・默顿.鲁旭东，林聚仁译.科学社会学（下）〔M〕.北京：商务印书馆，2003：395.

4 〔法〕皮埃尔・布尔迪厄.陈圣生等译.科学之科学与反观性〔M〕.桂林：广西师范大学出版社，2006：57-58.

第一节　学术会议："朝圣"之旅

一、专业学会：学术会议的组织方

专业学会（Association or Society）是学术场域的一个关键性组成部分。科学史的研究表明，近代科学之所以在大学外诞生、勃兴并逐渐在大学内部制度化，与 17 世纪英国皇家学会、法国和德国皇家科学院的建立和发展是密不可分的。美国科学史专家麦克莱伦三世（James E. McClellan Ⅲ）在《科学重组：18 世纪的科学学会》（*Science Reorganized: Scientific Societies in the Eighteenth Century*）一书中翔实地考察了该时期科学学会在科学崛起中的作用。他指出，学会不仅承担了科学研究工作，而且还建立了一系列如研究资助、研究奖励、期刊发行、同行评议和学科规范等制度。[5]可以说，专业学会制定和发展学术制度和规范的过程正是科学活动体制化的过程。在专业学会内部交流的基础上，学术场域在各个学科或研究领域内逐渐形成，反过来还不断地推动着专业学会、学术期刊系统等内在要素的发展与完善。

基于以上认识，我们也就不难理解伯顿·克拉克在考察美国学术组织发展史的基础上所指出的：离开"专业的联系"即专业学会，我们便无法认识学术生活；对于学术研究而言，除非有一个全国性的专业学会，否则任何一个学术领域都将一事无成。[6]或许正是出于这一原因，现在的学者们一般在判断一门独立学科时，一个重要的标志也是看其是否成立了全国性的学术团体即专业学会。[7]

目前，我国所有的一级学科、二级学科甚至很多专业或研究领域都形成了各自的学术团体即专业学会。据中国科学技术协会统计，仅由其主管的全国学会就有 198 个，其中中国科协团体会员有 181 个，包括理科学会 42 个、工科学会 68 个、农科学会 15 个、医科学会 25 个、科普和交叉学科学会 31 个。[8]譬如有中国物理学会、中国化学学会、中国社会学会、中国教育学会等

5　转引自阎光才.文化乡愁与工具理性：学术活动制度化的轨迹〔J〕.北京大学教育评论，2008（2）：141-151.

6　Burton R.Clark.The Academic Life〔J〕.New Jersey:Princeton University Press, 1987: 234.

7　Michiya Shimbori.Sociology of Education〔J〕.International Review of Education, 1979, 25（2/3）：393-413.

8　中国科学技术协会简介〔EB/OL〕.〔2013-02-21〕.http://www.cast.org.cn/n35081/

一级学科的专业学会，一级学科专业学会相应地又设有二级学科专业学会（即分会）和研究领域的专业委员会。此外，对应于不同的学科，各个省市亦成立了地方性的专业学会，并统一隶属于地方性的科学技术协会。

在此仅以中国化学会为例对专业学会的构成情况予以说明。

> 中国化学会是从事化学或与化学相关专业的科技、教育工作者自愿组成并依法注册登记的学术性、公益性法人社会团体，是中国科学技术协会的组成部分，是我国发展化学科学技术的重要社会力量。
>
> 中国化学会于 1932 年在南京成立。1959 年，中国化学会曾与中国化工学会筹委会合并成立中国化学化工学会。1963 年又分为化学、化工两个学会。中国化学会目前有会员 5 万多人，团体会员 60 余个。[9]

专业学会，就其性质而言，一般都是由相关领域的学者组成的、具有鲜明学术性的自愿性社会团体，理、工科的专业学会一般都隶属于中国科学技术协会。

根据中国化学会官网的介绍，其基本的组织结构如下：

n37592/10181819.html.

9　中国化学会介绍〔EB/OL〕.〔2013-02-21〕.http://www.chemsoc.org.cn/help/.

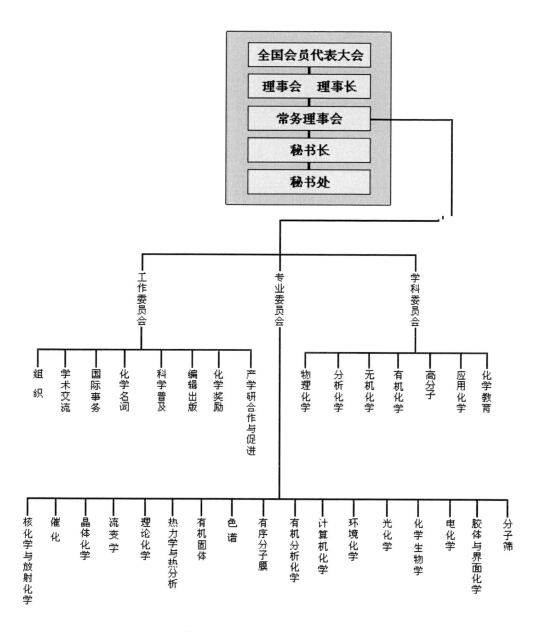

图 5-1 中国化学会组织结构

从图 4-1 可以看出，中国化学会是一个一级学科的专业学会，其下还设有 7 个二级学科的分会和 17 个专业或研究领域的专业委员会。可以说，一级学会为国内大多数的化学学者提供了最广泛的学术交流平台，而二级分会和各专业委员会则是将具有相同学科或研究方向的化学学者联系在一起，促进着化学领域内部的凝聚与团结。

中国化学会的组织结构大致由三个层级构成。每一层级主要由理事长（会长）或主任、副理事长（副会长）或副主任、常务理事和一般理事等构成。尽管中国化学会是一个自愿性的社会团体，但是其组织结构也表现出一定程度的科层制特点，形成了一个金字塔的结构。

如果从一级学会的理事长、副理事长、常务理事等职位构成来看，这种金字塔结构更为明晰。表 4-1 显示，中国化学会共有 35 学者担任学术职务，并组成了第 28 届理事会，有 20 位学者是中国科学院院士。从他们的任职机构来看，理事会成员基本上任职于国家自然科学基金委员会、中国科学院系统以及国内"985 工程"高校，几乎没有来自非"985 工程"院校的学者（上海中医药大学校长原任职于中国科学院上海药物研究所）。

对于专业学会理事会成员的特征，学者 F 谈到：

> 每一个学科、专业都有他们各自专业学会及其组织的学术会议。一般情况下，学术会议的理事会，即组织者，所谓某个专业学会的主席、理事长、会长呀，他一般在学术界、在专业领域有着较高的学术声誉，在他们的研究领域有着较高的学术造诣，学养也比较深厚。他们一般能够清楚地把握学科的发展方面，对这个学科的脉络、脉动把握的比较清楚，或者说对学术命脉把握得比较准。

可以说，这些学者在中国化学领域具有最高的学术声誉或学术地位，是化学领域的学术精英。他们往往在二级学科的学会或研究领域的专业委员会担任着分会长（主任）、副会长（副主任）等要职，共同决定着每一届学术年会的交流主题和相应的大会邀请报告人，在学术精英的筛选（大到中国科学院院士的推荐，小到优秀青年学者的识别和培养）中发挥着关键性的作用，同时也是各种学术资助项目中化学领域课题指南的拟定者。因此，这些理事会的成员在很大程度上支配着化学领域的研究问题和发展方向。与之相反，理事会的成员中几乎没有来自"211 工程"院校的学者，更不用说很多地方性院校的学者了。这从一定程度上也表明，我国的学术体制呈现出鲜明的金字塔等级结构。高声誉的学者基本上都集中于中国科学院系统和"985 工程"院校，他们不管是在国家学术资源分配，还是在同行认可中都占有压倒性的优势。

表 5-1　中国化学会第 28 届理事会构成情况

职务	姓名	简介	是否院士
理事长	姚建年	国家自然科学基金委员会副主任、中国科学院化学研究所研究员	是
副理事长	包信和	中国科学院大连化学物理研究所研究员	是
	戴厚良	中国石油化工股份有限公司副总经理、教授级高级工程师	否
	董孝利	中国海洋石油总公司炼化与销售事业部副总经理、教授级高级工程师	否
	洪茂椿	中国科学院福建物质结构研究所所长、研究员	是
	江桂斌	中国科学院生态环境研究中心副主任、研究员	是
	李新华	中国石油天然气集团公司副总经理、教授级高级工程师	否
	万立骏	中国科学院化学研究所所长、研究员	是
	张希	清华大学化学系系主任、教授	是
	周其凤	北京大学前校长、教授、中国科学院院士	是
	周其林	南开大学化学学院教授	是
常务理事	安立佳	中国科学院长春应用化学研究所所长、研究员	否
	陈洪渊	南京大学化学化工学院教授	是
	陈凯先	上海中医药大学校长、教授	是
	董建华	不明	不明
	段连运	北京大学化学与分子工程学院教授	否
	冯长根	北京理工大学副校长、教授，兼任中国科协党组成员	否
	高松	北京大学化学与分子工程学院教授	是
	关乃佳	南开大学副校长、教授	否
	何鸣元	中国石油化工集团公司石油化工科学研究院总工程师	是
	李灿	中国科学院大连化学物理研究所研究员	是
	梁文平	国家基金委化学部常务副主任	否
	刘维民	中国科学院兰州化学物理研究所所长、研究员	否

刘 育	南开大学化学学院院长、教授	否
刘忠范	北京大学化学与分子工程学院教授	是
钱逸泰	中国科学技术大学化学与材料学院院长、教授	是
帅志刚	清华大学化学系教授	否
孙世刚	厦门大学副校长兼研究生院院长、教授	否
田中群	厦门大学化学化工学院教授	是
佟振合	中国科学院理化技术研究所研究员	是
涂永强	兰州大学化学化工学院	是
万惠霖	厦门大学化学化工学院教授	是
杨振忠	中国科学院化学研究所副所长、研究员	否
杨 柏	吉林大学化学学院院长、教授	否
朱道本	中国科学院化学所教授	是

二、学术会议："朝圣"之旅

无论是一级学会，还是学科的分会或研究领域的专业委员会，一般每一年都要围绕特定的主题，定期召开一次学术会议。组织召开各种类型的学术会议，促进学者之间的学术交流是专业学会最为核心的工作之一。如前所述，在专业学会担任学术职务的学者基本上是那些在各自学科领域具有高声望的学者，每次学术会议的大会邀请报告人一般是他们共同商议的结果，因此亦具有较高的学术声誉。

一次学术会议能否邀请到高声望的学者来做大会报告，是学者们在决定手否参会的重要参考。在谈及大会邀请报告人的重要性时，学者 A 指出：

> 每一次学术会议都有一个组织委员会，主要是由理事会的主要成员构成。他们的一个主要任务就是负责为大会邀请报告推荐报告人选，他们一般在学术界有较高的学术声誉和影响力，这一点非常关键！如果真正能够选出那些做的好的学者和论文，就可以吸引更多的学者来参会。

学者 D 亦谈到：

> 国际学术会议的最大特点是，它基本上都是由每个领域最活跃的专家来组织，像每个 session 都是轮流的，你如果想做那个发起者，你首先就要提申请，然后提建议书，然后就会有专门的——像

TMS/AMS（一个研究领域）会议——一个类似评议委员会进行评议，评议通过后，然后才能作为一个主办人来召集一些人。这个人必须是在国际上学术声誉水平比较高的人，这样才能够邀请到一批高水平的人来参加。因为他的学术水平比较高，所以自愿参加他的 session 的人也很多。

每一次学术会议的理事会和承办单位都特别重视大会报告人的邀请。对于一般学者和青年学者而言，好的学术会议具有很大的吸引力，一般都出提早撰写研究论文，提交给承办方，并按时参会，期待在学术会议中亲眼见到那些高水平的专家和同行。因此，在很多青年学者看来，参加学术会议不啻为一次难忘的学术"朝圣"（pilgrimage）之旅。譬如，学者 F 谈到：

　　一般青年学者有一个非常形象的比喻，把参加学术会议叫做"朝圣"或"朝圣"之旅，就像一个有宗教信仰的人朝圣一样。

学者们为何要将参加学术会议比喻为"朝圣"呢？这需要从朝圣的内涵来进行分析。《牛津高阶英汉双解词典》对 pilgrimage 一词的解释为：（1） a journey to a holy place for religious reasons；（2）a journey to a place that is connected with sb/sth that you admire or respect。[10]翻译过来，即：（1）因宗教原因到一个神圣的地方的旅行；（2）到一个与羡慕或尊敬的人相联系的地方的旅行。

人类学家特纳（Victor Turner）曾考察过一些族群的"朝圣行为"——一种特殊的仪式。他认为，朝圣属于典型的制度性社群的仪式行为，具有如下几个特征：第一，朝圣地通常在距离朝圣者居住地很远的山里、洞里、森林里；第二，朝圣被看作与常规的、日常生活的、固定的系统不一致，是一种"离开世俗世界的休憩"（retirement from the world）；第三，所有的朝圣者一律平等；第四，朝圣属于个人自由选择，却具有宗教上的虔诚和苦修；第五，由居住地到朝圣地之间的朝圣行为有着更为广泛的共同体价值。[11]国内有学者曾对藏传佛教信徒的朝圣进行了田野考察，并指出，朝圣离不开宗教情感的投射和依赖对象——圣地。圣地本是一个物质的存在，但对于朝圣者而言却

---

10 《牛津高阶英汉双解词典》（第七版）〔Z〕.北京：商务印书馆，2009：1498.
11 彭兆荣.文学与仪式：文学人类学的一个文化视野〔M〕.北京：北京大学出版社，2004：46-47.

是心理之承载物，它包含了朝圣者的思想、情感、欲望和反应性行为模式。[12]

与具有宗教意义的朝圣相比，学者参加学术会议的行为有很多类似的地方。这主要表现为：第一，学术会议召开的地点往往与学者任职的学术机构有较远的距离，当然这对于学术场域而言并非是最重要的；第二，与学者日常的学术生活相比，每年定期召开的学术会议既为学者提供了休息的机会，更重要的是它集聚了众多高声望的学者和同行；第三，参加学术会议是学者们的自由选择；第四，学术会议作为一种特殊的仪式，在向与会者传递最新学术思想的同时，也维系着学术场域的规范与文化价值。由此可见，学者们将参加学术会议比喻为"朝圣"是有一定道理的。

具体到朝圣的原因，学者 F 进而谈到：

> 大多数青年学者的心目中都有自己的崇拜者，平时只能在学术期刊上见到他们的大名和学术思想，而参加学术会议就能见到他们的真容，一览他们的学术风范，尤其是听到他们在会议上的发言。
>
> 青年学者在学术研究过程中可能有很多迷津，那么如果去参加学术会议，听听专家的报告，与他们进行公开或私下的交流，他们很可能为你指点迷津，拨开迷雾，这个很重要。做专业学术研究，既要潜心苦读，闭门造车，这是基本的东西；但更为重要的是交流、对话，通过交流、对话才能知道自己的不足，才能开阔视野。所以我认为学术会议对青年学者的成长太太重要了。任何一位优秀的学者，他在回忆他的学术成长之路的时候，可能、肯定都会提到学术会议。

一位材料学学者 D 在与笔者的交谈中，用"震撼"一词来描述他参加学术会议过程中的收获：

> 每一次参加高水平的学术会议，都能给我带来一种很大的震撼。每次参加国际学术会议，我自己都会记非常多的东西，都非常清楚，然后回来就开始尝试着进行研究。很多时候的情况是，上一次学术会议中记下来的一些东西还没做完呢，已经到了第二年开会的时间了，这个肯定是要再去的。因为基本上那些有水平的学者总去，高水平的人也是比较稳定的，只不过他们的水平比我们高了一个档次。所以，你每次去，大概去个三到五次，你基本上就能跟踪上他们的

---

12 陈国典.试析藏传佛教朝圣者的圣地情节〔J〕.宗教学研究，2006（1）:182-186.

主题思想和步伐。在某一个方面跟上他们的思路或者突破点。我们这两年做研究、出成果比较快的原因，就是听他们在做哪方面的研究，然后和国际接轨，跟上他们的步伐。然后再进一步寻找他们有哪些东西没想到，然后我们去做。所以最近有一些好文章的原因就是，我们找到了一些突破点，但是国外的人没有想到。我们有我们的基础和优势，了解他们的思想以后就找到突破点，然后好东西就出来了。

在宗教学意义上，朝圣是一项具有重大的灵性意义的旅程。在参与学术会议的过程中，青年学者可以目睹他们心目中的"崇拜者"，见识他们身上所独有的大家风范，其实亦是一种"灵性意义的旅程"！一次次沐浴着灵性的洗礼，激励着学术会议之后以更大的努力投入到学术研究中去，完成一次次的蜕变。

谈到学术会议对学者的影响时，一位核工程专业的年轻学者 E 说到：

> 学术会议是非常重要的，我非常重视。这是因为，一方面，学术一定需要交流、碰撞，才能产生新的火花、新的思想，最忌讳的就是闭门造车。就是你自己在家想，可能觉得自己思路非常漂亮，但是你如果跟别人一交流就会发现，这个想法别人早就做过了，或者很早就行不通，或者早就已经被别人实现了，你再做也没有意义了。所以这个是非常重要的，一定要开阔自己的视野。很多新的想法、新的思路就是在学术会议上交流、碰撞出来的；另一方面，通过参加学术会议，你可以认识很多学者，作为一个学者，一方面要利用一些已有的资源，除了自身的，还要利用国际、国内的一些资源，相当于我们叫作"学术圈子"这样的资源。通过这个，可以扩大自己的影响，让别人知道，中国还有谁、某一个学术机构在做这样的一些工作，做到了什么程度，扩大自己的影响；另外更重要的是，你认识这么多学者以后，可以从他们手上获得非常多的研究资料，比如文献资料、数据甚至一些软件什么的，这些东西都是非常重要的。所以这个学术交流真的非常重要，尤其是对青年学者、青年学生来说，更是如此。

正是因为学术会议能对学者尤其是青年学者产生非常重要的积极影响，因此很多学者都非常愿意参加一年一度的学术会议，并鼓励而且经常带着自

己的硕士生、博士生去参加学术会议。

对此，教授 A 谈到：

> 学术会议为学者提供了很重要的学术交流平台，我非常愿意参加，也经常参加，也鼓励我的研究生参加，并鼓励他们与专家、同行进行学术交流，但不能迷信权威。我的每一位研究生在读期间，都至少参加过一次全国性的学术会议。在学术会议上，他们可以见世面、长见识，了解学术前沿，对学生而言也是非常好的锻炼机会，促进他们的全方位发展。

那位年轻的学者 E 也说到：

> 我们的博士生每一个都要出国开会，我们都有专门的资金资助他们。所以我们非常重视这个事情。学生们每次参加学术会议的收获都特别大。其中有一个看不见的但非常重要的收获，是他的学术自信心得到了提升。过去他总觉得，他只是一个做具体工作的博士生而已，觉得自己好像什么都不了解。但他一旦出去过以后，他认识了一些人，认识了一些顶尖级的专家，跟那些全球最领先的教授聊完天以后，他就会发现，原来学术离他自己那么近，原来世界最前沿的东西里我是这么近啊。所以就让这个问题变得更直接一些了。

美国卡内基基金会曾在 20 世纪 80 年代做过一次关于大学教师的调查，其中的一个题项是：在过去一年，您参加了几次全国性的学术会议？参与问卷调查的 4863 位学者的回答情况如表 4-2 所示。从统计结果来看，在当时的美国，67%的学者在过去的一年至少参加过一次全国性的学术会议，38%的学者至少参加过两次学术会议，不过仍有 33%的学者一年之中没有参加过学术会议。从学者的任职的学术机构来看，参加全国性学术会议的比例似乎反映出一定的差异性，即越是研究型大学的学者，一年之内不参加全国性学术会议的比例越小，而至少参加两次的比例越高；而那些越是趋于教学和培训的大学或学院，其学者参加全国性学术会议的比例恰好与前者相反。这其实从学术交流的层面说明，美国学者和学术机构在学术水平上分布的不均衡性，即美国的学术场域亦是一个存在着严格等级的分层结构，只是我国学术场域的等级性表现得更为突出。因为，在美国，即使是一些很小或是总体排名并不靠前的院校，也大多有一个或多个很优势的学科。

表 5-2　美国各层次学术机构学者参加全国学术会议的比例（%）

机构类型	参加次数		
	无	1 次	2 次及以上
研究型大学 I 型	15	28	57
研究型大学 II 型	22	29	49
授予博士学位大学 I 型	27	32	41
授予博士学位大学 II 型	33	27	40
授予硕士学位综合型大学 I 型	31	32	37
授予硕士学位综合型大学 II 型	41	27	32
学士学位文理学院 I 型	21	34	45
学士学位文理学院 II 型	38	32	30
两年制学院	49	26	25
总计	33	29	38

资料来源：Burton R. Clark. The Academic Life〔J〕.New Jersey:Princeton University Press,1987：245.

三、一位学者的学术会议史

　　学术会议作为一种微观的学术环境，或者说是一种关键的学术交流形式。不管是在学术信息的传播方面还是在学术思想的启发方面，它都能带给参会者很大的影响。在访谈过程中，我感觉到，有时候可能就是由于第一次在学术会议上的发言，哪怕是在分论坛或小组报告中发言，特别是如果得到高声望学者的点评和鼓励，就很有可能在很大程度上提高青年学者的学术信心，进而改变一位学者的学术生涯。

　　学者 F 是一所"211 工程"院校的中年文科教授，本科和硕士都毕业于现在任职的院系，硕士毕业后留校任教，后来在一所"985 工程"院校攻读博士学位，而后又在另一所"985 工程"院校完成了博士后流动经历。他曾先后主持国家级、省部级课题多项；在《中国社会科学》等学术期刊上发表学术论文近百篇，有 10 多篇被《新华文摘》等转载。目前担任所在学院的院长，是几个全国性专业学会的理事、几个省级专业学会的会长和副会长，同时也是教育部"新世纪优秀人才支持计划"资助的学者。

在访谈中，笔者一提到学术会议，学者F就说到：

> 学术会议非常重要！因为真正的学术必须要依托一种学术共同体。所有的学者，尤其是青年学者，就是在学术共同体之中，通过学术共同体这个纽带，了解到最新的学术前沿，跟一些学术前辈进行交流，在这个过程中成长起来的。这个很重要！学术会议！

接着，学者F对其参加学术会议的经历做了一个长时段的回顾，而后为笔者讲述了这些经历对他学术生涯发展的影响。

> 笔者：您能不能回忆一下，您从青年学生、青年学者一直到现在，在年复一年地参加学术会议的过程中，您的角色发生了哪些变化？

> 学者F：肯定是有变化的！我，印象最深的，还是第一次参加学术会议的时候。那是1980年代末，我还是一名二年级的硕士研究生。那个时候，咱们国家刚刚提出社会主义初级阶段的理论，也就是邓小平那时候。那次学术会议是由我们学校承办的，召开了一个叫"XX理论讨论会"。在那次学术会议上，全国来了很多学者，我是唯一的研究生代表，也是我们学校派出参加这次会议的一个研究生。当时我是在一个分会场上发言的。

> 那时候，我就说是……，因为研究生很少嘛！哇！那些学术大家（高声望的学者）们，北京的呀、上海的呀，都发言完以后，一看还有个研究生，主持人就说，"那位研究生同学！你发言！年轻人，别人5分钟，给你10分钟！"诶！那时候就受宠若惊的。哇！老天爷也给我了发言机会！

> 笔者：这是一种非常大的鼓励！

> 学者F：对啊！那时候我就是初生牛犊不怕虎，那就说呗！当然那篇学术论文，我准备了好长时间。我当时的导师，治学非常严谨！当时也是我第一次参加全国性的学术会议。在我印象中，那篇学术论文先后改了八遍，老师真是手把手的指导我改啊！……尽管后来看，那篇论文还比较浅显，但至少说有一些自己的想法。在会上，我发言结束后，很多老先生鼓励，说，年轻人！这思想挺活跃的，还有这种想法和认识，挺独到的！

> 笔者：这一鼓励不得了啊！

学者 F：对！那次是我参加的第一次学术会议呀！

作为一位硕士研究生，第一次参加全国性学术会议的经历给学者 F 留下了非常深刻的记忆或印象。从他的言语中，笔者注意到他强调了四点：第一，他多次强调自己是那次学术会议上的唯一一名研究生代表，尽管是在分会场上，表现出一种其他未参会研究生难以体验的自豪感和紧张感；第二，他强调那次学术会议来了很多"学术大家"，而且是"北京的、上海的"。我们知道，北京和上海集中着我国最多数、最有实力的高声望学者，这其实是说明了这次学术会议具有较高的规格和学术水平；第三，他强调得到"很多""老先生"的鼓励，在这里，学者 F 实际上是想表达所得到的鼓励的水平，因为"老先生"不是一般学者，也不是只有一个；第四，为了真正"代表"研究生的学术水平，学者 F 强调他当时非常认真地撰写、修改参会论文，毕竟是第一次！可以看出，得知要参加学术会议时体现的自豪和紧张已经转化为学者 F 的实际行动了。

> 学者 F：硕士研究生毕业后，因为我当时的导师本身就是 XX 省 XX 学会的会长，他的同学、好友又是 XX 省社会科学院的。当时，在我们的学科中，全国比较前沿的学科，叫 XXXX。
>
> 笔者：对，我看您主要是做 XXXX 和 XXX 的。
>
> 学者 F：对！后来我们就……那时候这个领域非常的热门，刚刚留校，我也很活跃，不断地有全国性的 XXXX 的会议。当时，我们导师非常看重这些学术会议，就带着我们去参加，每次去就让主办方给我们发言的机会。每次发言就带着一种使命感，代表我们学校去，都是精心准备的。

在青年学者的学术成长过程中，导师起着关键性的指导作用。同时，导师在学术场域中的学术声誉或学术地位对青年学者日后的发展尤其是接受同行认可的程度方面有很重要的影响。学者 F 的导师是一个专业学会的会长，而且导师的同学也都是省社会科学院的，借助这层学术关系，很多学术会议的主办方都会给学者 F 留有发言的机会，增加他在学术场域中的可见度。

对此，学者 D 也指出：

> 学者 D：精英传精英，在学术界是很正常的现象。我觉得他们那种很有名的教授，会不由自主地选拔一个自己最有名、最有潜力的学生，介绍给他所在的学术圈子。所以这个学术圈子就会继续下去。

但是也不排除一些现象，比如有的弟子慢慢成长起来以后，因为他的弟子不一定比他强，然后这个派可能就慢慢弱下去了。然后呢，其他人就站起来了。但是我见过的这些极其有名的老先生和他的弟子都传承得很好。

笔者：所以这种传承不仅仅是学术研究、学术思想的传承，也是一种……

学者 D:学术圈子的传承。比如我那个日本的老板和美国的老板，就是因为他们的老师的老师是朋友，所以他们也成为很好的朋友。

从这一点来看，导师对学生的关照其实主要有两点考虑：一是使他的学生尽早地融入到他所在的学术圈子，与他的同学、老友建立学术上的联系，从而提高学生在学术场域中的可见度；二是在其学生成长起来尤其是逐渐超过他的时候，他的学术思想就会由学生继承并延续下去。显而易见，一位学者的发展和一个学派的学术思想传承与发展最根本的是要基于学者自身的学术能力。不过，外在的关照和学术圈子所产生的是放大的作用，因为学者学术地位的获得实际上应该是学术人个人资质（天赋、兴趣、努力程度等）与社会资本（学术出身、组织环境、导师关系等）双重互动作用的结果。[13]

以上主要是学者 F 在硕士研究生和任教初期主要的一些学术会议经历。后来，30 岁出头，他北上读博，而后又陆续在一个非常著名的 XX 院系完成博士后流动经历，师从的导师亦是 XX 学领域中具有很高学术声望的学者，曾担任多个全国性专业学会副会长的职务。

学者 F：后来慢慢等我真正在 XX 大学读了博士以后，又开始参加会议。很快就被安排主题发言、全国学术会议中的大会发言。其中规格最高的有 3 次，一次就是由《中国社会科学》杂志社和一所大学联合主办的学术论坛，中国社会科学院、武汉大学的两位学者与我一起进行大会发言。他们都是大家，我当时博士毕业几年了，对我来说这是一种很高的荣誉，而且由《中国社会科学》杂志社主办的，是规格最高的一个会议。邀请参会的代表并不多，大概就那么 50 个人，主要是北大呀、清华呀、武汉大学、吉林大学还有中国

---

13 阎光才.学术系统的分化结构与学术精英的生成机制〔J〕.高等教育研究，2010
（3）:1-11.

社会科学院等。这次学术会议，在我记忆中，是给我发言最长的一次，40分钟的大会主题发言，底下都是些北大、清华等高校的。发言结束后，参会学者轮番地提问。会议结束后，那篇文章也发表了，期刊的层次比较高，是《中国社会科学（外文版)》。

每次在学术会议中发言的论文都是经过精心准备的，慢慢我就觉得有自信了。我觉得，青年学者的自信心啊……学术自信就是在参加学术会议过程中通过不断地交流树立起来的。你的学术眼界啊，也就是在这个过程中养成的。否则你就很狭隘。因为现在就跟我们自身角色认识有关。我出去，我从来不说是代表我自己，我因为我是 XX 大学的学者，是吧！就有一种使命感。你不是在这为你个人争个什么东西！让他们看，啊？XX 大学还有这么一位学者，他们对你会刮目相看的。这不但对自己，而且对学科、所在学校他们都有一种新的认识。

学者 F 在获得博士学位、完成博士后流动经历后，学术能力在多个导师、毕业院校声誉的显微镜下，释放出了很大的学术潜力，并取得了很多有代表性的高水平学术成果。这也明显地反映在他参加的学术会议的规格和层次上，之前主要是以硕士研究生或助教这样的新人身份在分论坛上发言，而这时逐渐开始登上邀请报告人的舞台，在学术场域中表现出更为明显的可见度，形成了较高的学术声誉。

学者 F 的一些话语也明显地体现出这种转变。前一时期在说到学术权威时显得有一些模糊，譬如"北京的、上海的"等等，尚未能指出明确的院校，而且明显是一种"仰视"的姿态，譬如他多次使用的"老先生"；而在这一时期，作为一位处于高产期的青年学者，而且已经经过多年的博士和博士后训练，已经能够与中国社会科学院、武汉大学的"大家"共享一个舞台，针对 XXX 议题展开对话，并"轮番"应对那些任职于北大、清华、吉大等院校学者的发问，最终将发言稿全文刊发在我国哲学与社会科学最高水平的学术刊物《中国社会科学》上了，话语中间流露出的是与其他"大家"相对平等的姿态。

经过博士毕业之后（包括博士后经历）近 10 年的时间，学者 F 由于在学术水平和学术声望上的持续提升，目前已经到了对于哲学社会科学学者而言最为关键的高峰期了。对于当前的学术会议经历，学者 F 说到：

我们现在参加的学术会议，规格很高了。经常参加高端学术会议、高端论坛，而且主办方首先就说报销往返机票，不收会务费、食宿费。你说这个东西，那就是主办方给你提出这样的规格待遇，待遇的改变，那意味着对你的要求更高了，他邀请你去参加这个学术会议，他对你是有所期望的。对对！

笔者：但实际上是对您学术声誉的一种认可。

学者 F：那当然了！这当然是以学术声誉的认可为前提的。你说你没有一点真东西，不踏踏实实做学问，你给人讲什么呀！凭什么让别人给你免机票免食宿呢？这个我认为它是双向的，别人认可你，看重你，你必须要以你的研究成果回报人家，去让大家把你请过来，我们是通过交流共享的。

笔者：XX 学要是闭塞了的话可能就是最可怕的。

学者 F：对，就麻烦了。所以，学术会议很重要，每一个年轻学者成长的履历之中，学术会议这个……这个真是非常重要。没有这个，前沿学者根本就成长不起来。

在这一阶段，学者 F 在参加学术会议方面最大的变化是学术会议的"规格很高了"，"经常参加高端学术会议、高端论坛"，而且基本上是免交通费、食宿费的。学者 F 也意识到自身角色的变化，在外部表现为主办方要求的提高，在自身则表现为用自己的研究成果"回报人家"，实现学术的"交流共享"，并认为这是一种"双向的"相互作用。我们明显可以感到学者 F 对自己提出了更高的学术要求。而且，这里还有一个变化，即之前更多谈的是学术会议对青年学者的影响，而现在则更为明确的指向"前沿学者"。

基于这样一种角色意识，学者 F 谈到了目前的学术会议规则：

现在你看，很多学者就不出去。他不是不出去，没人要请他，大家不知道你是谁，是吧？他不邀请你呀！很多会议是有门槛的，它叫"以文赴会"，不是说你谁交论文就可以去。这是会议规模问题。现在有些学术会议开成"罗马大会"，就是那个伽得默尔（德国现象学、哲学家）讲的，说不是思想在开会，是学者们的见面会！这个就很麻烦了，就说不是真正的学术会了。

笔者：但这样就可能使好的越来越好，不好的越来越不好！

学者 F：那没办法，这就这样的。学者的成长，最后就是这样的，是很残酷的，就是优胜劣汰的过程，你像真正做到金字塔顶尖，只能是极少数人，大部分学者都被淹没，都碌碌无为了。

　　笔者：学者的学术声誉是不是影响着他们能否被邀请？

　　学者 F：这一般就是，高质量的、高端的学术会议，肯定首先就看你的学术影响，必须的！怎么说呢！它是一种机制，因为是学术年会嘛！久而久之你自然就被淘汰了，你今年没被邀请，因为质量差，明年没被邀请。连着两次都没被邀请，那就麻烦了，自己就该退出了。所以我倒觉得这是一种比较好的机制，我是比较赞成的。是吧？因为现在很多学术会议，为了照顾面子，为了排辈分，不管他有没有思想，对不对？只要他来，一人五分钟、三分钟，能说个什么啊？还没说两句话，时间就到了。根本展不开，所以有时候我们也失望。那种"罗马大会"没有任何意义。我现在每年接到很多的会议通知，但我最多精选……每年最多就去那么 2、3 次，3、4次，足矣！因为大多数时间，我还要看书呢！所以我现在选择学术会议是非常的谨慎，我不轻易出去。

　　在这里，学者 F 主要涉及两个问题，一个是学术会议的门槛问题，另一个是跟门槛有关的学术场域的等级结构问题。

　　对于第一个问题，学者 F 借用伽得默尔对"罗马大会"的批评，对学术会议的质量和效益进行辩护，认为只邀请那些有学术声誉的优秀学者就可以达到学术会议的预期目标了。对于第二个问题，学者 F 认为金字塔的等级结构是优胜劣汰的过程，而大多数学者被不断淘汰主要是因为他们的学术水平太低，撰写的学术论文质量太差。很明显，这时的学者 F 已经站在了一个较高的位置。更大的一个变化是，学者 F 参加学术会议的心态，已经从第一次时的自豪转变为现在的谨慎。这主要可能是因为，等到学术声誉积累到一定阶段，只有那些高规格、高水平的学术会议才能为他们带来学术交流和思想冲击的愉悦。

　　在这一时期，学者 F 还有另外一个大的变化，就是开始招博士研究生了。于是，他也像早期他的导师带着他一样，开始带着自己的博士研究生参加学术会议了。

　　笔者：您一般参加学术会议的时候，会带着研究生去吗？

　　学者 F：那当然！从老师角度看，肯定希望把自己学生带出去。

我目前带着几个研究方向的博士生，他们有时哪怕自费都会跟着我一起出去开会，这几年，跟着我在南京呀、武汉呀开了几次学术会议。当然，有的博士生是在职，单位可以解决经费。我带他们去，那肯定是要发言的，一定要上会发言，因为主办方我们都很熟嘛！博士生来了一定给他们提供发言机会，这是必须的。

笔者：那在参加学术会议期间，您会不会给学生介绍一些专家、学者？

学者 F：肯定会啊！就是通过学术会议结交朋友嘛，认识一些学术前辈！

笔者：这对他们也是一种非常大的激励。

学者 F：是的，必须的，必须的！

在学术场域，导师们都能够认识到学术会议对博士生学术成长的重要意义，因此也非常乐意带着博士生去参加学术会议，并鼓励他们在会议期间与学术前辈进行学术交流。由于学者 F 本身受益于参加学术会议和发言的经历，因此亦非常愿意带着博士生去参会。这里有意思的是，就像当年他的老师通过其同学、好友安排他在学术会议上发言一样，他亦将自己的博士生介绍给他熟识的专家，将他们逐渐推向学术场域的前台，给他们提供发言的机会。这里再次表明了导师的学术声誉对青年学者成长的影响。

尽管结交学术同行和朋友、认识一些学术前辈对于学者的发展非常重要，但它们仍然只是一种外在的影响因素。当这种外在的因素演化成学者竞夺的对象时，学术"朝圣"之旅就面临着庸俗化的趋势。学者 F 在与笔者的交流中也表达出这样的担忧。

笔者：一些学者谈到，他们的学术会议越来越变成一个会朋友的场所，你觉得是这样吗？

学者 F：也有这样的情况，但是是个别学会。

笔者：拉关系？

学者 F：但我觉得现在，因为这两年，学术会议有多种形式，跟会议类型有关系，原来很多学术会议是由专业学会主办，委托某一个高校或研究机构承办，这个就可能考虑关系，有些学校本身就不怎么样。

笔者：我发现，一个专业的学术会议一般首先是在那些声誉好的院校开，然后才慢慢轮到底下的院校。

学者 F：对呀对呀！大家就找地方玩嘛！有相当的旅游的成分在其中。比如选一些很小的学校，他们当然也是为了提高学校的学术声誉、学术影响力，还有学校影响。这个是可以理解的。但是大部分，就说还是以本会会员为主。

笔者：不但是院校之间，而且学者之间也在拉关系。

学者 F：肯定是！肯定是！这个也很有必要。他能参加这个学会，一般都具有一定的学术声望，不是说都是顶端的，哪有那么多顶端的？一个学科、一个领域，有那么一两个拔尖的了不得了！大家一年见见面，互通有无，通过学术信息和研究进展，很有必要，开阔眼界嘛！学术会议也起着开阔眼界的作用，因此拉关系也是不可避免的。我的意思是，学者参加学术会议，从主办方组织学术会议这个意义上，他还是有学术质量的，并将之作为最高追求。

任何一次学术会议的学术质量在很大程度上也涉及到会议主题的问题。一个好的主题往往能吸引更多的学术同行参会，并在发言、交流中碰撞出更多、更好的火花。那么，学术会议的主题一般是由哪些学者设定的呢？它是怎么出炉的？学者 F 说到：

举办学术会议，一般都是想选择一个好的选题。像我们今年十月份，要召开一个全国性的学术会议。我们常务理事开了七次会了，主题定不下来，主办方愿意掏钱。

笔者：那这个主题一般是由哪些学者决定的？

学者 F：学会定嘛！会长、副会长还有理事单位。

笔者：七次会了，为什么还没定下来？

学者 F：那就是大家说，之前讨论的几个主题都不合适！没意思。我们既然要开会，全国性的，这个主题要具有前沿性，是个真问题，不是个假问题，参会的人到时候能有收获，不能泛泛而言。

笔者：在决定议题的过程中，有没有谁更能决定着大家的话语权？

学者 F：没有，不会的。比如我是 XX 省 XX 学会的会长，当然我是最年轻的会长，我就从来不会说是，我是会长，我就独断的决定话题，没有。我会提出议题，我认为这个议题是比较前沿的，

> 大家谈谈看。你像我们最后这次的会议主题实际上还是我定的。大
> 家都有一些想法，我最后找到一个合适的议题，大家都说挺好！那
> 就集体通过了。

这个其实也是学术场域中的常识，即学术会议的主题主要是由专业学会的理事会成员商议决定的。但是，这个决定的过程到底是什么样的？由于各种原因，笔者未能收集到较为翔实的一手资料。不过，从以上的访谈资料中，我们还是能够看出一些端倪：尽管主题的决定是一个共同商议的过程，但"合适的议题"很有可能是某一位或某几位具有话语权的学者首先提出，而后才集体通过的。这里所谓的"集体通过"可能蕴含着更为丰富的含义。当然，这仅仅是笔者的推测而已。

第二节　作为仪式的学术会议

仪式，自迪尔凯姆以来，一直是社会学、人类学长久不衰的研究议题，阐释仪式中可见的人类行为的文化意义及其背后的权力关系也成为人类学和社会学研究的独特传统。可以说，在社会学和人类学的理论和思想中，仪式理论占据了非常重要的位置。

据彭兆荣教授考证，"仪式"一词作为一个分析的专门词语出现在 19 世纪，它被确认为人类经验的一个分类范畴里的概念。这个词的原初所指主要是将欧洲文化和宗教与其他的宗教和文化进行对比。所以，许多古典的人类学家们也都在这样一个大的背景下对仪式进行定义和解释。"神话-仪式"学派主要集中于同一学理范畴进行阐述。后来的社会功能主义者们则相反，他们不满足、也不囿于仪式的宗教理解，而是通过仪式行为和活动来分析"社会"以及社会现象的自然特性。更晚近的解释人类学则在仪式的符号"隐喻性叙事"中发现所谓的文化"动力"。[14]

纵观关于仪式的各种理论，不管是早期的迪尔凯姆、马林诺夫斯基（Malinowski）、博厄斯（Franz Boas）、范热内普（Arnold van Gennep），还是后来的布迪厄、列维-斯特劳斯（Claude Lévi-Strauss）、吉尔兹（Clifford Geertz）、特纳、道格拉斯（Mary Douglas），等等，都进行了独特的研究，但

---

14 彭兆荣.文学与仪式：文学人类学的一个文化视野〔M〕.北京：北京大学出版社，
　　2004：17.

并未形成一个统一的定义。对此，彭兆荣教授指出，随着仪式研究越来越深入地渗透到社会的各个方面和学术研究领域，从各种各样的态度、角度、眼光、方法对仪式加以训诂和解释者层出不穷，从而使仪式的意义呈现出越来越复杂的趋势。他通过梳理不同的仪式定义，认为仪式主要有以下几个方面的指示：[15]

    1. 作为动物进化进程中的组成部分；

    2. 作为限定性的、有边界范围的社会关系组合形式的结构框架；

    3. 作为象征符号和社会价值的话语系统；

    4. 作为表演行为和过程的活动程序；

    5. 作为人类社会实践的经历和经验表述。

本研究对仪式的理解也是基于以上五点指示。

那么，学术会议这种现代社会事件能否被当做"仪式"予以分析，从而阐释其中的文化意义与权力关系吗？

对于这个问题，首先需要回答的是以契约、律法为特征的现代社会是否需要研究在传统社会中发挥整合功能的仪式。早期的人类学家往往认为，仪式是前现代社会宗教实践的一种确定性特征。[16]迪尔凯姆在其早期试图解决的问题是，什么因素使社会结合在一起？他通过社会仪式的机制回答了此问题。被结合在一起的这个"社会"，不是抽象的社会系统体，而是这样的人群，他们聚集在某些具体地点，通过仪式参与和仪式赋予的符号的作用，他们彼此会感觉是团结的。[17]这主要是基于传统社会的研究而得出的结论。对于工业革命后的现代社会，他认为社会的整合无疑是建立在劳动分工的基础上的，然而现代社会的异化和失范预示着整合的失败。在他后期著作中，则期待能够在现代社会中寻觅到宗教的"功能性等价物"——即那种能够发挥整合功能的世俗性组织和仪式。[18]英国现代人类学家科恩（Abner Cohen）、道格拉斯等

15 彭兆荣.文学与仪式：文学人类学的一个文化视野〔M〕.北京：北京大学出版社，2004：17.

16 〔美〕约翰・R.霍尔，玛丽・乔尼・兹.周晓虹，徐彬译.文化：社会学的视野〔M〕.北京：商务印书馆，2004：98.

17 〔美〕兰德尔・科林斯.林聚仁等译.互动仪式链〔M〕.北京：商务印书馆，2009：78.

18 〔美〕约翰・R.霍尔，玛丽・乔尼・兹.周晓虹，徐彬译.文化：社会学的视野〔M〕.

都提出类似的观点。他们认为，现代社会的人际关系、日常生活都充满着与原始部落雷同的象征行为，都带有原始仪式特点，具有深刻的象征意义，现代人亦演戏般地扮演着各种各样的符号角色，[19]而且仪式并非总是与乡民文化或宗教行为联系在一起。[20]人类学家贝尔（Bell）亦指出，作为文化原动力的"窗户"，人们通过仪式可以认识和创造世界。[21]由此可见，现代社会中的人类行为特别是展演行为也就自然可以被当作仪式加以学理上的考察，事实上当代的很多人类学家也在做着这样的研究活动。不过，很多人类学家与迪尔凯姆都遵循的是社会整合的路径，非常强调仪式的社会整合功能。科林斯则是从社会分层与冲突的角度来研究仪式的。在科林斯那里，迪尔凯姆的问题转化为，什么因素使社会结合成为分层与冲突群体的模式？科林斯认为答案还是社会仪式。他认为，一些个体比其他人更为优越，是因为他们比其他人更接近仪式的中心。因此，仪式具有双重的分层作用：在仪式局内人和局外人之间分层，也在仪式内部，在仪式的领导者和仪式追随者之间分层。仪式因而是关键性的机制，是冲突和支配过程中的关键武器。[22]科林斯的观点给本研究的启示在于，仪式中体现的不仅是社会整合的符号，还鲜明地表现着人与人、人群与人群之间的分层与冲突。

其次要回答的问题是，学术会议何以适合仪式分析？如果根据现代人类学家的观点，学术会议作为一种人类行为完全适合于仪式分析。但学术会议之所以适合于仪式分析还在于学术场域内在的组织文化特性。唐尼（Kenneth Downey）曾驳斥了学术场域是有机团结的观点，认为机械团结模型更能解释学术场域的组织文化特性：学科分立是一种机械分工，所有的科学家从事的是同样的活动，且出于内在的兴趣；对科学家的社会控制依赖的是科学的技术和道德规范的内化；奖励系统通过科学奖励为学术场域树立了行为标准和典范，其功能就如同民间传说将部落英雄浪漫化那样为年轻人树立模仿的意

北京：商务印书馆，2004：90-91.

19 王铭铭.想象的异邦——社会与文化人类学散论〔M〕.上海：上海人民出版社，1998：228-241.

20 〔美〕约翰·R.霍尔，玛丽·乔尼·兹.周晓虹，徐彬译.文化：社会学的视野〔M〕.北京：商务印书馆，2004：98.

21 彭兆荣.文学与仪式：文学人类学的一个文化视野〔M〕.北京：北京大学出版社，2004：20.

22 〔美〕兰德尔·科林斯.林聚仁等译.互动仪式链〔M〕.北京：商务印书馆，2009：78-79.

义榜样；荣誉系统将荣誉分配给科学家个人或所在机构，而物质报酬则是第二位的。[23] 由此观之，学术场域与其他社会组织相比，尽管融入了现代社会的一些因素，但由于学术组织本身的松散性、学术奖励的精神性和价值目标的独特性而更加类似于传统社会组织，具有更多的传统意义。因此，学会会议作为学术场域中发挥整合作用的一个关键要素，不但适合而且也需要仪式分析的视野和路径。

第三节　学术会议中的地位等级结构

学术场域是学者间正式或非正式的学术交流网络，学术会议则由于能够为同行提供面对面的即时性学术交流而在其中发挥着学术期刊、通信等其他交流形式无法替代的功能。每逢某一专业学会的学术会议，来自国内外的这一学科的学者带着精心准备的学术论文纷至沓来，以文会友，试图与与会学者交流、切磋，一切似乎都彰显着学术自由的经典大学理念和公有性、无私利性等科学的精神规范。而这些似乎也已成为学者头脑中的共识或常识，不存在任何异常。常识之为常识，就是不断重复的例行常规，不言自明，无须质疑。但如若细致地观察学术会议的运行过程，我们就会发现这些常识颇值得审视和反思：一方面，学术会议中的学术交流和传播彰显着学术活动内在的知识逻辑；另一方面，学术会议中存在的行政领导、不同地位学者之间的等级结构则潜隐着外在的政治逻辑。

学术会议中的地位等级结构主要表现为三对等级关系：一是上级领导（一般是教育部、科技部等相关部门领导、学术会议举办地的省市级领导，有时中央主管相关工作的中共中央政治局委员、国务委员也要莅临某些学术会议）与（学术会议承办）院系或研究机构领导的等级关系；二是领导与学者间的

---

23 迪尔凯姆在《社会分工论》一书中最早提出有机团结和机械团结的分类框架，用以区分现代社会和传统社会中社会凝聚或团结的类型，其理论基础是结构功能主义；1957 年，滕尼斯则从人际互动论的角度补充了这种分类框架。唐尼综合了二者的分类框架，归纳了有机团结和机械团结的特征。他认为，有机团结的特征是：高度的劳动分工、结构间的功能依赖、个人间的"理性"关系以及保持社会平衡的规范；机械团结的特征是：低水平的劳动分工、结构间的地位关系、基于情感和传统的人际关系以及体现"集体良知"和使个人从属于社会的规范。参见 Kenneth J.Downey.The Scientific Community: Organic or Mechanical? 〔J〕.The Sociological Quarterly, 1969,10（4）：438-454.

等级关系，这主要是指上级领导、学校领导与学者间的等级关系；三是学者与学者间的等级关系，这是学术场域内部的等级分层结构，包括学会领导、著名学者、知名学者、一般学者以及研究生之间交互的等级关系。

那么，这三对等级关系抑或等级结构是如何体现于学术会议的过程之中的呢？

首先是学术会议的座次，上级领导一般就坐于主席台坐席中最中间的位置，两边分别是承办单位的领导、专业学会的会长、副会长、秘书长等，而且学会会议的规格越高，出席会议的领导级别就越高，这或许是我国学术系统中特有的现象；其次是那些来自知名院系的资深教授、院长等少数著名学者等；而知名学者则就坐于观众席的前几排，有意思的是，在有的学术会议中学者们还要根据座位上的标识对号入座；最后才是数量众多的一般学者和研究生，有的学术会议还有意无意地将研究生安排于会场的后排或两侧。

接着是开幕式上的讲话，讲话的次序一般也是按照行政职位的高低依次进行，最先发表讲话的是上级领导，其次是学会会长、副会长等，在学会中职位较低或没有职位的学者只能充当"沉默的大多数"。从座次和讲话次序来看，学术会议充斥着外在的政治逻辑和行政色彩。

然后再就是学会会议的主题发言和分论坛发言或小组讨论，在开幕式上做大会主题发言的首先是学会的名誉会长或会长，其次是本学科的个别著名学者，他们往往来自高声望的院校或科研院所，而且在发言次序上一般也都非常讲究。那些学术声望略低的知名学者则被安排在分论坛或小组讨论中做主题发言，主持人一般也是本学科中稍有名望的知名学者，且多在专业学会中担任一定的职务，而那些不太知名或年轻的学界新人一般都不会获得主题发言的机会，充其量也是在小组讨论中向发言人提问或表达自己的一些见解，学术场域作为等级分化的社会特性在此得到了淋漓尽致的呈现。

除此之外，与学术会议没有直接关系的会议接站、送站等这些再普通不过的小事中也充斥着这种等级化的社会特征，如哪些学者会享受专车接送、由谁接送的特殊待遇，哪些学者仅能乘坐一般的接送大巴甚至还要自己乘车往返等等。

以上列举的等级关系在学术会议甚至学术系统中可谓是司空见惯，学者们一般很少用自己研究专业问题的学术思维去反思和审视学术生活中的这些日常经验，"更少停下来比较一下各自的私人经验与他人的命运"。[24]但是，我们一旦用学术的眼光去看待我们自己的学术生活，可能就会提出新的问题，进而开启一个不同的甚或全新的经验图景和理论认识。具体到以上列举的三对等级关系，我们至少可以就两个问题予以理论上的探究。

首先是学术活动中的行政权力问题。当前对这一议题的共识是，行政权力与学术权力在当前总是纠结在一起，行政权力过多地介入学术权力。不用说我国古代"官学合一"文化传统的影响，单是建国后国家行政权力包揽、控制一切社会生活的制度安排和意识形态教化，尽管改革开放三十年来有所缓解，至今仍带给学术机构和学术研究不小的约束和压力，使得学术活动的政治干预问题在我国有着特殊的语境。回到学术会议，上级领导出席学术会议并发言往往也是学术会议组织方主动邀请的结果，如若遇到领导临时有事不能出席，则由下级领导或专业学会领导代为宣读其讲话稿，从而体现政府的重视。有意思的是，出席的领导级别越高，似乎就显得本次学会会议的层次、规格越高，在学术系统中所占有的地位就越高，殊不知这恰恰是学术场域发育不成熟而缺乏相对自主性的表现，否则也就不会通过领导的出席来宣告其合法性。不管是出于自愿还是无奈接受，领导出席并讲话表面上看是对学术会议的支持，但就学术的内在逻辑而言，这显然是行政权力对学术事务的介入，参加过学术会议的学者无不感到一种行政化的政治逻辑。更有甚之，有时领导在学术会议上偶然提到的一个命题或倡议往往会在一段时间内受到众多学者的关注和研究，成为学术研究的风向标，这在人文社会科学研究中表现的尤为明显。

专业学会从本质上讲是学者们进行学术交流的自愿性和学术性组织，强调的是学者的独立自主和学术自由，反对行政力量的干预和介入，是对国家权力的约束和制衡。学术会议是学术自由表达的重要场所，而上级领导、行政官员参与学术会议无异于使这种原本就要求独立、自主的学术交流活动变成政府介入、参与甚至控制的对象。上级领导代表国家、政府以行动性、话语性或象征性的方式参与学术会议，使得国家以符号的形式出现，在学术活动中显现其力量和权威，实际上隐匿的是对学者认可国家权威的要求和强化，而这种符号化干预往往起着春风化雨的作用，以至于难以被学者所觉察。如

24　〔英〕齐格蒙特·鲍曼，蒂姆·梅.李康译.社会学之思〔M〕.北京：社会科学文献出版社，2010：7.

果我们意识到学术系统中横行的这种政治逻辑，就不会对近年来博士、教授参加官员、公务员招考的比率不断攀升这一现象感到诧异。

在当前"去行政化"已成为政府和学者共识的语境下，学术活动的行政干预无疑是一个需要反思的问题。我国学术场域的发展历史还较短，发育状态较弱，专业学会的学术自主权还未得到真正的彰显，这也为行政权力提供了介入的可能性。因此，有学者就指出，"在推动中国语境中的'去行政化'道路上，除了在强调淡化甚至祛除政府和高校行政部门各种直接（如行政手段）或间接（如各种名目繁多的评优工程、计划和项目）介入同时，恐怕我们最需要予以关注的是究竟如何重建我国学术场域，使之不仅为内部学术成员所认同甚至对其报以忠诚，而且也能够为社会甚至政府所信赖。"[25]即是说，政府或各级领导需要转变政府干预学术活动的方式，不直接介入学术活动，还学术活动本身应有的自主空间就是对学术活动最好的支持方式。然而，学术场域在没有政府直接干预、介入的条件下能否步入良性运行的轨道？这实际上就是本章要讨论的第二个问题，即学术场域本身的运行机制，这将在下一部分着重分析和讨论。

第四节　学术会议中的象征权力、规训与秩序

如前所述，学术场域是一个"斗争的场"、一个权力关系网络，而学术会议恰恰就成为各种权力相互作用、相互竞争的支点，学术会议的展开过程亦即各种权力在特定的场合和时间展开斗争和竞争的过程。因此，学术会议不啻为我们分析学术场域内部权力运行机制的一个适切的横断面。

一、象征权力的生产与学科规训

仪式，不仅是社会性的标准化和重复化的象征行为，[26]也是受规则支配的象征性活动，它使参加者注意他们认为有特殊意义的思想和感情对象。[27]象征性活动的标准化、制度化过程通过生产象征符号而不断生成着象征权力，参

---

25 阎光才.亚努斯的隐喻——去行政化语境下的学术精英角色与权力内涵分析〔J〕. 复旦教育论坛，2010（5）：5-9.

26 David I. Kertzer Ritual, Politics, and Power〔M〕.New Haven: Yale University Press, 1988：8.

27 Steven Lukes.Political Ritual and Social Integration〔J〕.Sociology.1975,9（2）：289-308.

加者对象征符号的争夺本质上是争夺其背后所蕴含的象征权力。"象征符号之所以具有权威性，正是由于人们为控制这些象征和符号而不断地互相争斗"。[28]学术会议作为一种学术仪式具有一般仪式的典型特征，它生产的是学术性的象征权力，譬如学者在学术会议上的可见度、话语权等等。每一次学术会议都是对象征权力的生产和再生产，年复一年的学术会议通过标准化、制度化的过程无形中强化着象征权力的权威性，并以此为基础对学者进行学科规训，使其对学科产生忠诚感和学科身份认同。

事实上，专业学会的产生从知识逻辑的层面而言是知识专业化的结果，从其政治逻辑的层面讲则是象征权力的垄断、再生产以及对学者实施学科规训的过程和结果。沙姆伟和梅瑟—达维多在《学科规训制度导论》一文中曾指出，十七、十八世纪"学会的成立标志了知识划分史上的突破"，"在能够巩固一个网络的范围内，学会毕竟能充当了知识把门人的角色"；到了 19 世纪，"更专门的建制兴起和各个科学学科的专业标准同时建立起来"，于是学者们以"自己的专业而不是以整个科学家群体来互相认同"。[29]在专业学会的发展过程中，不同的学科的学者逐渐形成了强烈的学科认同，使得各个学科或专业领域"构成了不同的'文化'。它们推出了各自领域的文化泰斗（这些人被推崇为该领域的'传统'）。它们还一而再再而三地举行必要的仪式，以一次又一次地证实自己的文化。"[30]

尽管参与学术会议的学者是来自不同学术机构的学会会员，但正如前所述，每一次的学术会议不断地生产着学术性的象征权力，反复地对学者学科身份意识进行强化和确认，通过制度化的方式对学者进行着学科规训。在科林斯看来，仪式最重要的特征是，形成聚会，与外界有界限、空间的物质安排，设计行动，以及引导对共同目标的关注，仪式使每个人的注意力都集中到同一件事情上，并使其意识到他们正在做什么。[31]一般的学术会议往往会提

28　〔美〕杜赞奇.王福明译.文化、权力与国家〔M〕.南京：江苏人民出版社，1996：2.

29　〔美〕华勒斯坦等.刘健芝等编译.学科・知识・权力〔M〕.北京：三联书店，1999：12-34.

30　〔美〕伊曼纽尔・沃勒斯坦.王昺等译.知识的不确定性〔M〕.济南：山东大学出版社，2006：15.

31　〔美〕兰德尔・科林斯.林聚仁等译.互动仪式链〔M〕.北京：商务印书馆，2009：122.

前半年甚至更长的时间公布下一届学术会议的会议主题或核心议题，这些核心议题主要是由专业学会的会长、副会长等精英学者拟定的。对于大多数学者而言，则不管自己的研究兴趣为何，就依据这一由精英学者们拟定的议题搜集文献，开展研究活动，撰写学术论文，以便日后能有机会在学术会议上发言，交流学术观点，学术会议结束后不少文章又见诸于期刊杂志，而学界新人则又参考这些论文制造新的论文。一个学科在一段时间内的研究主题和学术话语就这样产生了。然而，这一过程对学者的学科规训则完全是在无意识的状态下发生的。

不同的学科能够借助学术仪式形成并不断强化自己的学科文化。尽管学术会议不是学术仪式中能够发挥这一功能唯一的形式，但不失为其中一种关键的仪式。例如，克拉克曾指出，专业学会的作用在于它有助于发展、传播特定学术领域的影响，促进内部的团结一致。[32]目前，国内外大多数专业学会实行会员制的专业学会管理模式，正式会员每年需要交纳一定额度的会员费，并享有非正式会员不能享有的权利，例如正式会员可以接触到还未发表在正式学术期刊上的新近研究，一方面有利于学术信息的传播和交流，另一方面也为研究者确立了优先权；再如那些非正式会员在参加一次学术会议时的会务费高于正式会员的收费标准，这一规则为正式会员"建立了一个特权网络，而不享有内部成员资格的人就失去了平等进入的机会。"[33]这无非是对其会员身份和学科身份的认可和强化，也是对其学科边界的宣示和保卫，使得正式会员拥有了一种非会员难以体验的学科共同情感和认同意识。最为关键的是，它在无形中为学者的心理划定了一条有形的边界，用以区分"局内人"和"局外人"。

通过这种象征符号的生产和传播，作为仪式的学术会议俨然成为"一种象征性的和富于表现性的行动，一种制度化的创造特殊时空的手段"，学者们"在其中可以体验到自己是这个共同体中的一分子"。[34]此时，学术会议成为学术场域与学术文化形成的中介，然而，也就是在这样一个过程中，集体的

---

32 Burton R.Clark.The Academic Life〔J〕.New Jersey:Princeton University Press,1987：234.

33 〔英〕托尼·比彻，保罗·特罗勒尔.唐跃勤等译.学术部落及其领地〔M〕.北京：北京大学出版社，2003：115.

34 〔美〕约翰·R.霍尔，玛丽·乔尼·兹.周晓虹，徐彬译.文化：社会学的视野〔M〕.北京：商务印书馆，2004：98.

归属感和个人的权力追求往往同时并存于所有的人类行为中。[35]学术会议的组织方一般会邀请这一学科的高声望学者发表最新的学术成果，从而吸引更多的学术同行的到来，以便在聆听权威思想的同时，强化学者们本身对所属的学科或专业学会报以的忠诚，实现社会团结和凝聚的功能。不过，知识分子的社交世界是竞争性的，相互之间明争暗斗，不过是为了尽可能让自己成为关注焦点。[36]因此，也正是在这一过程中，学者们在开展研究活动，交流、共享学术信息，推动学术创新的同时，也在追逐、争夺着学术会议中属于个人或自己可以利用的权力和学术声望，并试图不断扩大其在学术场域中拥有的象征权力，提升其在学术场域中的学术地位。

二、学术精英的生产与学术秩序

尽管专业学会设置了学科边界，排除了那些非正式会员的进入，然而在专业学会内部，即使是能够进入这个特权网络的正式会员，也并非每个人都享有同样的权利甚或特权，专业学会通过其"知识把门人"，"很大程度上控制着成员的加入以及其声望的获得和在学术界地位的提升"，[37]譬如他们可以邀请或安排少数精英学者进行学术演讲而赋予他们一定的象征权力，增加他们在学术场域中的可见度，从而对整个学术场域的等级结构予以控制。这实际上就是仪式通过神圣性的表演过程生产象征权力和权威性的过程，其目的在于维持特定社会秩序和权力关系网络的功能。

"在任何集会中，关注空间的数量都是有限的，一个人成为中心意味着其他人会比较被动或处于边缘。"[38]因此，在每一次的学术会议过程中，学者们围绕那些有限的学术性象征权力展开争夺和竞争，都试图能够在有限的关注空间中谋得发言的机会。对于年轻学者而言，能够获得极其有限的学术发表机会，对其本身而言都是一种提高可见度的机会，因为每一次学术演讲或

---

35 王铭铭.想象的异邦——社会与文化人类学散论〔M〕.上海：上海人民出版社，1998，241.

36 〔美〕R·科林斯.吴琼等译.哲学的社会学——一种全球的学术变迁理论（上）〔M〕.北京：新华出版社，2004：19.

37 〔美〕伊曼纽尔·沃勒斯坦.王昺等译.知识的不确定性〔M〕.济南：山东大学出版社，2006：15.

38 〔美〕兰德尔·科林斯.林聚仁等译.互动仪式链〔M〕.北京：商务印书馆，2009：217.

发言都是一次对象征权力的获得。象征权力具有累积性，经过十余年甚至一生的学术竞争，高频率的发言或出头露面逐渐使得学者积聚了大量的象征权力，其聚焦的议题和学术话语也逐渐被学界所模仿，他自己也自然而然地成为能在这一学科具有话语权的知名学者甚或"知识把门人"。

因此，学者的成长过程不仅具有内在的知识逻辑，也伴随着一定的政治逻辑，且要经过长年累月的学术研究和竞争，最终仅有少数人成为一个学科的学术精英。可以说，多数学者都试图成为所在学科的"知识把门人"，因为一旦达至这一地位，他们就可以如马尔凯所言，能够"控制或指导成员活动的能力与精英成员身份"，"能够对精英的挑选施加较大的影响。"[39]史蒂芬·科尔也指出，一个学科的学术精英作为学术守门人和评价者，生产并维持着对适当研究问题和技术的一致性。[40]众所周知，每一次学术会议的会议主题一般都是由这些少数的"知识把门人"拟定的，谁能够被邀请在会议上发言的决策亦是在他们的小圈子中做出的，因此，可以说，正是他们把持着学科的研究主题、研究方向甚或学术话语风格。

同时，马尔凯也认为，这些精英成员也的确为学术知识的发展做出了主要的贡献。[41]诚然，成为一个学科的学术精英需要十几年甚至几十年的努力并做出有重大意义的学术贡献，仅仅依赖于学术会议生产的象征权力是难以实现的，但学术会议却为学者学术成果的发表、传播和同行认可提供了其他途径难以替代的可能性。最为关键的是，学者学术业绩的水平如何，占有的象征权力如何，都需要学术会议及参加学术会议的同行予以认可并不断强化方可在学术场域中发挥作用。

可见，作为学术会议的仪式通过象征权力的生产，也不断生产着特定的象征秩序。需要注意的是，仪式中的象征秩序与现实中的社会秩序具有严格的对应性。象征人类学家利奇（Leach）借鉴功能主义人类学家迪尔凯姆和莫

---

39 Michael Mulkay.The Mediating Role of the Scientific Elite〔J〕.Social Studies of Science, Special Issue: Aspects of the Sociology of Science: Papers from a Conference, University of York, UK 16-18,1975,6（3/4）:445-470.

40 Stephen Cole.The Hierarchy of the Sciences?〔J〕.The American Journal of Sociology, 1983,89（1）: 111-139.

41 Michael Mulkay.The Mediating Role of the Scientific Elite〔J〕.Social Studies of Science, Special Issue: Aspects of the Sociology of Science: Papers from a Conference, University of York, UK 16-18,1975,6（3/4）:445-470.

斯（Mauss）的观点，认为仪式是某一个特殊社会内部结构形貌（configuration）的符号化表达；同时，他也受结构主义人类学家列维-斯特劳斯（Claude Lévi-Strauss）的影响，移植"结构"于仪式的象征之中，将"理念的结构"（structure of ideas）——即仪式，和"社会的结构"（structure of society）——即社会结构分置于两个层面并对二者进行整合。[42]道格拉斯亦认为，"任何社会中的任何象征体系都是一种秩序的建构，都服务于社会现实秩序和道德秩序的建构。"[43]学术会议在生产象征权力和学术精英的同时，也在学术场域中制造着学者间的差异和特定的学术场域秩序，并循环往复地通过神圣性的学术仪式强化着学者们的身份意识和秩序认同。尤为重要的是，仪式是社会结构的特点，而且正是在仪式中创造出它的符号。[44] 因此，仪式的效用不限于仪式的场合，在仪式上展示的一切，也渗透在非仪式性行为和心理中，仪式能够把价值和意义赋予那些操演者的全部生活。[45]学术会议作为学术场域的社会结构和社会观念形成的中介，一次次地将学术会议上所体现出来的等级结构、学科规训经过学者心理和行为方面的转化，形成现实学术场域中的学术秩序、规范和文化，在学者的日常学术实践中发挥规范、整合和制度化的作用。

　　上一部分呈现的学者与学者之间的座次差别和区隔实际上对应的是现实学术场域的"差序格局"或金字塔等级结构。事实上，学术场域的等级结构不仅体现在学者个人的学术权力和学术声望上，而且还体现在学术机构间的学术权力和学术声望上，由众多的学术机构组成的学术系统无疑也是一个等级分化的组织系统。当然，学术机构的等级系统一方面是建立在学者个人的学术声誉之上的，同时在这种等级系统中占据支配地位的学术机构由于他们本身较高的学术声誉，为他们的学者在争取可见度的竞争过程中附加了更多的社会资本。因此，就学术声誉的积累和获得而言，可以说，学者与学术机

42 转引自彭兆荣.文学与仪式：文学人类学的一个文化视野〔M〕.北京：北京大学出版社，2004：56.

43 转引自王铭铭.想象的异邦——社会与文化人类学散论〔M〕.上海：上海人民出版社，1998：229.

44 〔美〕兰德尔·科林斯.林聚仁等译.互动仪式链〔M〕.北京：商务印书馆，2009：60.

45 〔美〕保罗·康纳顿.纳日碧力戈译.社会如何记忆〔M〕.上海：上海人民出版社，2000：50.

　　构是密切联系在一起的，并通过自身学术声誉的维持或提高，再生产着对方的学术声誉，这也进一步验证了前文关于院系声誉的研究结论。

　　学术系统或学术场域就其本性来说，是一个不断分化分层的社会系统，而作为子系统的专业学会特别是由其举办的学术会议作为一股重要的力量参与到这种分化分层的过程中来，通过生产和再生产象征权力以加速或强化本来已有的等级结构。尽管学术系统中最突出的一个特点就是几乎每件事或多或少以一种微妙的方式划分等级，[46]然而，问题的关键在于，学术会议的功能实现到底是功能主义所谓的普遍主义原则还是社会建构主义所谓的特殊主义原则在发挥作用？换言之，学术场域内部的发育状态到底是内在的知识逻辑所致还是外在的政治逻辑使然？如果外在的政治逻辑发挥了较大的作用，我们便要反思学术场域是否在良性运行？学术活动在多大程度上受到外部社会因素的干扰？而这些直接关系到我国学术文化生态的整体优劣问题，是当前创新人才成长与培养过程中一个亟待澄清的问题。只有对这一问题有了深入的认识，建立和发展一个遵循知识逻辑、具有公信力的学术场域才指日可待，创新人才培养的学术环境问题才能具有改善和优化的可能性。

46　〔英〕托尼·比彻，保罗·特罗勒尔.唐跃勤等译.学术部落及其领地〔M〕.北京：
　　北京大学出版社，2003：86.

第六章 学术场域分层的合法性分析

分层理论的话语明确地区分了对社会报酬的分配（例如，收入分配）和对获得这些报酬的机会分配。正如很多社会学家经常指出的那样，是后一种分配支配了对分层合法性的大众判断：举个例子，典型的美国人非常愿意容忍权力、财富或者声望上真实的不平等，倘若获取这些社会物品的机会在所有人中间是平等分配的。不管这种流行逻辑的智慧是什么，分层研究者长久以来一直在试图通过监控和描述流动机会的结构去探寻分层的实际基础。[1]

——戴维·格伦斯基

在前面三章，本研究分别运用社会网络分析和仪式分析的理论与方法考察了学术场域的分层与权力结构。结论显示，这种分层与权力结构中蕴含着很多社会性因素和不平等的学术资源与学术流动机会分配，体现着鲜明的政治逻辑。本章将从合法性理论的视角出发，运用问卷调查数据对学术场域分层和权力结构的合法性与合法化危机进行分析，进一步对政治逻辑予以解释。

第一节 学术场域分层的合法性

一、合法性的内涵

自马克思·韦伯在 20 世纪初提出合法性（Legitimacy）理论之后，合法

---

1 〔美〕戴维·格伦斯基编.王俊等译.社会分层（第 2 版）〔M〕.北京：华夏出版社，2005：20.

性便成为社会科学中一个使用频率比较高的概念。与之经常一起出现的还有其形容词"legitimate"（合法的）和动词化名词"legitimation"（合法化）。学者们由于学科视角、研究语境的不同，赋予了合法性一词很多不同的内涵，显现出其本身的复杂性。[2]一般来说，合法性概念依其所指涉的对象可分为广义和狭义两种。在广义上，合法性用以分析社会秩序、规范或规范系统；狭义上的合法性主要用以讨论国家的统治类型，即马克斯·韦伯提出的合法型、传统型和卡里斯玛型三种合法的统治类型。在韦伯看来，没有任何一种统治能够自愿地满足于仅仅以物质或情感的动机，作为其可靠的基础，每一种统治都企图唤起并维持对其"合法性"的信仰。[3]可以说，合法性的建立是基于社会公众的认可或承认，建立并维持一种特定的社会秩序。韦伯的三种统治类型即是三种典型的社会秩序，都具有各自的合法性基础，这些基础不但可以是法律程序，也可以是传统、道德、宗教、习惯、惯例或者个人魅力等等。因此，无论基于何种基础，合法的统治都体现的是"下"（民众）对"上"（政权）的认可。不过就其广义而言，合法性概念在一定条件下也适用于平行的承认和"上"对"下"的认可。[4]

在韦伯之后，哈贝马斯（Jürgen Habermas）进一步发展了合法化理论，并明确提出了合法性生成的"合法化"过程及其危机，并发展出一套关于合理性危机的理论。在他著名的《合法化危机》（*Legitimation crisis*）一书中，哈贝马斯区分了合理性危机（rational crisis）与合法化危机。他认为，合理性危机是统治行政合理性的破坏，不同利益群体的对立以及与统治系统异质的结构都是导致合理性危机的原因；合法化危机则是认同危机，是因为系统的局限性和行政干预文化传统所带来的意外副作用造成的。[5]由此可见，合理性危机是合法化危机产生的前提，而合法化危机是合理性危机从统治结构层面

---

2 在国内，有学者将 legitimacy 与 legality 均翻译成合法性，但二者之间有着较大的区别。前者中的"法"是法度、规范，可以包括法律但不限于法律；而后者则仅表示"与法律的一致性"。可见，后者仅是前者的一种含义。林毓生先生曾建议将前者译为"正当性"，然而汉语的"正当"与 just、justness、justification 更为接近，难以表示 legitimacy 中"法"的含义。参见高丙中.社会团体的合法性问题〔J〕.中国社会科学，2000（2）：100-109.
3 〔德〕马克斯·韦伯.林荣远译.经济与社会〔M〕.北京：商务印书馆，1997：239.
4 高丙中.社会团体的合法性问题〔J〕.中国社会科学，2000（2）：100-109.
5 汪民安主编.文化研究关键词〔M〕.南京：江苏人民出版社，2007：106.

传导至社会公众层面的过程与结果，主要表现为合法性基础的丧失和社会公众普遍的不信任状况。

二、学术场域分层的合法性

从社会学的视角来看，社会结构及其规则、文化价值体系只有得到了社会公众的认可，它才具有了合法性。因此，合法性是客观的社会结构与主观的社会认可之间持续互动、彼此影响的过程与结果。本研究对学术场域分层合法性的分析将沿着这一路径展开。

学术场域的分层是其内部各构成要素共同作用的结果。与其他社会系统也都存在分层一样，学术场域的分层是一种正常的社会现象。不过这并不能表明任何一种分层都是合理的。如前所述，学术场域的分层由两种原因所致，一种是普遍主义，一种是特殊主义，很多时候二者往往相互影响，交互、交替发挥作用，使得学术场域的分层成为一个非常复杂的问题。二者间差异的关键在于对学者学术业绩的同行认可过程。由于同行认可本身是一个社会过程，不管是那些"硬"的自然科学，还是"软"的人文社会科学，都是如此，只是程度有所差异而已。因此，除了普遍主义发挥作用外，特殊主义亦会运行于这一过程之中。这意味着，学术场域的分层必然具有一定的政治逻辑。

由于这种带着政治逻辑的分层可以将不同院系、学者置于不同的位置，赋予他们不同程度的权力，进而产生学术场域中的权力等级系统，这一等级系统可能是合理的，亦可能是不合理的。无论合理与否，它的存在都能够实实在在地影响院系学术地位的建立和维持以及学者学术生涯的跌宕起伏。因此，学者及其所在的院系都会对这种分层现实产生不同的看法，做出不同的评价。正是这些主观的价值判断构成了他们对学术场域结构、规则和文化价值体系的认可程度，使学术场域的分层具有不同程度的合法性或合法化危机。

基于以上分析，本研究认为，学术场域分层的合理性主要是指学术场域分层与权力等级系统的结构和产生这种结构所依循的规则和学术文化价值体系，规则和学术文化价值体系的不合理导致了结构的不合理，这预示着合理性危机；合法性则表示学者及其构成的院系对这种等级结构及其规则、学术文化价值体系的认可程度。倘若学者对此产生了大范围的低度认可甚或完全不认可的态度，则预示着学术场域面临着一定较为深度的合法化危机。

第二节　学术场域分层的合法性现状

对于学术场域分层的合法性现状，本节首先运用问卷调查的数据从四个方面予以分析，分别为：对学者学术生涯发展影响因素的态度差异、学术环境与学术工作的认可度差异、国家学术资助与奖励制度的认可度以及学术流动机会与流动意愿差异。其中所采用的数据来自华东师范大学阎光才教授课题组 2011 年 5-6 月所开展的问卷调查，调查采用分层整群抽样，向 50 所研究生院高校发放问卷 12609 份，回收有效问卷 6334 份，回收率为 50%。在问卷数据分析的基础上，将从学术场域内部要素的运行状态对其合法性进行进一步的考察。

一、对学者学术生涯发展影响因素的态度差异

针对"在中国要成长为一位出色的学者，以下选项的重要程度如何？"的问题，问卷中共有 22 个题项，代表 22 种可能的因素，此处选择了与本研究密切相关的 6 个题项进行分析。这 6 个题项为 7 级量表，从 1 至 7 代表着从"非常不重要"到"非常重要"，得分越高，表示认可度越高。

表 6-1 的数据显示，6 个因素的均值都在 5 分以上，都是影响学者学术生涯发展的重要因素。依均值大小来看，学者们都将研究生时期导师的悉心指导和规范训练看作是最为重要的因素，而后依次是资助和设备条件、同行交流、特殊关系网络和人脉，然后才是任职机构的声誉，最不重要的是导师的地位。其中，后四项因素具有特殊主义的特性，在学者们看来是居于指导、训练、资助和设备等普遍主义因素之后的。可见，学者心中理想的学术生涯模式应该是在一定程度上消除了任职机构声誉、导师地位等先赋性的社会因素，它首先应该是普遍主义发挥作用的结果。

如果从教授、副教授和讲师态度差异的方差分析结果来看，除了在任职机构因素上不具有显著差异外，其他因素均具有显著差异。在同行交流这一因素上的差异最为显著（p=.000），讲师态度的平均分最高，副教授的最低；在导师地位、特殊关系网络两个因素上，讲师的平均分亦最高；而导师的指导在他们那里的得分较低。这表明，在讲师的学术经验和感受中，特殊主义因素在很大程度上影响着他们的学术生涯，学术场域的政治逻辑比较明显。

表 6-1　不同职称学者对学者学术生涯发展影响因素的态度

题　项	职称	样本数	平均数	标准差	P 值
研究生时期导师地位和声誉	教　授	2190	5.10	1.29	.016
	副教授	2422	5.06	1.40	
	讲　师	1512	5.18	1.33	
	样本总数	6124	5.10	1.34	
研究生时期导师的悉心指导和规范训练	教　授	2201	5.93	1.97	.014
	副教授	2423	5.85	1.06	
	讲　师	1517	5.85	1.02	
	样本总数	6141	5.87	1.02	
工作后从教机构的地位和声誉	教　授	2201	5.35	1.09	.926
	副教授	2408	5.36	1.13	
	讲　师	1511	5.36	1.13	
	样本总数	6120	5.36	1.11	
足够的研究资助支持和良好的设备设施条件	教　授	2191	5.83	1.05	.013
	副教授	2418	5.74	1.16	
	讲　师	1508	5.83	1.13	
	样本总数	6117	5.79	1.11	
与学术界各种组织和同行间频繁的沟通交流	教　授	2197	5.71	1.09	.000
	副教授	2414	5.62	1.19	
	讲　师	1513	5.77	1.10	
	样本总数	6124	5.69	1.13	
学术界中建立起来的特殊关系网络与人脉	教　授	2203	5.38	1.26	.005
	副教授	2421	5.46	1.27	
	讲　师	1516	5.51	1.23	
	样本总数	6140	5.44	1.26	

二、学术环境与学术工作的认可度差异

问卷中有两个题项涉及到对学术环境与学术工作的认可程度，这 2 个题项亦为 7 级量表，从 1 至 7 代表着从"完全不符合"到"完全符合"，得分越

高，表示认可程度越高。

表 6-2 的数据显示，在"我喜欢我目前的学术工作"题项中，学者们的均数都比较高，表现出对学术工作较高的认可程度。不过，不同职称的学者之间具有显著差异（p=.000），认可程度随职称的下降而下降，讲师的认可程度最低。与这一题项相比，学者们在"我认为目前学术环境有利于个人学术成长"题项中的均分相对较低，为 4.40，不同职称学者亦具有显著差异。可见，他们对学术环境并不太认可，其中副教授的认可程度最低，这可能是由于获取学术资助、晋升教授的压力过大所导致的。

表 6-2 不同职称学者对学术环境与学术工作的认可程度

题 项	职称	样本数	平均数	标准差	P 值
我喜欢我目前的学术工作	教 授	2204	6.01	1.02	.000
	副教授	2425	5.69	1.10	
	讲 师	1514	5.58	1.09	
	样本总数	6143	5.78	1.08	
总体上，我认为目前学术环境有利于个人学术成长	教 授	2198	4.46	1.48	.001
	副教授	2419	4.31	1.55	
	讲 师	1516	4.45	1.48	
	样本总数	6133	4.40	1.51	

为了进一步验证不同职称学者对学术环境和学术工作的认可程度，本研究以学者是否担任学术职务（仅限于全国性专业学会、权威期刊顾问及编委会成员等，后同）比较了这两个群体的差异。表 6-3 表明，与担任了学术职务的学者相比，未担任学术职务的学者对学术环境与学术工作的认可程度均较低，且具有明显差异（p 值均为.000）。这说明，那些担任学术职务的学者在学术场域中占据着较好的位置，享有较大的权力，获得了较多的学术资源，能够为其个人发展提供良好的机会，因此，他们的认可程度普遍较高。表 6-3 也显示了学者们对学术工作与学术环境认可度的差异。不过，相对于对学术工作本身的认可度，不管是否担任学术职务，学者们对目前的学术环境认可度相对较低，这也表明我国学术环境的现实并不十分乐观，对学者学术生涯发展所发挥的促进作用还十分有限，甚至成为很多学者学术生涯发展道路上的阻碍因素。

表 6-3 学者（担任学术职务与否）对学术环境与学术工作的认可程度

题 项	担任职务	样本数	平均数	标准差	P 值
我喜欢我目前的学术工作	是	1972	5.97	1.04	.000
	否	4290	5.68	1.09	
	样本总数	6262	5.77	1.08	
总体上，我认为目前学术环境有利于个人学术成长	是	1968	4.64	1.47	.000
	否	4284	4.30	1.51	
	样本总数	6252	4.41	1.51	

三、国家学术资助与奖励制度的认可度差异

学术场域争夺的资本或对象是学术资源，包括物质资源和符号资源。学术资源的分配是学术场域分层与权力等级结构形成的关键因素之一，同时也表征着学术场域分层与权力等级结构的现实。

国家学术资助制度与奖励制度在本质上是对学术资源的分配制度。其中，学术资助制度更多的是对物质资源的分配，同时其本身也蕴含着一定的符号资源，一位学者获得一项重大的学术资助项目，意味着一笔高额度物质资源的获得，同时也是对其学术能力与学术地位的同行认可与现实表征；学术奖励制度主要是对符号资源的分配，意味着学者在某一领域较高的学术造诣，同时也有一些学术奖励项目也为获奖学者颁发大额的奖金，用于进一步的学术研究，譬如国际上著名的诺贝尔奖，我国学术界最高层次的国家科学技术奖，等等。由于学术资助与奖励是对学者学术贡献即学术产出质量的认可，因此，学术资助与奖励制度的合理与否关系着学术场域能否良性运行。

表 6-4 显示，学者对国家学术资助制度的总体认可度居于中等水平，他们回答"我对目前国家的研究资助制度感到满意"题项时，均数为 4.31，远远低于对学术工作本身的认可度。不过，不同职称学者对学术资助制度的认可度没有显著差异（p=.075），只是副教授与教授在均值上略低于具有讲师。表6-5 表明，在对学术资助制度的认可度上，担任学术职务的学者比未担任学术职务的学者要高，且显著差异（p=.000）。在学术资助制度具体事项的认可度上，与总体认可度类似，以职称来看，除了在"获得政府重大科研资助的项目大多具备很高价值"题项中，从高到低依次是讲师、教授和副教授，在"我认为目前研究资助中的课题指南设计是合理的"和"获得重大项目资助者具

备该项目所需的研究实力"两个题项中，从高到低依次是讲师、副教授和教授；以是否担任学术职务来看，担任学术职务的学者表现出较高的认可度。

表 6-4　不同职称学者对国家学术资助制度的认可度

题　项	职称	样本数	平均数	标准差	P 值
我对目前国家的研究资助制度感到满意	教授	2202	4.29	1.54	.075
	副教授	2416	4.29	1.50	
	讲　师	1514	4.39	1.43	
	样本总数	6132	4.31	1.50	
我认为目前研究资助中的课题指南设计是合理的	教授	2196	4.38	1.46	.004
	副教授	2407	4.40	1.45	
	讲　师	1511	4.53	1.33	
	样本总数	6114	4.42	1.42	
获得政府重大科研资助的项目大多具备很高价值	教授	2201	4.34	1.59	.021
	副教授	2415	4.33	1.56	
	讲　师	1514	4.46	1.42	
	样本总数	6130	4.36	1.54	
获得重大项目资助者具备该项目所需的研究实力	教授	2191	4.52	1.54	.003
	副教授	2413	4.53	1.48	
	讲　师	1513	4.67	1.37	
	样本总数	6117	4.56	1.48	

有意思的是，具有教授职称的学者对学术资助制度的认可度稍低，而他们那些担任学术职务的同行（一般都具有教授职称）则表现出较高的认可度。这可能是因为后者一般掌握着项目评审和学术资源分配的权力，能够为自己、老友或学生分配到重要的学术资助项目，而这是未担任学术职务的学者难以做到的。因此，这极有可能意味着，大多数未担任学术职务的教授对学术资助制度的有效性和公正性表现出一定程度的质疑或是不信任。至于讲师的认可度较高的原因，很可能是因为他们还未进入到争取重大学术资助项目的时期，对学术资助的分配机制和激烈程度还不是十分了解，他们大都期待在成为副教授特别是教授之后能够尽早获得重大学术资助项目。

表6-5　学者（担任学术职务与否）对国家学术资助制度的认可度

题　项	担任职务	样本数	平均数	标准差	P 值
我对目前国家的研究资助制度感到满意	是	1972	4.57	1.50	.000
	否	4277	4.21	1.49	
	样本总数	6249	4.33	1.50	
我认为目前研究资助中的课题指南设计是合理的	是	1966	4.57	1.46	.000
	否	4266	4.38	1.40	
	样本总数	6232	4.44	1.42	
获得政府重大科研资助的项目大多具备很高价值	是	1972	4.57	1.58	.000
	否	4276	4.29	1.51	
	样本总数	6248	4.38	1.54	
获得重大项目资助者具备该项目所需的研究实力	是	1965	4.76	1.49	.000
	否	4271	4.49	1.46	
	样本总数	6236	4.57	1.47	

在国家学术奖励制度方面，学者们回答"我对目前政府的学术奖励制度感到满意"题项时，均分为 4.12（见表 6-6），总体认可度中等偏下。其中，讲师的认可度最高，其次是副教授，最后是教授，具有显著差异（p=.000）；担任学术职务的学者的认可度明显高于未担任学术职务的学者（见表 6-7）。

表6-6　不同职称学者对国家学术奖励制度的认可度

题　项	职称	样本数	平均数	标准差	P 值
我对目前政府的学术奖励制度感到满意	教　授	2195	4.03	1.61	.000
	副教授	2410	4.13	1.56	
	讲　师	1509	4.25	1.47	
	样本总数	6114	4.12	1.56	
获得重大学术奖励的人员和项目的确名至实归	教　授	2199	4.28	1.55	.000
	副教授	2414	4.36	1.52	
	讲　师	1515	4.52	1.41	
	样本总数	6128	4.37	1.51	

	教　授	2201	5.23	1.43	
现在的学术奖励项目名目过多过滥	副教授	2417	5.07	1.42	.000
	讲　师	1511	4.96	1.35	
	样本总数	6129	5.10	1.41	

　　具体来说，在学术奖励的公正性方面，学者们回答"获得重大学术奖励的人员和项目的确名至实归"题项时，均分为 4.37，认可度不高，这说明学术奖励的评审程序尤其是同行评议制度需要予以改革和优化，以实现学术认可的公平和公正。这一题项中，认可度从高到低依次是讲师、副教授和教授，具有显著差异（p=.000），而与未担任学术职务的学者相比，担任学术职务的学者具有更高的认可度。这与对学术资助制度的认可度结论基本一致。在"现在的学术奖励项目名目过多过滥"题项中，认可度从高到低依次是教授、副教授和讲师，具有显著差异（p=.000），次序与前一题恰好相反；担任学术职务的学者对此的认可度亦高于未担任学术职务的学者，具有显著差异（p=.000）。在这一问题上，职称越高的学者和担任学术职务的学者达成了一致，而讲师的得分较低，这可能是因为他们还未切身经历申报奖项的事宜，未能如教授们那样体验到名目繁多的学术奖励项目给学术场域带来的负面作用，而是对日后获奖抱有较大的期待。从教授尤其是那些担任学术职务的教授的认可度上，可以看出，我国目前的学术奖励项目的确名目确实过多、过滥，已经引起了学术精英们的质疑，对于这一点，学术管理部门和学术系统应该着手进行调整或改革。

表 6-7　学者（担任学术职务与否）对国家学术奖励制度的认可度

题　　项	担任职务	样本数	平均数	标准差	P 值
我对目前政府的学术奖励制度感到满意	是	1964	4.35	1.63	.000
	否	4268	4.04	1.52	
	样本总数	6232	4.14	1.56	
获得重大学术奖励的人员和项目的确名至实归	是	1967	4.52	1.53	.000
	否	4279	4.32	1.49	
	样本总数	6246	4.38	1.51	
现在的学术奖励项目名目过多过滥	是	1973	5.18	1.41	.004
	否	4275	5.07	1.40	
	样本总数	6248	5.10	1.41	

四、学术流动机会与流动意愿差异

表 6-8 显示，学者的学术流动机会并不多，均值低于 4 分，为 3.72 分。而且，教授的学术流动机会最多，而讲师的机会最少，副教授的机会居中，三个群体具有显著差异（p=.000）。与之类似，表 6-9 表明，未担任学术职务的学者较那些担任职务的学者拥有较少的学术流动机会，且具有显著差异（p=.000）。这表明我国"单位"体制和学术政策在学术流动方面的限制和约束程度较高，未担任学术职务的学者尤其是讲师群体处于明显的劣势，受到更多的局限。问卷中的另外一个题项也验证了学术流动机会少的现实，在所有样本中，多达 65.6% 的学者自参加工作以来从未调动过工作，调动过 1 次、2 次和 2 次以上的比例分别为 22.3%、7.6% 和 3.5%。

表 6-8　不同职称学者的学术流动机会与流动意愿

题　　项	职称	样本数	平均数	标准差	P 值
我可以按照我个人的意愿更换岗位和工作机构	教授	2187	3.85	1.63	.000
	副教授	2413	3.66	1.66	
	讲师	1512	3.62	1.67	
	样本总数	6112	3.72	1.65	
如果有机会，我会离开目前工作的高校	教授	2190	3.31	1.82	.000
	副教授	2415	3.75	1.80	
	讲师	1513	3.82	1.77	
	样本总数	6118	3.61	1.81	
我很可能将来会移居海外，到国外去工作	教授	2195	3.10	1.83	.000
	副教授	2416	3.60	1.84	
	讲师	1512	3.74	1.76	
	样本总数	6123	3.46	1.84	

就学术流动意愿而言，尽管均值并不高，但也表现出较为强烈的学术流动意愿，其中讲师的意愿最强，教授的意愿最弱，副教授居中，不管是流向国内其他高校，还是彻底离开国内的学术场域，都是如此，且都具有显著差异（p 值均为.000）。

　　表 6-9 表明，担任学术职务的学者在学术流动意愿上高于所有样本的均值，表现出较高的学术流动意愿。在流向国内其他高校方面，是否担任学术职务的学者间并未表现出显著的差异（p=.062）；而在流向国外工作方面，两个群体间具有显著差异（p=.000）。这一点非常有意思，担任学术职务的学者对学术环境和学术工作认可程度较高，而且一般占有着较多的学术资源，把持着学术精英的筛选，然而却比他们那些未担任学术职务的同行表现出更高的学术流动意愿。之所以愿意流向国内其他高校，最主要的原因可能在于，他们具有较高的学术地位和学术声誉，众多名校都可能向他们抛去橄榄枝，最为关键的是，任职院校的变化并不会影响到他们所担任的学术职务的变化；之所以愿意到国外工作，最主要的原因可能是，他们在国内所担任的学术职务使他们更为频繁地参与学术会议，结识国际上的学术同行，因此更为通晓国际上的学术规则，而且在国际上具有了较高的知名度。这也在一定程度上表明，对于部分学术精英而言，国内学术场域对他们的学术生涯发展而言，可能并不是最为理想的学术环境。

表 6-9 学者（担任学术职务与否）的学术流动机会与流动意愿

题项	担任职务	样本数	平均数	标准差	P 值
我可以按照我个人的意愿更换岗位和工作机构	是	1961	4.18	1.61	.000
	否	4270	3.55	1.65	
	样本总数	6231	3.75	1.66	
如果有机会，我会离开目前工作的高校	是	1965	3.70	1.86	.062
	否	4271	3.60	1.80	
	样本总数	6236	3.63	1.82	
我很可能将来会移居海外，到国外去工作	是	1967	3.62	1.90	.000
	否	4275	3.43	1.82	
	样本总数	6242	3.49	1.85	

第三节　学术场域分层的合法化危机

　　从前文的数据分析来看，不同职称的学者、是否担任学术职务的学者对学术场域的总体认可度和对影响分层的一些因素的认可度都出现了不同程度的问题。但这并不总是意味着，学术场域分层出现了合法化危机。这还需要在进一步分析的基础上做出具体的判断。对此，首先需要判断学术场域分层的结构及其形成这种结构的规则和学术文化价值体系是否合理，如果不合理，需要进一步判断身处其中的学者是否对此表现出了较高水平的不认可。

一、学术场域分层结构的合理性判断

关于学术场域的分层结构，劳卡（Lotka）和普赖斯则试图通过数学公式来描绘这种分化结构的具体图景，他们认为，发表了 n 篇论文的作者的人数与 $1/n^2$ 成比例，即在一定时期内，相应于发表 1 篇论文的每 100 个作者，就有 25 人发表了 2 篇，11 人发表了 3 篇，以此类推。[6]本研究通过博士生互聘网络、学者的学术互引网络以及学术会议中学术精英的生产机制等研究进一步细化了对学术场域分层及其核心机制的认识。可以说，任何历史时期、任何一个国家的学术场域都存在着分层现象和权力的等级结构，只是表现出一定程度上的差异。不过，在上一部分的考察中，研究发现不同职称、是否担任学术职务的不同学者群体已经在多个层面表现出显著差异。这表明，学术场域中不同利益群体出现了一定程度的利益分歧、资源和权力分配的不平等以及彼此间对资源和权力的争夺。尽管并未表现出哈贝马斯所谓的对立状态，但这并不意味着利益分歧和权力争夺会在学术场域规则和学术文化价值体系的调整中趋于弱化。而且，研究中的一些事实也表明，这些规则和文化价值体系的合理性也面临着众多学者的质疑。

二、学术场域分层规则与文化价值体系的合理性判断

与经济场域、政治场域有着明确而可行的正式法律或规则比较，学术场域并未形成一套成文的规则与学术文化价值体系。在学术场域中，这些非成文的规则和学术文化价值体系一般是在早期学术训练阶段从导师和学界前辈那里习得的，更类似于传统社会的"乡规民约"。也正是在这一意义上，唐尼将学术场域看作是一种传统意义上的"机械团结"。如果说学术场域存在着一套规则和文化价值体系的话，那就是默顿提出的科学的精神规范。不过，在科学知识社会学学者看来，默顿的精神规范忽视了"实际"组织中的人性和

6　〔美〕D.普赖斯.宋剑耕译.大科学，小科学〔M〕.北京：世界科学出版社，1982：
　　36.

派系诡计，与其说他描述了学术界的实际行为，不如说这是他提出的一套理想标准，譬如巴恩斯和多尔比（Dolby）就认为，"这些所声称的规范自身并没有能力为行动提供真正的指导"。[7]

尽管学术场域很少存在成文的规则和文化价值体系，但是通过对其构成要素的分析可以理出一些核心的规则和文化价值体系。学术场域由组织层面、制度层面与精神层面等三个层面的要素构成：在组织层面，主要是学术期刊系统和专业学会系统；在制度层面，主要是围绕同行评议这一核心制度形成了系统性的学术制度（包括学术资助制度与学术奖励制度）；在精神层面，是一套不同于其他社会活动的文化价值体系。以下就每一要素在现实中表现出来的问题对学术场域分层规则和文化价值体系进行合理性判断。[8]

1.学术期刊系统 在英美等国家，学术期刊系统的核心是较为完善的同行评议制度，学术同行在学术成果质量认可中发挥着关键作用。然而，我国大多数期刊并未实施同行评议制度，论文能否发表一般由编辑决定，至于论文的质量如何往往考虑的仅是期刊的层次，而期刊的层次则由职业评价机构（一般由文献计量学学者构成）予以定量评定。其结果是，"学科的权威专家已没有发言权，而必须由也许对该学科一窍不通的职业评价人员来一锤定音。"[9]这种状况对学者和学术期刊都产生了不可低估的影响。对于学者而言，为了职称晋升而一味地追求期刊的单方面认可，以期在所谓高层次的期刊上发表论文，因为与学术成果的评价相比，学术期刊的学术声誉是更易于识别的标示或信号；对于学术期刊的编辑而言，论文是否有新思想未必是是否刊发的首要条件，而是优先考虑那些可能被转载、被大量引用的选题，因此，那些任职于高声望院系的精英学者往往成为杰出学术期刊的主要作者群。这两方面共同导致了学术场域的同行认可让位于以科学计量学的期刊认可和评价机构认可，使得学者和学术期刊均忘却了学术活动的本质。

2.专业学会系统和无形学院 作为学术交流的两个关键系统，专业学会系统和无形学院具体存在以下几个问题：一是专业学会的建制不规范，专业学

---

7 〔美〕迈克尔·林奇.邢冬梅译.科学实践与日常活动〔M〕.苏州：苏州大学出版社，2010：84.

8 本部分内容曾已发表，参见张斌.我国学术共同体运行的现状、问题与对策〔J〕.中国高教研究，2012（11）：9-12.

9 朱剑.颠倒关系的再颠倒——学术期刊编排规范与"评价权力"关系辨析〔J〕.清华大学学报（哲学社会科学版），2007（6）：16-18.

会的章程大同小异，没有学科、专业特色；二是一些全国性专业学会依靠挂靠单位生存，甚至成为某些单位学科"领地化"的工具，未能体现"全国性"和"学术性"定位，[10]大多数专业学会没有固定的经费来源，尤其缺少像西方那样的民间基金支持；三是与大量的、层级分明的官方学术资助和奖励项目相比，专业学会设置的项目少、资助额度低、奖励的权威性和认可度低，使得学者对政府的依赖性更大，经常围绕着国家的经济社会发展进行选题，缺乏学术研究的自由性和开放性；四是学者对所在学术机构、导师甚或"老板"的依赖性更强，对专业学会和学科的忠诚度不高。

3.同行评议制度 同行评议制度作为学术场域的"黄金准则"，在实质上是一种"内行人"评价和管理学术的制度，可以防止外部权力不恰当地介入和干预学术活动，但同时也存在着不可小觑的弱点，一方面易被操作在某些把持着学术期刊、专业学会以及学术资助与奖励评审的核心人物的手中，将更多的机会和资源分配给和自己有着某种亲密"关系"的学者，从而导致论文发表和学术资源分配的不公平问题；另一方面则可能由于同行评议制度本身的制度安排，导致学术思想的平庸并抑制学术创新的步伐。

4.学术文化价值体系 学术场域中的学术道德和文化价值体系在我国仍然有较大的提升空间。在我国，学术道德流于形式，难以有效规范学者的学术行为和优化学术氛围，导致整个学术场域的道德和精神水平层次不齐，学术文化价值体系面临极大挑战，像学霸、学术不端等不良现象不时地见诸于报端媒体，大有愈演愈烈的趋势。然而关于学术不端行为的揭发和处理也处于一种自发水平，未能建立有效的防范和申诉制度。

综上所述，由于学术场域内部的各要素在实际运行过程中都表现出一定的问题，其规则的有效性、学术文化价值体系的规范性都受到了严峻的挑战，可以说，影响学术场域分层与权力等级系统的内部要素在运行中都出现了一定程度的合理性问题。

三、学术场域分层的合法化危机判断

对于学术场域的分层与权力等级系统而言，其合理性是否受到了众多学者的质疑、低度认可甚或不认可，以致面临合法化危机，这里以前文的数据

---

10 中国科学院，国家自然科学基金委员会.未来 10 年中国学科发展战略·总论〔M〕.
   北京：科学出版社，2012：42-43.

分析结果为基础，对其做出本研究的判断。

在影响学者学术生涯发展的因素方面，研究样本中的学者们给出重要性次序为：研究生时期导师的悉心指导、规范训练、资助和设备条件、同行交流、特殊关系网络和人脉、任职机构的声誉、导师的地位。这表明，在普遍主义原则发挥重要作用的同时，特殊主义原则亦有比较大的作用。在初入学术生涯的讲师眼中，同行交流、特殊关系网络和人脉和导师的地位等特殊主义因素发挥着更为重要的作用，这可以说是他们在学术生涯中的亲身体验中获得的。这在一定程度上说明，学术场域中分化出的青年一代已经表现出对普遍主义原则的怀疑。

在对学术环境与学术工作的认可方面，学者们普遍更为认可自己所从事的学术工作，而对目前的学术环境表现出相对较大的担忧。尤其是副教授和那些未担任学术职位的学者，对学术环境的现状认可度最低，这在一定程度上与他们所经历的学术资源分配不公有关，因为这已经成为他们在迈向学术生涯高峰的制度性障碍。这势必会影响到他们对于学术的执着和忠诚。而作为学术精英的接班人，这显然是一种非常不合理的现状，需要引起足够的警惕，否则学术场域就会失去大部分的中坚力量。

在对国家学术资助与奖励制度的认可方面，学者整体的认可度仅居于中等水平。可见，作为学术认可的两种关键制度，可能在制度设计理念和同行评议具体程序中出现了较大的问题。尤其要注意的是，与那些未担任学术职务的学者相比，担任学术职务的学者对两种制度均更为认可，这已经在一定程度上浮现出一种利益分歧甚或是对立，即普通学者（未担任学术职务的教授和大多数副教授）与那些更有机会参与制度设计和同行评议的学者（大多担任学术职务）之间的利益分歧甚或对立，前者对后者的评议公正性表现出了怀疑，而讲师则对此的体验或许并没有前者那么强烈。

这里还需要指出的是政府对学术资源的控制分配方式及其对学术活动的影响。在我国，政府不但通过立法、政策、财政拨款等手段直接干预高等学校而间接影响学者的学术活动，同时也通过学术资源分配的方式直接干预学者的学术活动。问题的核心不在于官方要不要资助学术活动，而在于学术研究的可计划性问题与学术资助的方式问题。我国学术资助的计划性很大程度上根源于我国学术资源的分配与管理方式。与西方国家较为多元化的学术资助格局不同，我国的学术资助主体和方式长期以来较为单一，政府通过学术资源的分配方式对学者及其学术活动予以干预和控制。然而，就学术研究的特性而言，它是由具有独立人格和自由探索精神的学者出于好奇心完成的，而不是单纯靠国家统一计划或是规划的方式来促进的。关于这一点，英国科学家、科学哲学家波兰尼（Michael Polanyi）早在半个多世纪以前就曾一针见血地指出来了，他非常强调学术研究的自主性和自由性，因为"没有哪个科学家的委员会——即便都是些著名人物——能够预测未来的科学发展，除非是要墨守陈规地延长现存的体制。"[11]对于这种计划性极强的学术资助制度，学者们的认可度并不高。

在学术流动机会与流动意愿方面，学术流动机会并不多，且随职称的降低而降低，多达 65.6%的学者自参加工作以来从未调动过工作；与之相比，学术流动意愿较为强烈，不同职称学者的强烈度次序与前者恰恰相反。这二者都与我国"单位"体制和学术政策的限制和约束极大相关。与西方国家相比，前者是不正常的，而后者则之所以更为强烈，主要可能是因为限制越多，加之学术环境、学术制度等的现实，冲破限制的意愿就更强烈。因此，不少讲师、副教授都更愿意更换任职机构，或是彻底脱离国内学术场域，到国外大学任职。尤其需要注意的是，那些担任学术职务的学者表现出更为强烈的到国外大学任职的意愿，这与教授群体意愿较低的事实恰恰相反。在这些精英学者看来，即使是放弃国内的学术职务，也要到更为理想的学术环境中去得到更大的发展和认可。讲师、副教授和担任学术职务的教授表现出来的更强烈的流动意愿，其实也从一个反面说明了他们各自对国内学术场域分层和权力等级系统的怀疑。尤其是那些担任学术职务的精英学者，他们已经对自己所掌控和支配的学术场域产生了较大程度的不信任。而这一点一般不会出现在其他社会系统的结构之中。

综合以上各个方面的认可度，可以看出，学术场域的分层和权力等级系统以及形成这种结构的规则和学术文化价值体系都表现出较为明显的政治逻辑，受到了学者们不同程度的质疑甚或不认可。对此，尽管很难说学术场域已经面临着合法化危机的挑战，然而学者们所表现出的认可度足以引起学术管理部门和高校的重视和警惕，否则它将必然转化为一种严重的危机。

11　〔英〕迈克尔·博兰尼.冯银江，李雪茹译.自由的逻辑〔M〕.长春：吉林人民出版社，2002：57.

结束语　学术场域的政治逻辑反思

作为社会的一个子系统，学术场域与经济、政治乃至宗教等社会场域，既有着显而易见的不同之处，也表现出一些相似或相同之处。与其他社会场域相比，学术场域最为独特的地方在于它的认知逻辑或知识逻辑，因为它是基于学者的学术活动、经学科和院系的组织而建构起来的，具有其他社会场域难以拥有的结构，而且在千余年来的历史过程中形成了特有的文化品性，譬如洪堡（Humboldt）"学术自由"的大学理念、韦伯"作为志业的学术"以及默顿的"科学精神规范"，等等。不过，学术场域作为一种社会建制，深深地嵌入在由国家、市场和政治共同作用的社会境脉之中，因此亦表现出与其他社会场域相似的结构和逻辑，这不仅仅是因为其他社会场域亦越来越多的"以知识、学科和专业为基础"[1]，亦不是仅因为施劳特和莱斯利（Sheila Slaughter & Larry L.Leslie）所谓的"学术资本主义"[2]，而主要是与其他社会场域所共有的政治逻辑，即是说，学术场域的分层与权力结构亦是社会建构的产物，意味着稀缺资源、权力和权威的非均等甚或不平等分配。

一、政治逻辑：学术场域的社会建构

学术场域分层与权力结构的形成不是自然进化的产物，更不仅仅是学术自由的产物。因此，我们不能把学术场域的形成仅仅看成是一个纯粹的学术

---

1 〔美〕伯顿·R·克拉克.王承绪等译.高等教育系统〔M〕.杭州：杭州大学出版社，1994：11.

2 〔美〕希拉·斯劳特，拉里·莱斯利.梁骁，黎丽译.学术资本主义：政治、政策与创业型大学〔M〕.北京：北京大学出版社，2008.

事件或知识事件，或者简单地把知识逻辑与政治逻辑看成是对立的两极。纯粹的学术系统在现实中是不存在的，就像实际的经济活动中亦不存在纯粹的市场一样，因为社会结构在很大程度上影响着个人或企业的市场行为。对于这一点，格兰诺维特在他著名的《经济行动与社会结构：镶嵌问题》[3]一文中给予了论证；汪晖教授亦在批判古典经济学和新自由主义经济学之于我国主流经济理论的负面影响时表达了类似的观点。具体到学术场域，汪晖指出，"科学家必须从无序的观察中整理出秩序，以使某一观察得到表达（接受），而要让自己的解释获得合法性，又必须从自己的语言和概念中排除掉'社会的'因素，在'技术过程'中接受共同体的检验。拉陶尔（亦译为拉图尔）认为科学家从自己的语言和概念中排出'社会的'因素这一过程本身就是一种社会现象。"[4]因此，仅仅承认学术认可的知识逻辑，实际上是科学主义影响的产物，根植于实证主义至上的错误的科学观念。倘若依然坚持认为学术认可完全是基于学术业绩的结果，那么这就等于是掩饰那些隐藏于学术认可背后的权力、权威和支配力量。

因此，任何一个时代或国家的学术场域都处在以知识逻辑与政治逻辑为两极的连续统上，只是各自的比例大小、作用机制的问题。当然，学术场域的政治逻辑与市场的政治逻辑不管在其形成方式还是表现形式上还是有着根本差异的。由于社会分层意味着稀缺资源、权力和权威的非均等甚或不平等分配，因此，如果我们承认学术场域中权力、权威与学术认可的关系，那么，即是同意了本研究的一个关键命题，即学术认可具有政治逻辑，同时也就同意了学术场域分层与权力结构形成的政治逻辑。

本研究运用社会网络分析的理论与方法主要考察了学术场域中两类核心行动者——院系和学者在学术网络中的分层与权力结构，运用仪式分析的理论分析了学术会议中权力分化、学术精英生产与学术秩序建构的政治。对于影响学术场域分层与权力结构形成的因素，本研究着重考察了博士毕业生互聘、学术期刊中的互引以及学术会议等三种形式的力量或因素。需要指出的是，这三种力量各自内部都既包含着学术业绩的知识逻辑，也隐匿着院系声誉、学术地位、关系网络和人脉等政治逻辑，使得每一种力量都成为一种社

---

3 〔美〕马克·格兰诺维特.罗家德译.镶嵌——社会网与经济行动〔M〕.北京：社会科学文献出版社，2007：1-37.
4 汪晖.去政治化的政治〔M〕.北京：三联书店，2008：177-198.

会建构，然后交织在一起，形塑着学术场域的分层与权力结构。而业已形成的分层与权力结构进而作为一只"看不见的手"继续作用于学者和院系，不断地再生产着学术场域的分层与权力结构。这说明，学者和院系的权力和学术声誉具有明显的等级结构和再生产性，使得学术场域具有了一般社会系统所具有的政治逻辑。

具体而言，那些排名靠前的院系具有较高的学术声誉，他们无一例外地希望聘任那些具有最大学术潜力的博士毕业生，以维持并促进院系的学术声誉。而这些博士大都毕业于排名靠前的院系，他们不但通过导师的学术关系网络，经常与精英学者保持学术联系，因而对于由精英学者操控的前沿研究议题、学术观点和研究方法都非常熟悉。尤为关键的是，在这些院系之间，学者们共享着一套非正式的学术品位和研究风格，这是排名靠后院系的博士毕业生难以接触到的无形资源。由于同处一个学术关系网络之中，精英学者对多数博士生的学术能力相对较为了解，于是学术关系网络进而转变为一种信任网络，因此，这些院系在聘任博士毕业生时就具有了得天独厚的优势，享有着较大的主动性和支配权。

对于那些有较大学术潜力的博士毕业生而言，他们也更愿意选择学术声誉高的院系。因为这对他自己而言，不仅在当前表现为一种身份识别信息，而且还能借助较好的学术关系网络、学术环境和大量昂贵的研究设备在日后产出更多高质量的学术成果，以便受邀在学术会议上发表演讲，或是将之发表在国内外杰出的学术期刊上。更为关键的是，这些学术成果由于靠近学术交流网络的中心，加之院系学术声誉的光环，比起那些任职于一般院系的学者，更易受到学术同行的引用或认可。可以说，一旦一位学者在学术场域中占据了有利位置，拥有了较多的学术资源，享有了较大的权力和较高的学术声誉，那么在日后，他们将更有可能占据更加有力的位置、拥有更多的学术资源、享有更大的权力和更高的学术声誉。而这对于院系的学术声誉而言，无疑发挥着一种再生产的社会功能。与此同时，那些排名靠后、学术声誉较低的学者和院系则面临着越来越艰难的处境。韦克利姆等学者的一项研究也表明，尽管在顶尖大学和其他大学的社会学系都经历了较大的经济、制度和文化变革。然而，那些 20 世纪初在研究和研究生教育中处于领先地位的大学的社会学系仍在继续垄断着社会学系排名的顶端位置。[5]

5　David L.Weakliem, Gordon Gauchat, Bradley R.E.Wright.Sociological Stratification:

由此可见，学术场域政治逻辑的最为基础的一个要素是博士毕业生互聘。这主要是因为，博士毕业生聘任不仅仅是一个师资队伍补充和更新的问题，而且从长远看，它还是学术发表、学术互引、学术交流等领域政治逻辑展开的智力基础和社会基础，与一个院系在学术期刊、专业学会中的可见度和话语权以及学术资源分配等结构问题密切相关。显而易见，这些已经超出了普遍主义的学术业绩原则所能解释的范围，使得特殊主义主张的各种社会因素运行其中，表现出复杂的政治逻辑。

二、信任与边界：政治逻辑的学术效应

如前所述，任何一个时代或国家的学术场域都必然存在着知识逻辑与政治逻辑的交织和互动。这是由于学术活动与学术认可的特性所决定的。认识到这一点至关重要，因为它关系着我们对政治逻辑的态度。不过，承认政治逻辑的客观存在并不意味着对其存在表示完全认可。政治逻辑的存在对学术场域而言，既有其积极影响，也存在着一些难以避免的消极影响，尤其是当它完全罔顾学术活动的知识逻辑时，就会表现出更为严重的后果，各种为人所嫌恶的潜规则就会大量滋生，从而减弱学者的学术能力、学术业绩在学术认可中的作用，这不但不利于学者才的成长与发展，而且会损伤学术场域的公信力，产生难以预料的后果。以下从学术场域分层与权力结构的层面对政治逻辑的学术效应予以分析。

（一）积极效应

政治逻辑的积极效应主要表现在基于信任而形成的学术环境或学术氛围。具体来说，主要有以下三个方面：

第一，有利于学术信息的甄别和学术研究的聚焦。学术场域分层是以权威关系为基础而形成的，"没有这样的关系，研究就不是一种可行的活动，如果没有这样的关系，整个系统就会由于信息超负荷而垮掉"。[6]因此，学术场域分层的过程有利于形成学术场域的精英院系和学者以供学者辨识，在大量杂乱无章的学术信息中筛选出有价值的学术问题，由较多的学者围绕特定的学术问题或难题来进行多角度、多层次的研究，使得有创新空间的议题得以大

Change and Continuity in the Distribution of Departmental Prestige, 1965-2007〔EB/OL〕.〔2011-06-10〕.http://www.springerlink.com/ content/3068458110j030ut/.
6 〔英〕巴里·巴恩斯.鲁旭东译.局外人看科学〔M〕.北京：东方出版社，2001：113.

规模的关注和研究，不断推进学术知识的发展和更新。

第二，有利于促进一些学者的学术产出，提高学术成果的质量。学术场域的分层与权力结构通过学术声誉系统，将更多的学术资源分配给那些排名靠前的精英院系和学者。这对于促进当前大科学时代的学术产出是非常有利的，因为它能在学术资源有限的条件下，将有限的学术资源很大程度地集中在几个地方，推动有原创意义的大成果的问世。如果将学术资源平等地分配给所有的院系和学者，很有可能导致学术研究越来越趋于平庸。

第三，有利于提高学术场域的凝聚力。就其本质而言，特殊的学术关系网络本身是一种信任网络，在学术场域中具有积极的功能，譬如惠特利指出，学者越是依赖于其在同行中的声誉去获取工作、晋升、资源及其他奖励，就越是努力相信其研究战略和研究成果对同行群体的价值。[7]因此，学术场域中形成的特殊学术关系网络有利于学者迅速融入学科共同体或无形学院，与同行建立可靠的学术合作与交流关系，提高学术场域的凝聚力，形成较为坚定的学术信念和规范，在结构和信念两个层面约束学者的学术行为，避免负面的学术不端行为的产生，促进学术场域的良性运行。

（二）负面效应

任何一个社会都存在着社会分层，它是人类社会中一个持久的要素组合模式，因此它本身并无好坏之分。问题的关键在于，一个分层的社会是否从制度层面为其成员提供了一定程度的社会流动渠道，因为"社会不流动的存在意味着一定存在享有特权的个体或群体和被歧视的个体或群体，"对于后者而言，这是一种"制度性障碍"。[8]因此，一个开放、公正的学术场域，应该能够在很大程度上为众多学者提供向上流动的渠道，使他们能够凭借自身的学术禀赋和后天的努力实现自由的流动，促进大量高层次学术创新人才能够在开放、宽松的制度环境中脱颖而出。反之，如果学术场域分层和权力结构的形成过多依赖于政治逻辑，就易于导致学术认可和学术资源分配的不公正问题，造成很多非学术因素在学术认可和资源分配过程中的误用甚或滥用，这对于学术知识的发展和学术场域的良性运行有百害而无一利。具体而言，其

7　〔英〕理查德·惠特利.赵万里等译.科学的智力组织和社会组织〔M〕.北京：北京大学出版社，2011：13.

8　唐世平.社会流动、地位市场与经济增长〔J〕.中国社会科学，2006（3）：85-97.

负面效应主要表现在以下四个方面：

第一，可能会导致学术场域趋于封闭，堵塞学者的学术流动渠道。学者一般都愿意承认在声誉、地位上的等级化，然而却不能容忍学术资源分配的不公平和学术流动机会的不平等。本-戴维（Ben-David）曾讨论过学术流动在美国学者学术生涯发展和学术职业专业化发展的重要性。他在 50 多年前指出，美国学术专业化的发展与学者的流动是密不可分的，而较为频繁的学术流动也表明，相对于他任职的大学而言，学者更为认同他所归属的学科。[9]前文统计数据表明，在我国，学者一旦进入某一个学术机构，很有可能再难有学术流动的机会，而博士毕业生互聘网络使得精英院系几乎不再聘任一般院系的毕业生，因此早期进入成为决定学者学术生涯发展的关键因素。这可能是我国学者对学术环境和学术流动机会不满的主要原因。这种趋于封闭的分层与权力结构极易导致学术权力过度集中于排名靠前的精英院校的手中。在我国还有一个非常特殊的问题，即一流的学科基本上集中在那些国内一流的 985 工程院校，而 211 院校一般都极少有几个相对杰出的学科，更遑论普通的地方院校了。在美国，尽管亦有一些一流的综合性大学拥有多个一流学科，但一流学科的分布仍然是较为分散的，很多小学校的出名并非因其整体实力，而往往是由于其发展形成了一两个优势学科。这种相对分散的学科结构促成了学术研究在不同院校间的遍地开花。尽管他们的学术场域亦存在分层与权力等级结构，但这种结构是相对分散的，它在极大程度上将学术权力多元化了，不会过于集中，为学者的学术流动提供了较多的机会和选择，这可能也是西方学者普遍愿意流动且较为频繁的一个重要原因。

第二，可能扩大社会性因素在学术活动特别是学术认可过程中的权重。社会性因素过多地涉入学术活动或学术认可，就很有可能弱化学者学术业绩和学术成果的应有功能，从而挫伤学者"以学术为业"的志向和动力，使那些虽任职于一般院校但具有较大学术潜力的青年学者产生挫败感，从而出现像杰里·加斯顿所担忧的后果，即得不到适当的认可可能会鼓励大量有能力的和多产的学者从事那些可能会带来某些其他类型奖励——也许是金钱——的活动。[10]这种现象在我国学术场域中并不鲜见，从整体上导致了学术环境的

9 Joseph Ben-David.The universities and the growth of science in Germany and the United States〔J〕.Minerva, 1968,7（1-2）:1-35.

10 〔美〕杰里·加斯顿.顾昕等译.科学的社会运行——英美科学界的奖励系统〔M〕.

恶化，在学术场域中形成不良的学术风气。

第三，可能促发学者形成"圈内人"的狭窄意识。精英院系和学者通过建立特殊的学术关系网络，为"圈内"与"圈外"设立学术交流与合作的心理边界，排除异己，阻塞"圈外人"进入由某些中心人物把持的学术机构和非正式交流网络的通道。与此同时，也可能易使一些把持着学术期刊、专业学会和政府研究经费评审的学术权威垄断学术资源，将更多的机会和资源分配给和自己有着某种亲密"关系"的学者，从而导致不公平问题，这会在一定程度上剥夺大多数年轻学者的发展机会。这些隐形的心理边界和有形的关系网络如果走向一种极端，就容易导致学者个体的思想趋于单一、保守，阻碍学者个体的学术思想进步和学术创新，致使学术机构趋于封闭、僵化，难于根据知识的交流和发展进行组织变革，进而抑制学术机构和学术本身的创新和发展。[11]

三、可能的创新与不足

本研究主要通过考察博士毕业生互聘、学者的学术互引关系和学术会议等三种重要的学术事件分析了学术场域中院系和学者的分层与权力结构，描述并概括了学术场域的政治逻辑及其表现形式，运用问卷数据分析了政治逻辑的合法性与合法化危机，最后归纳了政治逻辑对学术场域和学术活动的正、负效应。本研究可能的创新之处在于以下三个方面：

第一，问题域的拓展。以往研究多以高校为研究单位，主要讨论行政权力与学术权力的关系问题，其中衍生的"政治"要么局限于体制性的宏观政治，要么被误读为"潜规则"。本研究在承认认知逻辑的基础上，着重从学理上考察学术场域的政治逻辑——学术场域内部的分层、权力结构及其结构化，拓展了高等教育研究的问题域。

第二，理论视角与方法论的转变。本研究较早将社会网络分析和仪式分析的理论与方法引入高等教育研究，进行量化与质性相结合的经验研究，分别考察了三种结构化因素——博士生互聘、学者学术互引、学术会议与学术场域的结构化机制，运用合法性理论分析了学术场域分层与权力结构的合法性，深化了对政治逻辑的理论认识。

北京：光明日报出版社，1988：35.

11 张斌.学术系统中的社会资本及其效应〔J〕.复旦教育论坛，2011（5）：39-44.

第三，学术观点的创新。博士生互聘、学术互引、学术会议等三种力量都既包含认知逻辑，也隐匿着学术声誉、关系网络和学术秩序等政治逻辑，交互发挥作用，形塑着学术场域，而业已形成的分层与权力结构进而作为一只"看不见的手"作用于学者和院系，不断地再生产着学术场域的结构，使其呈现出鲜明的政治逻辑。

然而，由于国内关于学术场域及其政治逻辑的研究还处于零散状态，加之研究者本人的研究能力和学术视野有限，因此本研究所做的些许研究仅仅是一个初步的尝试，在抽样、研究单位以及研究方法等方面还存在一些不足。具体表现在以下三个方面：

第一，抽样方面的问题。对于院系分层与权力结构，抽取了 18 所物理学院（系）的 411 位物理学学者，以学缘关系为事件与 57 所院系建立博士生互聘网络；对于学者的分层与权力结构，选取了在《社会学研究》这一学术期刊发表 2 篇及以上的 101 位学者，以学术互引关系为事件建立学术互引关系网络，他们大多任职于高层次院系的知名学者，排除了大量的普通学者。基于这两种类型的样本而得出的学术场域分层与权力结构及其表现出的政治逻辑，在一定程度上反映出物理学学科、社会学学科的政治逻辑，但究竟能在多大程度上推广到所有学科，还有待进一步的研究考证。不过，社会网络分析理论的"结构对等性"思想认为，结构对等的行动者及其关系可以被作为一个类型予以分析，而不必对特定的行动者进行一一分析，这在很大程度上保证了结论的解释力。

第二，研究单位的选择问题。本研究着重考察了以博士毕业生互聘、学术互引和学术会议等三种重要的学术合作与交流方式，不过，这些都属于正式的学术合作与交流方式，学术场域中还存在着大量的非正式学术合作与交流，它们亦是特殊的学术关系网络，在学者学术生涯发展、学术场域的运行中发挥着重要作用。对于这些非正式的学术合作与交流形式，本研究并没有专门予以考察，只是在有的部分进行了分析和讨论，不过这将成为后续研究的新空间。

第三，混合研究方法使用的问题。在量化研究与质性研究的对立和争论大潮中，越来越多的学者对混合研究方法给予了更大的关注，因为这有利于将统计意义的结构特征与社会行动和过程的意义在一定程度上融合起来，降低量化研究与质性研究各自的弊端与不足，使得对研究对象的考察更为全面和深入。不过，由于笔者的方法论素养正在积累之中，加之学术场域政治逻辑在国内研究的零散状态，使得笔者对二者融合的方式、深度等方面的运用都只是尝试性的。如前所述，社会网络分析超越了传统社会结构论以个体属性为分析单位而代之以行动者间的关系为分析单位的研究路径，但与传统的社会结构论一样，社会网络分析重在考察静态的社会分层与结构。因此，笔者同时运用参与式观察的方法对学术会议过程进行了较为动态的社会学分析，试图对量化数据的结论进行验证和延伸，取得了一些认识上的深化。但是，倘若要进一步认识关于学术场域中的冲突与变革图景，即政治逻辑的动态机制，则需要结合组织社会学、人类学的方法予以更为深入的考察。

参考文献

中文论著

1. 〔美〕爱德华·W·赛义德.单德兴译.知识分子论〔M〕．北京：三联书店，2002.

2. 〔美〕爱德华·W·赛义德.王宇根译.东方学〔M〕．北京：三联书店，1999.

3. 〔美〕爱德华·希尔斯，李家永译，学术的秩序——当代大学论文集〔M〕．北京：商务印书馆，2007.

4. 〔德〕埃德蒙德·胡塞尔.王炳文译.欧洲科学危机和超验现象学〔M〕．上海：上海译文出版社，1988.

5. 〔法〕埃米尔·迪尔凯姆.胡伟译. 社会学方法的准则〔M〕．北京：华夏出版社，1999.

6. 〔意〕安东尼奥·葛兰西.曹雷雨等译. 狱中札记〔M〕．北京：中国社会科学出版社，2000.

7. 〔英〕安东尼·吉登斯.郭忠华译.批判的社会学导论〔M〕．上海：上海世纪出版集团，2007.

8. 〔英〕安东尼·古登斯.李康等译.社会的构成〔M〕．北京：三联书店，1998.

9. 〔英〕安东尼·吉登斯.赵旭东等译.社会学（第四版)〔M〕．北京：北京大学出版社，2003.

10. 〔美〕巴伯.顾昕等译.科学与社会秩序〔M〕．北京:三联书店，1991.

11. 〔法〕巴里·巴恩斯.鲁旭东译.科学知识与社会学理论〔M〕．北京：东方出版社，2001.

12. 〔英〕巴里·巴恩斯. 鲁旭东译. 局外人看科学〔M〕. 北京：东方出版社，2001.

13. 〔英〕巴里·巴恩斯，大卫·布鲁尔，约翰·亨利.邢冬梅，蔡仲译.科学知识：一种社会学的分析〔M〕. 南京：南京大学出版社，2004.

14. 〔美〕保罗·康纳顿.纳日碧力戈译.社会如何记忆〔M〕.上海：上海人民出版社，2000.

15. 包亚明主编.包亚明译.文化资本与社会炼金术——布迪厄访谈录〔M〕. 上海：上海人民出版社，1997.

16. 包亚明主编.严峰译.权力的眼睛——福柯访谈录〔M〕. 上海：上海人民出版社，1997.

17. 包艳.从"背离"到"互构"——制度实践的行动逻辑〔M〕. 上海：上海三联书店，2011.

18. 别敦荣. 中美大学学术管理 〔M〕. 武汉：华中理工大学出版社，2000.

19. 〔法〕布鲁诺·拉图尔.刘文旋，郑开译.科学在行动：怎样在社会中跟随科学家和工程师〔M〕. 北京：东方出版社，2005.

20. 〔法〕布鲁诺·拉图尔，〔英〕史蒂夫·伍尔加.张伯霖，刁小英译.实验室生活：科学事实的建构过程〔M〕. 北京：东方出版社，2004.

21. 〔美〕伯顿·R·克拉克.王承绪等译.高等教育系统——学术组织的跨国研究〔M〕. 杭州：杭州大学出版社，1994.

22. 〔美〕C·赖特·米尔斯.社会学的想象力〔M〕. 北京:三联书店，2001.

23. 〔英〕C.P.斯诺.纪树立译.两种文化〔M〕. 北京：三联书店，1994.

24. 曹锦清.黄河边的中国〔M〕. 上海：上海文艺出版社，2000.

25. 〔美〕查尔斯·霍顿·库利.包凡一，王源译.人类本性与社会秩序〔M〕. 北京：华夏出版社，1999.

26. 〔美〕查尔斯·赖特·米尔斯.王崑，许荣译.权力精英〔M〕. 南京：南京大学出版社，2004.

27. 程天君."接班人"的诞生——学校中的政治仪式考察〔M〕. 南京：南京师范大学出版社，2008.

28. 辞海（第六版典藏本)〔Z〕. 上海：上海辞书出版社，2011.

29. 〔美〕D.普赖斯.宋剑耕译.大科学，小科学〔M〕. 北京：世界科学出版社，1982.

30. 〔美〕戴安娜·克兰.刘珺珺等译.无形学院〔M〕．北京：华夏出版社，1988.

31. 〔美〕戴维·格伦斯基编.王俊等译.社会分层（第 2 版）〔M〕．北京：华夏，2005，264.

32. 〔美〕杜赞奇.王福明译.文化、权力与国家——1900-1942 年的华北农村〔M〕．南京：江苏人民出版社，2004.

33. 费孝通.乡土中国 生育制度〔M〕．北京：北京大学出版社，1998.

34. 冯契主编.逻辑学大辞典〔Z〕．上海：上海辞书出版社，2001.

35. 〔美〕弗里德里希·A.哈耶克.冯克利译.科学的反革命〔M〕．南京：译林出版社.，2003.

36. 高水红.共用知识空间〔M〕．南京：南京师范大学出版社，2008.

37. 〔美〕格奥尔格·伊格尔斯.何兆武译.二十世纪的历史学〔M〕．济南：山东大学出版社，2006.

38. 〔美〕格雷格·迈尔斯.孙雍君等译.书写生物学——科学知识的社会建构文本〔M〕．南昌：江西教育出版社，1999.

39. 〔美〕哈里特·朱克曼. 周叶谦，冯世刚译.科学界的精英——美国的诺贝尔奖金获得者〔M〕．北京：商务印书馆，1982.

40. 〔美〕汉娜·阿伦特.王寅丽译.人的境况〔M〕．上海：上海世纪出版集团，2009.

41. 洪小良.城市贫困家庭的社会关系网络与社会支持〔M〕．北京：中国人民大学出版社，2008.

42. 〔美〕华勒斯坦等.刘健芝等编译.学科·知识·权力〔M〕．北京：三联书店，1999.

43. 胡金平.学术与政治之间的角色困顿——大学教师的社会学研究〔M〕．南京：南京师范大 学出版社，2005.

44. 蒋云根.政治人的心理世界〔M〕．上海：学林出版社，2002.

45. 〔美〕杰里·加斯顿.顾昕等译.科学的社会运行——英美科学界的奖励系统〔M〕．北京：光明日报出版社，1988.

46. 〔英〕杰西·洛佩兹，约翰·斯科特.允春喜译.社会结构〔M〕．长春：吉林人民出版社，2007.

47. 〔法〕卡林·诺尔-塞蒂娜.王善博等译.制造知识——建构主义与科学的与境性〔M〕．北京：东方出版社，2001.

48. 〔德〕卡尔·曼海姆.黎民等译.意识形态与乌托邦〔M〕.北京：商务印书馆，2000.

49. 〔美〕克利福德·吉尔兹.王海龙，张家瑄译.地方性知识——阐释人类学论文集〔M〕.北京：中央编译出版社，2004.

50. 〔美〕L·科塞.孙立平等译.社会冲突的功能〔M〕.北京：华夏出版社，1989.

51. 〔美〕兰德尔·科林斯.林聚仁等译.互动仪式链〔M〕.北京：商务印书馆，2009.

52. 〔英〕理查德·惠特利.赵万里等译.科学的智力组织和社会组织〔M〕.北京：北京大学出版社，2011.

53. 〔美〕刘易斯·科塞.郭方等译.理念人——一项社会学的考察〔M〕.北京：中央编译出版社，2004.

54. 〔美〕拉尔福·达仁道夫.林荣远译.现代社会冲突〔M〕.北京：中国社会科学出版社，2000.

55. 〔美〕拉塞尔·雅各比.洪洁译.最后的知识分子〔M〕.南京：江苏人民出版社，2002.

56. 〔美〕兰德尔·柯林斯，迈克尔·马科夫斯基.李霞译.发现社会之旅——西方社会学思想述评〔M〕.北京：中华书局，2006.

57. 李培林等主编.社会学与中国社会〔M〕.北京：社会科学文献出版社，2008.

58. 〔美〕列奥·施特劳斯，约瑟夫·克罗波希.李洪润等译.政治哲学史〔M〕.北京：法律出版社，2009.

59. 〔美〕林南.张磊译.社会资本——关于社会结构与社会行动的理论〔M〕.上海：上海人民出版社，2005.

60. 刘军.法村社会支持网络——一个整体研究的视角〔M〕.北京：社会科学文献出版社，2006.

61. 刘小枫.现代性社会理论绪论〔M〕.上海：上海三联书店，1998.

62. 〔美〕罗伯特·伯恩鲍姆.别敦荣主译.大学运行模式〔M〕.青岛：中国海洋大学出版社，2003.

63. 〔美〕罗伯特·马克·弗里德曼.杨建军译.权谋:诺贝尔科学奖的幕后〔M〕.上海：上海科技教育出版社，2005.

64. 〔美〕罗伯特·墨菲.王卓君等译.文化与社会人类学引论〔M〕.北京：商务印书馆,2004.

65. 〔美〕罗伯特·金·默顿.十七世纪英格兰的科学、技术与社会〔M〕.北京：商务印书馆，2000.

66. 〔美〕罗伯特·K·默顿.科学社会学（上、下）〔M〕.北京：商务印书馆，2003.

67. 〔美〕罗伯特·K·默顿.社会理论和社会结构〔M〕.南京：译林出版社，2006.

68. 罗家德.社会网络分析讲义〔M〕.北京：社会科学文献出版社，2005.

69. 〔澳〕马尔科姆·沃特斯.杨善华译.现代社会学理论〔M〕.北京：华夏出版社，2000.

70. 〔美〕马克·格兰诺维特.罗家德译.镶嵌——社会网与经济行动〔M〕.北京：社会科学文献出版社，2007.

71. 〔美〕马克·格兰诺维特.张文宏译.找工作：关系人与职业生涯的研究〔M〕.上海：上海人民出版社，2008.

72. 〔德〕马克斯·韦伯.韩水法，莫茜译.社会社会科学方法论〔M〕.北京：中央编译出版社，2002.

73. 〔德〕马克斯·韦伯.钱永祥等译.学术与政治〔M〕.桂林：广西师范大学出版社，2004.

74. 〔德〕马克斯·韦伯.林荣远译.经济与社会〔M〕.北京：商务印书馆，1997.

75. 〔美〕迈克尔 W.阿普尔，阎光才等译，文化政治与教育〔M〕.北京：教育科学出版社，2005.

76. 〔英〕迈克尔·博兰尼.冯银江，李雪茹译.自由的逻辑〔M〕.长春：吉林人民出版社，2002.

77. 〔英〕迈克尔·波兰尼，王靖华译，科学、信仰与社会〔M〕.南京：南京大学出版社，2004.

78. 〔美〕迈克尔·林奇.邢冬梅译.科学实践与日常活动〔M〕.苏州：苏州大学出版社，2010.

79. 〔英〕迈克尔·马尔凯.林聚任等译.科学社会学理论与方法〔M〕.北京：商务印书馆，2006.

80. 〔美〕摩西·马丁·李普赛特.张绍宗译.政治人——政治的社会基础〔M〕.上海：上海人民出版社，2002.

81. 〔法〕米歇尔·福柯.刘北成，杨远婴译.规训与惩罚〔M〕.北京：三联书店，1999.

82. 〔法〕莫里斯·迪韦尔热.杨祖功，王大东译.政治社会学〔M〕.北京：东方出版社，2007.

83. 〔英〕齐格蒙特·鲍曼，蒂姆·梅.李康译.社会学之思〔M〕.北京：社会科学文献出版社，2010.

84. 〔英〕齐格蒙·鲍曼.洪涛译.立法者与阐释者〔M〕.上海：上海人民出版社，2000.

85. 〔美〕乔纳森·科尔，史蒂芬·科尔.赵佳苓等译，科学界的社会分层〔M〕.北京：华夏出版社，1989.

86. 〔美〕乔纳森·特纳.邱泽奇等译.社会学理论的结构〔M〕.北京：华夏出版社，2001.

87. 〔美〕乔治·H·米德.赵月瑟译.心灵、自我与社会〔M〕.上海：上海译文出版社，1992.

88. 〔美〕乔治·萨顿.陈恒六等译.科学史和新人文主义〔M〕.上海：上海交通大学出版社，2007.

89. 〔法〕P.波丢.王作虹译.人：学术者〔M〕.贵阳：贵州人民出版社，2006.

90. 彭漪涟，马钦荣主编.逻辑学大辞典〔Z〕.上海：上海辞书出版社，2004.

91. 彭兆荣.文学与仪式：文学人类学的一个文化视野〔M〕.北京：北京大学出版社，2004.

92. 〔法〕皮埃尔·布迪厄.蒋梓骅译.实践感〔M〕.南京：译林出版社，2003.

93. 〔法〕皮埃尔·布迪厄.李康等.实践与反思〔M〕.北京：中央编译出版社，1998.

94. 〔法〕皮埃尔·布尔迪厄.陈圣生等译.科学之科学与反观性〔M〕.桂林：广西师范大学出版社，2006.

95. 〔法〕皮埃尔·布尔迪厄.杨亚平译.国家精英——名牌大学与群体精神〔M〕.北京：商务印书馆，2004.

96. 〔法〕皮埃尔·布迪厄.姜志辉译.单身者舞会〔M〕.上海：上海译文出版社，2009.

97. 〔德〕裴迪南·滕尼斯.林荣远译.共同体与社会〔M〕.北京：商务印书馆，1999.

98. 〔美〕R·科林斯.吴琼等译.哲学的社会学——一种全球的学术变迁理论（上）〔M〕.北京：新华出版社，2004.

99. 单中惠主编.外国大学教育问题史〔M〕.济南：山东教育出版社，2006.

100. 〔美〕史蒂文·卢克斯.彭斌译.权力——一种激进的观点〔M〕.南京：凤凰出版传媒集团，2008.

101. 斯坦利·沃瑟曼，凯瑟琳·福斯特.陈禹，孙彩虹译.社会网络分析：方法与应用〔M〕.北京：中国人民大学出版社，2012.

102. 〔美〕斯图亚特·里查德.姚尔强等译.科学哲学与科学社会学〔M〕.北京：中国人民大学出版社，1989.

103. 孙立平.断裂：20 世纪 90 年代以来的中国社会〔M〕.北京：社会科学文献出版社，2003.

104. 孙立平.博弈：断裂社会的利益冲突与和谐〔M〕.北京：社会科学文献出版社，2006.

105. 孙立平.重建社会：转型社会的秩序再造〔M〕.北京：社会科学文献出版社，2009.

106. 〔法〕托克维尔.董果良译.论美国的民主〔M〕.北京：商务印书馆，1988.

107. 〔英〕托尼·比彻，保罗·特罗勒尔.唐跃勤等译.学术部落及其领地〔M〕.北京：北京大学出版社，2003.

108. 〔美〕托马斯·库恩.金吾伦，胡新和译.科学革命的结构〔M〕.北京：北京大学出版社，2003.

109. 汪晖.去政治化的政治〔M〕.北京：三联书店，2008.

110. 汪民安主编.文化研究关键词〔M〕.南京：江苏人民出版社，2007.

111. 王铭铭.想象的异邦——社会与文化人类学散论〔M〕.上海：上海人民出版社，1998.

112. 王治河.后现代哲学思潮研究（增补本）〔M〕.北京：北京大学出版社，2006.

113. 卫磊.法律行动的实践逻辑〔M〕.上海：上海社会科学院出版社，2011.

114. 〔美〕齐美尔.林荣远译.社会学——关于社会形式的研究〔M〕.北京：华夏出版社，2002.

115. 〔美〕希拉·斯劳特，拉里·莱斯利.梁骁，黎丽译.学术资本主义：政治、政策与创业型大学〔M〕.北京：北京大学出版社，2008.

116. 项贤明.比较教育学的文化逻辑〔M〕.哈尔滨：黑龙江教育出版社，2000.

117. 〔英〕亚当·斯威夫特.萧韶译.政治哲学导论〔M〕.南京：江苏人民出版社，2006.

118. 〔古希腊〕亚里士多德.颜一，秦典华.政治学〔M〕.中国人民大学出版社, 2003.

119. 阎光才.识读大学——组织文化的视角〔M〕. 北京：教育科学出版社，2002.

120. 〔美〕阎云祥.李放春，刘瑜译.礼物的流动——一个中国村庄中的互惠原则与社会网络〔M〕. 上海：上海人民出版社，2000.

121. 杨敏.社会行动的意义效应——社会转型加速期现代性特征研究〔M〕. 北京：中国人民大学出版社，2005.

122. 叶澜.教育研究方法论初探〔M〕. 上海：上海教育出版社，1999.

123. 〔美〕伊曼纽尔·沃勒斯坦.王昺等译.知识的不确定性〔M〕. 济南：山东大学出版社，2006.

124. 〔匈〕伊什特万·豪尔吉陶伊.节艳丽译.通往斯德哥尔摩之路——诺贝尔奖、科学和科学家〔M〕. 上海：上海世纪出版集团，2007.

125. 袁方主编.社会研究方法教程〔M〕. 北京：北京大学出版社，1997.

126. 〔美〕约翰·布鲁贝克.王承绪等译.高等教育哲学〔M〕. 杭州：浙江教育出版社，1998.

127. 〔加〕约翰·范德格拉夫，等.学术权力——七国高等教育管理体制比较〔M〕. 杭州：浙江教育出版社，2001.

128. 〔英〕约翰·齐曼.刘珺珺等译，元科学导论〔M〕. 长沙：湖南人民出版社，1988.

129. 〔英〕约翰·齐曼.曾国屏等译，真科学：它是什么，它指什么〔M〕. 上海：世纪出版集团，2008.

130. 〔英〕约翰·斯科特.刘军译.社会网络分析法〔M〕. 重庆：重庆大学出版社，2007.

131. 〔美〕约翰·R.霍尔，玛丽·乔尼·兹.周晓虹，徐彬译.文化：社会学的视野〔M〕. 北京：商务印书馆，2004.

132. 〔美〕约瑟夫·劳斯.盛晓明等译.知识与权力——走向科学的政治哲学〔M〕. 北京：北京大学出版社，2004.

133. 张静主编.身份认同研究：观念 态度 理据〔M〕. 上海：上海人民出版社，2006.

134. 张文宏.中国城市的阶层结构与社会网络〔M〕. 上海：上海人民出版社，2006.

135. 张应强.文化视野中的高等教育〔M〕. 南京：南京师范大学出版社，1999.

136. 张之沧编译.科学：人的游戏〔M〕. 北京：中国青年出版社，1988.

137. 赵汀阳.坏世界研究——作为第一哲学的政治哲学〔M〕.北京：中国人民大学出版社，2009.

138. 赵汀阳.每个人的政治〔M〕.北京：社会科学文献出版社，2010.

139. 庄西镇.国家的限度——"制度化"学校的社会逻辑〔M〕.南京：南京师范大学出版社，2006.

140. 周晓虹.西方社会学历史与体系（第一卷）〔M〕.上海：上海人民出版社，2002.

141. 朱国华.权力的文化逻辑〔M〕.北京：三联书店，2004.

142. 朱新梅.知识与权力：高等教育政治学新论〔M〕.北京：教育科学出版社，2007.

143. 中国科学院，国家自然科学基金委员会.未来 10 年中国学科发展战略·总论〔M〕.北京：科学出版社，2012.

中文期刊

144. 卜长莉."差序格局"的理论诠释及现代内涵〔J〕.社会学研究，2003（1）.

145. 边燕杰.城市居民社会资本的来源及作：网络观点与调查发现〔J〕.中国社会科学，2004（3）.

146. 边燕杰.关系社会学及其学科地位〔J〕.西安交通大学学报(社会科学版)，2010（3）.

147. 曹聪.权威、合作和科学发现 SARS 和中国科学共同体〔J〕.科学文化评论，2006（6）.

148. 陈伟.分化与整合：学术"场域"的进化逻辑〔J〕.学术研究，2010（7）.

149. D·R·奥洛伊德.杨静一，陈庆云译.知识社会学的研究及其对科学史的意义〔J〕.自然辩证法研究，1992（1）.

150. 冯向东.大学学术权力的实践逻辑〔J〕.高等教育研究，2010（4）.

151. 高丙中.社会团体的合法性问题〔J〕.中国社会科学，2000（2）.

152. 郭干华.农村现代化过程中的传统亲缘关系〔J〕.社会学研究，1994（6）.

153. 黄维，陈勇.中国教育经济学研究者合作网络的社会网络分析〔J〕.现代大学教育，2010（2）.

154. 李林艳.社会空间的另一种想象——社会网络分析的结构视野〔J〕.社会学研究，2004（3）.

155. 李元书.什么是政治——政治涵义的再探讨〔J〕.学习与探索，1997（5）.

156. 刘精明，李路路.阶层化：居住空间、生活方式、社会交往与阶层认同〔J〕.社会学研究，2005（3）.

157. 刘云杉，王志明，杨晓芳.精英的选拔：身份、地域与资本的视角——跨入北京大学的农家子弟（1978-2005）〔J〕.清华大学教育研究，2009（5）.

158. 高耀明等.高等教育研究高被引用论文作者互引网络分析〔J〕.教育研究，2012（8）.

159. 刘欣.新政治社会学：还是转型还是理论补充？〔J〕.社会学研究，2009（1）.

160. 寇东亮.学术权力:中国语义、价值根据与实现路径〔J〕.高等教育研究，2006（12）.

161. 刘禾.帝国战争与符号生产〔J〕.清华大学学报（哲学社会科学版），2005（4）.

162. 刘郦.知识与权力——科学知识的政治学〔J〕.哲学研究，2002（2）.

163. 龙艳."沉默"的背后〔J〕.外国文学，2002（1）.

164. 孙立平."过程-事件分析"与对当代中国农村社会生活的洞察〔C〕.∥王汉生，杨善华主编.农村基层政权运行权运行与村民自治.北京：中国社会科学出版社，2001.

165. 孙立平."关系"、社会关系与社会结构〔J〕.社会学研究，1996（5）.

166. 孙立平.中国社会结构的变迁及其分析模式的转换〔J〕.南京社会科学，2009（5）.

167. 唐世平.社会流动、地位市场与经济增长〔J〕.中国社会科学，2006（3）.

168. 王英杰.大学学术权力和行政权力冲突解析——一个文化的视角〔J〕.北京大学教育评论，2007（1）.

169. 吴彤.两种"地方性知识"〔J〕.自然辩证法研究,2007（11）.

170. 衣俊卿.论微观政治哲学的研究范式〔J〕.中国社会科学，2006（6）.

171. 阎光才.高校学术失范现象的动因与防范机制分析〔J〕.高等教育研究，2009（2）.

172. 阎光才."所罗门宫殿"与现代学术制度的缘起〔J〕.清华大学教育研究，2008（1）.

173. 阎光才.文化乡愁与工具理性：学术活动制度化的轨迹〔J〕.北京大学教育评论，2008（2）.

174. 阎光才.学术认可与学术系统内部的运行规则〔J〕.高等教育研究,2007(4).

175. 阎光才.学术共同体内外的权力博弈与同行评议制度〔J〕.北京大学教育评论,2009(1).

176. 阎光才.教育研究中量化与质性方法之争的当下语境分析〔J〕.教育研究,2006(2).

177. 阎光才.学术系统的分化结构与学术精英的生成机制〔J〕.高等教育研究,2010(3).

178. 阎光才.亚努斯的隐喻——去行政化语境下的学术精英角色与权力内涵分析〔J〕.复旦教育论坛,2010(5).

179. 阎光才.中国学术制度建构的历史与现实境遇〔J〕.北京师范大学学报(社会科学版),2008(6).

180. 阎云翔.差序格局与中国文化的等级观〔J〕.社会学研究,2006(4).

181. 杨甜甜.从"权力"到"文化":双重视野下的科层制〔M〕.社会学研究,2006(5).

182. 项贤明.比较教育:话语与权力〔J〕.高等教育研究,2003(2).

183. 翟学伟.再论"差序格局"的贡献、局限与理论遗产〔J〕.中国社会科学,2009(3).

184. 张文宏.城市居民社会网络中的差序格局〔J〕.江苏行政学院学报,2008(1).

185. 张彦珍.兰州市流动人口社会网研究〔J〕.甘肃社会科学,2005(6).

186. 朱迪.混合研究方法的方法论、研究策略及应用——以消费模式研究为例 社会学研究〔J〕.2012(4).

187. 邹宇春,敖丹.自雇者与受雇者的社会资本差异研究〔J〕.社会学研究,2011(5).

博士学位论文

188. 卜晓勇.中国现代科学精英〔D〕.合肥:中国科学技术大学,2007.

189. 陈立新.力学期刊群的内外关系与学科结构〔D〕.大连:大连理工大学,2008.

190. 郭明哲.行动者网络理论——布鲁诺·拉图尔的科学哲学研究〔D〕.上海:复旦大学,2009.

191. 李志峰.中国学术职业的国际竞争力研究〔D〕.华中科技大学,2007.

192. 陶爱民.中国工程院院士群体状况研究〔D〕.合肥:中国科学技术大学,

2007.

193. 王彦雨.科学世界的话语建构——马尔凯话语分析研究纲领探析〔D〕. 济南：山东大学，2009.

194. 穆中杰.上海市法学会历史变迁〔D〕. 大连：华东政法大学，2008.

195. 张俊超.大学场域的游离部落——研究型大学青年教师发展现状及应对策略研究〔D〕. 武汉：华中科技大学，2008.

英文文献

196. Alan E. Bayer, John C. Smart. Career Publication Patterns and Collaborative "Styles" in 197. American Academic Science〔J〕. The Journal of Higher Education, 1991,62（6）.

197. Anthony J. Onwuegbuzie, Nancy L. Leech. Taking the "Q" Out of Research：Teaching Research Methodology Courses Without the Divide Between Quantitative and Qualitative Paradigms〔J〕, Quality & Quantity,2005,39.

198. Arthur F. McEvoy. Science, Culture, and Politics in U.S. Natural Resources Management〔J〕. Journal of the History of Biology, 1992,25（3）.

199. Barry Wellman, S.D. Berkowitz. Social Structure; A Network Approach〔M〕. Cambridge: Cambridge University Press, 1988.

200. Blau, P. .The Organization of Academic Work〔M〕. New Brunswick & London：Transaction Publishers, Second Edition, 1994.

201. Blume, Stuart S.. Toward a Political Sociology of Science〔M〕. New York：Free Press, 1974.

202. Bourdieu, Pierre. The Specificity of the Scientific Field and the Social Conditions of the Progress of Reason. Social Science Information，1975,14.

203. Bruce Keith, Jenny Sundra Layne, Nicholas Babchuk, Kurt Johnson.The Context of Scientific Achievement: Sex Status, Organizational Environments, and the iming of Publication on Scholarship Outcomes. Social Forces, 2002,80（4）.

204. Bruce Keith, Nicholas Babchuk. The Quest for Institutional Recognition：A Longitudinal Analysis of Scholarly Productivity and Academic Prestige among Sociology Departments〔J〕. Social Forces,1998,76（4）.

205. Burton R. Clark. The Academic Life〔M〕. New Jersey：Princeton University Press,1987.

206. Cao Cong. China's Scientific Elite〔M〕. London & New York，Routledge Curzon, 2004.

207. Cole, Jonathan R., and Burton Singer. A Theory of Limited Differences：Explaining the 208. Productivity Puzzle in Science. 1991,277-310. in The Outer Circle：Women in the Scientific Community, edited by Harriet Zuckerman, Jonathan R. Cole, and John T. Bruer. Norton.

208. Daniel S. Greenberg. The Politics of Pure Science〔M〕. Chicago：The University of Chicago Press, 1999.

209. Daniel S. Greenberg. The Politics of Science〔J〕. Change, 1975,7（2）：28-33.

210. David L. Weakliem, Gordon Gauchat, Bradley R. E. Wright. Sociological Stratification: Change and Continuity in the Distribution of Departmental Prestige, 1965–2007〔EB/OL〕. 2011-06-10. .http：//www.springerlink.com/content/3068458110j030ut/.

211. David Robbins, Ron Johnston. The Role of Cognitive and Occupational Differentiation in Scientific Controversies〔J〕. Social Studies of Science, Special Issue：Aspects of the Sociology of Science：Papers from a Conference, University of York, UK 16-18,1976,6（3/4）.

212. Donald Light, Jr.. Introduction：The Structure of the Academic Professions. Sociology of Education, 1974,47（1）.

213. Edited by Scott Frickle, Kelly Moore. The New Political Sociology of Science：Institutions, Network, and Power〔A〕. The University of Wisconsin Press, 2006.

214. Edward J. Hackett. Essential Tensions: Identity, Control, and Risk in Research. Social Studies of Science, Scientific Collaboration,2005,35（5）.

215. Elisabeth S. Clemens, Walter W. Powell, Kris McIlwaine, Dina Okamoto. Careers in Print：Books, Journals, and Scholarly Reputations. The American Journal of Sociology,1995,101（2）.

216. Erin Leahcy. Not by Productivity Alone: How Visibility and Specialization Contribute to Academic Earnings. American Sociological Review, 2007,72（4）.

217. Eysenck Hans J. Creativity and personality：Suggestions for a theory〔J〕. Psychological Inquiry,1993, 4（3）.

218. Francois Lorrain, Harrison C. White. Structural equivalence of individuals in social networks〔J〕. The Journal of Mathematical Sociology, 1971,1（1）.

219. Gustin Bernard H. Charisma, recognition, and the motivation of scientists〔J〕. The American Journal of Sociology,1973,78（5）.

220. Granovetter. Economic Action and Social Structure: The Problem of Embeddedness〔J〕. American Journal of Sociology,1985, 91（3）.

221. Harriet P. Morgan. Sponsored and Contest Mobility Revisited：An Examination of Britain and the USA Today〔J〕. Oxford Review of Education, 1990,16(1).

222. Harriet Zuckerman. The Sociology of the Nobel Prizes 〔J〕. Scientific American,1967,11.

223. Harriet Zuckerman. Stratification in American science 〔J〕. Sociological Inquiry,1970,40.

224. Harriet Zuckerman. Nobel Laureates in Science：Patterns of Productivity, Collaboration, and Authorship 〔J〕. American Sociological Review, 1967,32 (3).

225. Heinke Roebken. Departmental Networks: An Empirical Analysis of Career Patterns among Junior Faculty in Germany 〔J〕. Higher Education, 2007,54 (1).

226. Hendrik P. Van Dalen, Kene Henkens. Signals in science: On the importance of signaling in gaining attention in science. Scientometrics, 2005,64 (2).

227. Henry A. Giroux. Theory and Resistance in Education〔M〕. Bergin & Garvey Press, 2001.

228. John A. Weaver. Rethinking academic politics in (re) unified Germany and the United States 〔M〕. Falmer Press, 2001.

229. Jon Elster. A Plea for Mechanisims 〔C〕. //Social Mechanisms：an analytical approach to social theory. Cambridge University Press, 1998.

230. Joseph Ben-David.The universities and the growth of science in Germany and the United States 〔J〕. Minerva,1968,7 (1-2).

231. Joseph C. Hermanowicz. Scientists and Satisfaction 〔J〕. Social Studies of Science, 2003,33 (1).

232. J. Scott Long and Mary Frank Fox. Scientific Careers：Universalism and Particularism. Annual Review of Sociology, 1995,21.

233. J. Scott Long and Robert McGinnis. Organizational Context and Scientific Productivity. American Sociological Review, 1981,46 (4).

234. J. Scott Long. Productivity and Academic Position in the Scientific Career〔J〕. American Sociological Review, 1978,43 (6).

235. Kate Nash. The "Cultural Turn" in Social Theory：Towards a Theory of Cultural Politics 〔J〕. Sociology, 2001,35 (1).

236. Karla F. C. Holloway. Cultural Politics in the Academic Community: Masking the Color Line 〔J〕. College English, 1993,55 (6).

237. Keith Weaver. Lab life：Scientists are snobs 〔J〕. Nature,2013,495.

238. Kenneth J. Downey. The Scientific Community：Organic or Mechanical?〔J〕. The Sociological Quarterly, 1969,10（4）.

239. Kertzer, David I. Ritual, Politics, and Power〔M〕. New Haven：Yale University Press, 1988.

240. Knoke,D.,Kuklinski,J.H.. Network Analysis〔M〕. Beverly Hills, CA：Sage,1982.

241. Knorr-Cetina, Karin. The Ethnographic Study of Scientific Work：Toward　A Constructivist Interpretation of Science〔A〕. Knorr-Cetina & Mulkay. Science Observed〔C〕. London：Sage,1983.

242. Leone Burton. Confounding Methodology and Method〔J〕. British Journal of Sociology of Education, 2001,22（1）.

243. Logan Wilson. The Academic Man: A Study in the Sociology of a Profession（2rd. edition）〔M〕. New Brunswick and London：Transaction Publishers. 1995.

244. Lowell L. Hargens. Scholarly Consensus and Journal Rejection Rates. American Sociological Review, 1988,53（1）.

245. Lowell L. Hargens. Using the Literature: Reference Networks, Reference Contexts, and the Social Structure of Scholarship〔J〕. American Sociological Review, 2000,65（6）.

246. Lowell L. Hargens and Warren O. Hagstrom. Sponsored and Contest Mobility of American Academic Scientists. Sociology of Education, 1967,40（1）.

247. Leslie Nai-Kwai Lo. State Patronage of Intellectuals in Chinese Higher Education〔J〕. Comparative Education Review, 1991,35（4）.

248. Merton, Robert K. The Matthew Effect in Science〔J〕. Science, 1968,159.

249. Michacl Mulkay. The Mediating Role of the Scientific Elite〔J〕. Social Studies of Science, Special Issue: Aspects of the Sociology of Science：Papers from a Conference, University of York, UK 16-18,1976,6（3/4）.

250. Michiya Shimbori. Sociology of Education〔J〕. International Review of Education, 1979,25（2/3）.

251. Nardi, D., Whittaker, S. and Schwarz. It's not what you know, it's who you know：work in the information age〔EB/OL〕.2012-09-18. http：//firstmonday. org/issues/issue5_5/nardi/index.html.

252. P. Hamilton. Publishing by-And for? -The numbers〔J〕. Science, 1990,250（7）.

253. Palonen Tuire, Lehtinen Erno. Exploring Invisible Scientific Communities：

Studying Networking Relations within an Educational Research Community. A Finnish Case〔J〕. Higher Education, 2001,42（4）.

254. Patrick Joyce.The Return of History：Postmodernism and the Politics of Academic History in Britain〔J〕. Past & Present, 1998,158.

255. Paul D. Allison and J. Scott Long. Departmental Effects on Scientific Productivity. American Sociological Review, 1990,55（4）.

256. Pauline Anderson, Jenny Williams. Identity and Difference in Higher Education〔M〕. Ashgate Press, 2001.

257. Peter Hedström, Richard Swedberg. Social Mechanisms：An Introduction Essay〔C〕. //Social Mechanisms：an analytical approach to social theory. Cambridge University Press, 1998.

258. Richard Harvey Brown, J. Daniel Schubert. Knowledge and Power in Higher Education〔M〕. Teachers College Press, 2000.

259. George Ritzer. Sociology: A Multiple Paradigm Science〔M〕. Boston：Allyn and Bacon, 1975.

260. Randall Collins, Sal Restivo. Robber Barons and Politicians in Mathematics：A Conflict Model of Science〔J〕The Canadian Journal of Sociology / Cahiers canadiens de sociologie, 1983,8（2）.

261. Rodgers Robert , Rodgers Nanette. The sacred spark of academic research〔J〕. Journal of Public Administration Research and Theory：J-PART,1999 ,9（3）.

262. Steven Lukes.Political Ritual and Social Integration〔J〕. Sociology. 1975,9（2）.

263. Talcott Parsons. The Distribution of Power in American Society〔J〕. World Politics, 1975,10（1）.

264. Theodore Caplow, Reece J. McGee. The Academic Marketplace（2rd. edition）〔M〕. New Brunswick and London：Transaction Publishers. 2001.

265. Ugo Pagano.Nationalism, Development, and Integration：The Political Economy of Ernest Gellner〔J〕. Cambridge Journal of Economics, 2003,27.

266. Val Burris. The Academic Caste System：Prestige Hierarchies in PhD Exchange Networks〔J〕. American Sociological Review, 2004,69（2）.

267. Weedman, J.. On the "Isolation" of Humanists: A Report of an Invisible College〔J〕. Communication Research, 1993,20（6）.

268. Wesley Shrum, Ivan Chompalov, Joel Genuth. Trust, Conflict and Performance in Scientific Collaborations〔J〕. Social Studies of Science, 2001,31（5）.

269. William Shockley. On Statistics of Individual Variations of Productivity in Research Laboratories 〔J〕. Proceedings of the Institute of Radio Engineers, 1957,45.

270. William C. Yoels. The Structure of Scientific Fields and the Allocation of Editorships on Scientific Journals : Some Observations on the Politics of Knowledge 〔J〕. The Sociological Quarterly, 1973,15 (2).

271. Yigong Shi, Yi Rao. China's Research Culture〔J〕. Science, 2010,329 (5996).

后　记

　　到现在为止，潘多拉的盒子——学术场域的政治逻辑——终于被打开了，无论它现在是多么的稚嫩和粗浅！然而，笔者一直以来复杂的、甚至沉重的心情，并没有减弱。因为早在选择这个题目之时，我读到了布迪厄的《人：学术者》和《文化资本与社会炼金术》等著作。在关于前者的一篇访谈文章中，布迪厄说，《人：学术者》完成后，他将稿子在他的文件夹中保存了很长时间，担心它会被一种与它的深意背道而驰的方式来解读，担心人们会把这一分析降低到学术领域内部斗争的层面，将之简化成内部竞争的具体表现，认为它只是赋予了读者对这一竞争的某种把握。可以说，布迪厄当年的担忧也是我当下心情的写照。

　　当然，我实在不敢以本研究与《人：学术者》相比，更多的是想表达我自己在写作中的心情。可以说，这种心情纠结在我的内心，一直到现在。不过，每当我想起马克斯·韦伯那句名言时，我的心情逐渐平静了下来，那便是，一件事物，非但其为不美、不神圣、不善，皆无碍于其为真，并且真正因为其为不美、不神圣、不善，所以才为真；这实在是一项日常的智能！

　　如果说本研究在事实层面上些许逼近了对学术场域的认识和理解，那首先应该归功于导师阎光才教授的悉心培养和教诲！在我们同门的眼中，老师是一位纯粹的"学术人"，大多数时间总是"蜗居"在文科大楼的那间办公室中潜心学术。老师深厚的理论功底、高雅的学术品位、敏锐的问题意识和强烈的现实关怀，尤其是他社会学、历史学和政治学的偏好，不断地冲击着我原有的知识结构和思维定势，逐渐使我从"玄而又玄"的半空之中沉落下来，并逐渐扎根于现实的根部，慢慢学着从事"朝向现实"的规范研究。就此而言，沪上跟随老师就读的四年是改变甚或重建学术思维和研究方法论的四年，更是一次艰难的"换脑"之旅！之所以艰难，主要是由于自己生性愚钝、才学疏浅。

不过，"换脑"之旅尽管艰难，但好在有老师的指点、鼓励和众多同门的陪伴、交流！在每周的学术例会上，老师都迫不及待地跟我们分享他刚刚看到的好书和自己新近的学术成果，这几乎是我们最为享受的一种文化大餐！例会上更频繁的是同门们的主题发言、相互间的交流和论战，期间碰撞出的思维火花很多时候都变成了学术论文，见诸于学术期刊。还有老师定期举办的家庭聚餐和茶话会，是我们最喜欢的聚会形式，因为那里没有课堂上的权威，更没有饭店餐桌上的拘谨，而是一个轻松、自由的交流空间！而这一切都要归功于师母彭老师的胸怀、勤劳和对我们的关心，一句句鼓励和安慰的话至今萦绕心头，还有那些至今一想起就直流口水的重庆味火锅、拨鱼儿……

感谢华东师范大学高等教育研究所老师们的教诲和栽培！感谢薛天祥教授、谢安邦教授，他们在不同场合所给予的学术指导使我受益匪浅；感谢为我们授课的唐玉光教授、房剑森教授和戚业国教授，他们严谨的治学态度、独到的学术眼光和多学科的理论思维对我产生了很大的影响；感谢韩映雄教授、李梅副教授、张东海副教授、童康副教授和陈曦博士，他们为我的研究提出了很多好的建议；还有岳英老师所给予的帮助和关心，在此也表示感谢！

感谢华东师范大学教育教育科学学院的丁钢教授！丁老师是一位非常智慧的学者。第一次得到丁老师的面授，是在东京的一家宾馆里。记得我们四、五个学生围着丁老师席地而坐，聆听着他别样的学术人生，真是胜读十年书啊！而后，不论是在丁老师的学术报告上，还是在《教育叙事探究》的课堂上，一次又一次地领略了他严谨的治学风范和深邃的学术思想。同时，在教育科学学院，我还有幸聆听了教育学系叶澜教授、李政涛教授、课程学系吴刚教授等老师开设的博士生课程，在研究方法论上收获颇多；周勇教授的指点也给了我很多的启发；另外还有很多老师，在此不能一一列出他们的姓名。总之，华东师范大学教育科学学院所给我学术上的滋养已经成为我学术经历中的重要组成部分！

这里还要特别感谢我的硕士生导师田建荣教授！是他，将我引入高等教育学这一引人入胜的研究领域，而后又鼓励我继续读博深造。在论文写作期间，还常常关心我的生活和研究进展，给了我很大的精神支持。

在四年的博士学习过程中，高等教育学界的王英杰、刘海峰、史静寰、张应强、陈洪捷、文东茅、顾建民、龚放、周川、赵文华、董泽芳、郑若玲、黄福涛和周玲等老师在不同的场合都给了我这个学界后生不同程度的鼓励和指点，在此特向您们说一声"谢谢"！

本研究中的部分相关内容曾先后在几次博士生论坛中做了交流，后又发表在《教育研究》、《高等教育研究》和《北京大学教育评论》等学术期刊上。正如一位学者在访谈中说到的，每一个学者的成长都离不开学术会议和学术期刊，因为它们是年轻学者成长过程中的两个重要平台。因此，我要由衷地感谢这些学术论坛的组织方、学术期刊的编辑、匿名评审专家以及对论文提出批评或修改意见的专家。本研究是全国教育科学规划"十二五"规划教育部青年课题《我国学术共同体运行机制的社会学研究》（课题号：EIA110384）的阶段性成果。在此特别表示感谢！

感谢那些自愿参与访谈的十余位学者，他们在繁忙的学术研究之余，抽出时间为我讲述他们各自独特的学术经历、各自所在学科共同体实然的运行状态。这些宝贵的一手资料不但给了我很大的启发，也构成了本研究非常重要的组成部分。不过，由于研究伦理的要求，他们只能匿名出现在研究之中。

感谢陕西师范大学和教育学院的领导！他们为我免去了读博期间的工作量，给了我充分的时间在上海读书、学习和研究，没有他们的关心、理解和鼓励，我想读博的这几年可能更为艰难！感谢陕西师范大学教育学院的老师！他们的教诲给了我最初的教育学启蒙。同时也感谢我的那些同事和好友们！在我的论文进展遇到困难而心灰意冷之时，是他们一次次的鼓励和建议帮我度过了难关。

读书和写作的状态是繁忙的、紧张的，有时甚至是令人纠结的！幸而身边有很多的同窗好友，我们曾一起谈学术、论人生甚或侃大山，彼此相互鼓励，互通有无；我们也曾一起打球锻炼，当然，偶尔也不会忘记在后门的小餐馆、KTV 疯狂一把，在艰难写作的同时借机消遣消遣……沪上求学的日子即将结束了，类似这样的情景仍然历历在目，似乎就发生在昨天，甚至还来不及挽留，就从时光的指缝中一晃而过！

最后，我要感谢我的家人！是他们这么多年在背后默默地支持着我的学习和工作。没有他们的理解和付出，我是难以顺利完成学业的！在整个研究完成之后不久，我家宝宝就出生了。可以说，小家伙是和我的论文一同诞生的，对于我的人生而言，他们都意味着一个新的开始！

2013 年 4 月 10 日于上海
2017 年 4 月 15 日于西安